我々の
「日本人意識」は、
どのように
形成されて
きたのか？

「日本人とは何か」がわかる

日本思想史マトリックス

茂木誠

PHP

はじめに――

「人の一生は　重荷を負ふて　遠き道を行くが如し。急ぐべからず」

徳川家康の遺訓とされるこの言葉は、水戸光圀が後世に伝えたもののようですが、人生の本質をついていると思います。

人生は長い旅であり、旅ではさまざまな出合いと別れがあり、道に迷うこともある。

道に迷うのは、自分がどこからきて、どこへ向かうのかがわからなくなる時です。その時はちょっと立ち止まり、来《こ》し方《かた》を振り返り、地図上で歩いてきた道を確かめてみましょう。こんなに長く歩いてきた自分に驚き、初心を思い出し、また新たな一歩を踏み出す勇気が湧いてくるでしょう。

いまの日本人は、道に迷っている様に見えます。

飢えからも、戦争からも解放された。生活は大変だけれど、冷暖房付きの家に住めるようになった。スマホで24時間、情報にアクセスでき、買い物もできるようになった。

でも自分とは誰なのか？
何のために生きているのか？
自分はちっぽけな、取るに足らない人間ではないのか？

こういう疑問を持ったとき、同じようにちっぽけな存在としてこの島国に生まれた、あるいはたどり着いた先人たちの人生を知り、彼らの思いを共有できれば、長い長い歴史の一コマを自分が生きているんだ、という実感がわいてくるでしょう。
そして後世の人たちに恥じない生き方をしよう、若者たち、子供たちに何かを残していこう、という気持ちが生まれてくるでしょう。過去を知ることは、未来を生きることなのです。

それでは旅の始まりです。準備はいいですか？

日本思想史マトリックス

目次

第1章 神話で読み解く「古代の世界観」（縄文～古墳時代）

Contents

第2章 神仏習合に見る「相手を否定しない文化」（飛鳥・奈良〜平安時代）

第3章 「モンゴルショック」による多様性の危機（鎌倉～戦国時代）

Contents

第4章　日本思想における「朱子学と陽明学」（江戸時代初期～後期）

第5章 日本のルネサンス「国学」（江戸時代初期～幕末）

第6章 「日本国民」の意識の芽生え（幕末〜明治時代初期）

Contents

第9章 「敗戦後日本人」の現在地（敗戦〜現代）

Contents

第1章

神話で読み解く「古代の世界観」

（縄文～古墳時代）

◉狩猟民族的「縄文人」のメンタリティ

人類ははじめ、狩猟民族《しゅりょうみんぞく》でした。森や海辺で獣や魚を追って仕留めたり、木の実を探したりして食料にしていました。

日本でも縄文時代まではほぼ狩猟採集生活だったと考えられています。すでにイモやクリやドングリ、陸稲《りくとう》の栽培も始まり、正確には半猟半農《はんりょうはんのう》だったようですが、それでも狩猟生活に大きく依存していました。

当時は「縄文海進《じょうもんかいしん》」といって、海水面が数メートル高かったことがわかっています。現在の平野の多くは浅い海で、森を出るとすぐに海が広がる環境でした。

縄文遺跡を代表する貝塚は、縄文人が食べた大量の貝の殻を捨てた場所です。その分布を見れば、当時の海岸線がわかるのです。

森や海で生きていくのは、容易なことではありません。鋭い牙や爪を持たない人間は、基本的に「狩られる」立場です。常に五感を鋭く働かせて、少しの異変にも敏感に察知する必要がありました。

茂みが少しでも揺れれば、猛獣の匂いや気配がないか全神経を集中させる。それができない鈍感な人はあっという間に獣の餌食《えじき》になってしまいます。木の実などの食べ物を探し当てるにも、勘や察知力がモノをいいます。

また、食料を求めて移動する彼らは、わずかな気候変動にも敏感だったはずです。少しでも冬が長引けば、飢えの危機に直面します。自然環境の変化を察知し、「ここに居続けるのは危険だから移動しよう」などと判断し、生き延びる確率の高い行動を選択するのです。

こうして勘のいい人たちだけが生き残り、子孫を残していったので、縄文人は察知能力をどんどん発達させていきました。

縄文人は、基本的に個人で判断し行動する「個人主義」だったと考えられます。もちろん、狩りには仲間とのチームワークも必要ですが、森の中で自分が取るべき行動（どちらに進むのか、戦うのか逃げるのか）を決めるのは、基本的に個々人の判断だったはずです。

とはいえ、この時代のことは文字で残されていないので、縄文人が何を考えていたのかを私たちが知るすべはありません。

ただし、あるものから推測することはできます。

それは「神話」です。『古事記』『日本書紀』や各地の伝説に残る日本神話を丁寧に読めば、縄文時代の人々のメンタリティを知ることができるのです。

残念ながら日本神話は学校で教えられていないので、知らない人も多いかもしれません。まずは日本神話を参考に、縄文時代の世界観をひもといていきましょう。

◉「海幸山幸」の神話は何を暗示しているのか？

縄文人のことを伝えていると思われる神話が、「海幸山幸《うみさちやまさち》」です。

簡単に紹介すると、海で漁をして暮らす兄のウミサチヒコ（海幸彦）と、山で狩りをして暮らす弟のヤマサチヒコ（山幸彦）の話です。

ある日、弟のヤマサチヒコが兄のウミサチヒコに「ぼくが狩りで使う弓矢と、お兄さんが釣りで使う釣針を交換してみませんか」と提案します。そして、弟のヤマサチヒコは兄から釣り具一式を借りて、海に釣りに出かけます。

ところが、初めての釣りがうまくいくはずもなく、一匹も釣れません。それどころか、兄が大切にしていた釣針を魚に奪われてしまいました。

それを知った兄のウミサチヒコは激怒します。なくした釣針を探してくるまで許さないと言うのです。

弟のヤマサチヒコが海辺で途方に暮れていると、海流の神であるシオツチノカミ（塩椎神）という老人に出会います。

その老人が用意した竹編みの小舟に乗り、老人の教えに従って潮に流されていくと、たどり着いたのは海神《わたつみ》の宮殿でした。

そこで海神の娘と出会い、恋に落ちて結婚します。

宮殿での楽しい暮らしが三年ほど続いた頃、弟のヤマサチヒコは兄の釣針をなくして責められたことを思い出し、それを海神に話します。すると海神は海中の魚を呼び集め、鯛《たい》ののどに刺さっていた釣針を見つけ出してくれました。

ヤマサチヒコは再び地上に戻り、釣針を兄に返したという話です。

ここに登場するのは、ヤマサチヒコに象徴される山の狩猟民族と、ウミサチヒコに象徴される漁労民族です。両者とも、コントロールの難しい自然を相手にし、そこで生命をつないでいるという意味で、個人主義的メンタリティの持ち主です。

つまり、この神話は、漁労民族と狩猟民族との出会いと衝突を象徴的に書いていると考えられるのです。

そして興味深いのは、ここに農民が登場しないことです。

ということは、この時にはまだ農耕は本格的に始まっていなかった。

ゆえに「海幸山幸」は縄文時代の話だと考えられるのです。

◉農耕民族的「弥生人」のメンタリティ

では、縄文人がその後、狩猟生活をやめて農耕生活に移行したのはなぜか。

それは、縄文時代の終わりに地球寒冷化が起きたからです。

森の生き物が減り、狩猟での暮らしが成り立たなくなってしまった。

エジプトやシュメールの古代文明が生まれたのも同じ時代です。

これについては小著『ジオ・ヒストリア』（笠間書院）に詳しく書いたので、興味のある方はそちらも併せて読んでみてください。

縄文時代の日本列島は、今と違って西日本は人口がスカスカで、東北地方と関東地方にまとまって人が住んでいました。

つまり、東北地方は今よりも温暖だったということです。東北地方が温暖で豊かな土地だったことは、三内丸山遺跡《さんないまるやまいせき》をはじめ青森県に縄文遺跡が多数存在することからも明らかです。

ところが、縄文時代の末期に地球の寒冷化が始まると、生き物だけでなく、人間も大勢死んだでしょう。人々は寒さの厳しい東北地方を捨て、温暖な土地を求めて西へと移動していきました。

ちょうど同時期に、おそらく同じ理由で世界的な民族移動が起こり、水稲《すいとう》耕作の技術を持った人たちが東シナ海を渡って日本列島にやってきます。

これが弥生時代の始まりです。

水田耕作には大勢の人たちが協力する必要がありました。田んぼの周りを土手で囲い、川から水を引いてきて水を溜める。それから一斉に田植えを行い、稲が育ってきたら、今度は田んぼから水を抜く……。

すべての作業に膨大な手間がかかるので、皆で力を合わせてやるしかありません。ひとりだけ先に田んぼの水を抜いたりされると、みんなが困るからです。

こうして、個人の判断ではなく、ムラの掟に従う「集団主義」が生まれました。

水田耕作は毎年繰り返されるルーティンが決まっています。一旦システムが構築されると、決められたことを粛々《しゅくしゅく》と、正確にこなしていくことが求められます。このようなルーティンを守れる忍耐力のある人が評価されるのです。

「集団主義」の圧力が強まっていった結果、**縄文人的な個人の直感や察知能力が衰え、組織を優先する官僚的なメンタリティが台頭していきました（図1−1）。**

個性豊かでどれひとつ同じものがない縄文土器に比べ、没個性で量産型の弥生土器のつまらなさは、日本人が何かを失ったことを象徴していると思います。

農耕は狩猟に比べて安定的に食料を確保できる（つまり生産力が高い）ため、稲作の伝来以降、農耕民の人口が増え、狩猟民を圧倒していきます。

また、寒冷化により森の獲物が減って狩猟で生活を維持できなくなった狩猟民が、農耕を受け入れていった結果、集団や組織に従わざるを得なくなった。

そうやって国家というシステムができあがっていったと想像できます。

日本社会は「ムラ社会」と表現されるように、会社や学校など至るところにムラ

■1-1　縄文時代と弥生時代の文化比較

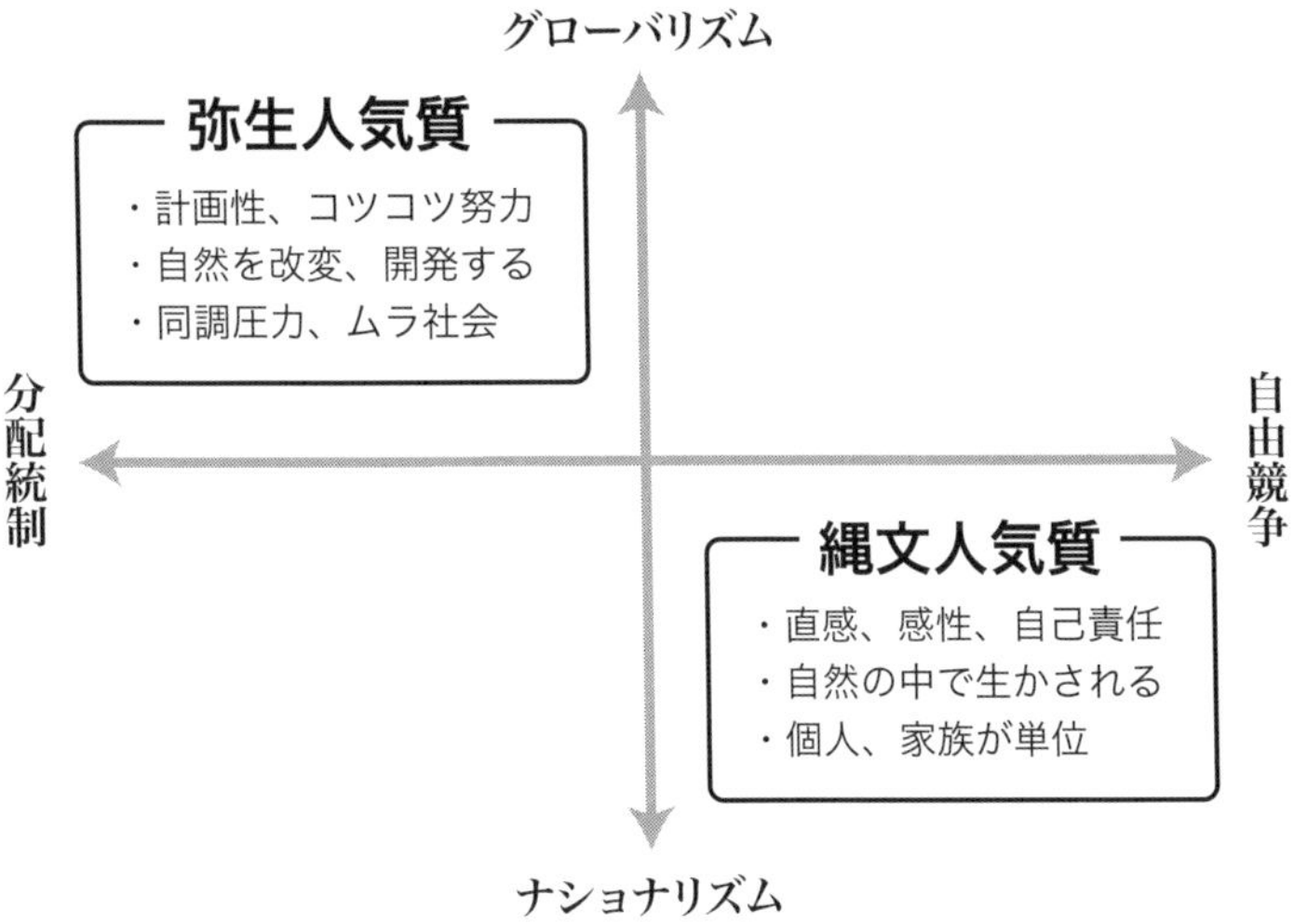

が存在します。

ムラには掟《おきて》があって、それを破る人は白い目で見られ、「村八分《むらはちぶ》」にされます。これを同調圧力とか、「空気」とかいいますが、この同調圧力が日本社会に根強くあるのは、稲作が原因と言ってもいいでしょう。

ただし、日本の庶民の主食が完全にコメになったのは、大規模な新田開発が行われた江戸時代からであり、それまでは雑穀や木の実なども食していました。

つまり、戦国時代までは狩猟民である縄文人的メンタリティもかなり混在していたと考えられるのです。

よく、欧米人は「狩猟民的で日本人は

農耕民的だ」と言われますが、それは江戸時代の中期以降でしょう。

最新の研究によると、縄文時代の始まりは１６０００年前にさかのぼります。弥生時代へ移行するのはだいたい２４００年前ですので、日本人の歴史の85％は狩猟採集生活だったのです。旧石器時代まで含めれば、もっと長くなります。

だから今でも狩猟民的なメンタリティが日本人には色濃く残っていると私は思っています。日本人の神経のこまやかさ、やさしさがそれです。

現代日本人のゲノム（すべての遺伝情報）を調べてみると、15％が縄文人、15％が弥生人、残りは世界の各地からやってきた人たちの子孫ということがわかっています。

ただし、異民族が武力で縄文人を征服した痕跡《こんせき》はなく、移民として徐々に入ってきて、縄文人に同化していった結果、縄文人的メンタリティが保たれたのです。

今日、日本人の多くは弥生人的メンタリティを強く持っています。集団行動が好き、几帳面、礼儀正しい、「空気」を読む……など、日本人の特徴とされるものの多くがそれです。

官僚・公務員や会社員の多くは、毎日定時に出勤し、与えられた仕事を正確にこなすことを求められますから、これでよいのです。ゴミ出しのルールを固く守り、電車の運行が正確である、というのは、弥生人的メンタリティの真骨頂でしょう。

その一方で、企業経営者、政治家、教育者、芸術家に求められるのは、状況判断の洞察力、決断力、指導力、想像力、直感力などの縄文人的メンタリティです。サラリーマン型の人間が企業経営者になったり、官僚型の人間が政治家になったりすると、組織はたちまち硬直し、身動きが取れなくなります。

私は教育を生業《なりわい》としてきましたが、「授業をする」というのは「狩りをする」のと同じことです。瞬間、瞬間で獲物（生徒）の感情を直感的につかみ取り、何に興味を持っているのか、何に退屈しているのかを判断し、話の内容を微調整していくのです。大学教授は田の草取りをするようにコツコツと研究するのが好きな人たちなので、基本的には学生相手の生き生きした授業には向きません。だから大学の授業は眠いのです。

さて、日本が弥生文化に移行したように、大陸でも大規模な灌漑《かんがい》農業が始まりました。何万もの人を動員し、巨大な堤防がつくられ、用水路が引かれました。

古代エジプトや中国の古代帝国を支えたのが、この大規模灌漑農業です。

灌漑農業の規模が巨大化するほど、指導者に権力が強まり、その手足となって動く官僚機構ができあがっていきます。より強力な同調圧力が生まれ、個人の存在が圧殺《あっさつ》されていきます。

中国の黄河や長江の流域で、まさにこれが起きました。かつては中国にも狩猟民がいたはずですが、もはやその痕跡はほとんどありません。

灌漑農業の発展と共に生まれた**中央集権と官僚制度**が、今も大陸を支配しています。権力者の独裁のもと、国家の命令で人民が動く。これが二千数百年続いた大陸国家の姿なのです。

◉狩猟でも農耕でもない「モンゴル帝国」が栄えた理由

これまで、個人主義の狩猟民より集団主義の農耕民のほうが国家をつくりやすい、という話をしてきました。

ところが世界史にはもう一つ、遊牧民が登場します。彼らの生活の舞台は大草原です。雨がほとんど降らないため森はなく、狩猟生活はできません。

農業もできないので、草原で草を食《は》むヒツジやヤギなど草食動物を家畜化して飼い慣らし、その肉を食い、その乳を飲み、家畜の群れと共に移動します。

移動すれば毎日、環境が変化します。それに瞬時に対応し、どこに水場があり、どこに敵がいるかを判断できなければ、部族全体が危機にさらされます。

したがって**遊牧民のメンタリティは狩猟採集民に似ています。たとえば、モンゴル人同士は基本的に対等であり、お互いに自由な関係だったようです。**

指導者（ハン）も選挙で選んでいました。狩猟採集民と違うのは、騎馬戦法をマスターし、カリスマ的リーダーに率いられて、破壊的な軍事力を手にしたことです。


古代においては匈奴《きょうど》という遊牧民が中華帝国に毎年のように襲いかかり、穀物や家畜、人間をさらっていきました。

中国人はこれを恐れ、匈奴の侵入を防ぐため「万里の長城」を建設したのです。そして史上最大の帝国を築いたモンゴル人も、遊牧民でした。

13世紀、チンギス・ハンとその子孫たちが、モンゴル高原から大遠征を開始し、西は東ヨーロッパや中東、南はチベットやミャンマー、東は中国・朝鮮半島まで、ユーラシア大陸を席巻《せっけん》してモンゴル帝国を築き上げました。

農耕民ではない彼らが、なぜこのような巨大帝国を築けたのでしょう？

生産性が低い草原で生活する遊牧民は、いつも空腹と戦っていたはずです。そんな彼らが、モンゴルの南にある中国に目を向けました。そこは肥沃《ひよく》な土地で、人々が腹いっぱい食べているらしい。

そこで、強力な騎馬隊で広大な中国を征服し、モンゴル人は中国人を支配する元朝を建国しました。

モンゴル人が巧みだったのは、征服した領土の治め方です。

彼らは、**中国人が開発した官僚機構、中央集権的システムを破壊せずにそのまま温存し、自分たちはその上に乗って搾取《さくしゅ》しました。**

つまり、中国人に中国全土から税を集めさせ、モンゴル人がその上前《うわまえ》をはねたのです。何千頭、何万頭という家畜を飼い慣らして管理したように、数億の農耕民を飼い慣らして従わせた手腕は、見事としか言いようがありません。

◉高天原の「天」は何を表わしているのか

大陸から水田耕作技術が伝来したことで、狩猟民(縄文人)に代わり農耕民(弥生人)が主勢力になっていったのは先に述べたとおりです。

このことは、日本神話からも読み取ることができます。

農耕の痕跡《こんせき》が見られるのは、アマテラスオオミカミ(天照大御神)に関する描写です。アマテラスオオミカミの治める「高天原《たかまがはら》」では稲作が行われていました。

アマテラス(天照)にはスサノオ(須佐之男命)という弟がいて、父君の命によりアマテラスは高天原を、スサノオは海原を治めていました。

ところがスサノオが姉の住む高天原に上っていきました。スサノオが近づくにつれて大地が鳴り響き、地震のように揺れ動きます。姉は弟が高天原を奪いに来たと思って警戒し、完全武装して迎え撃ちました。

乱暴者の弟は、姉が手塩にかけて整備した田んぼを踏み荒らすなど、ありとあらゆる狼藉《ろうぜき》を働きます。

それから、女性たちが機織《はたお》りしている建物の屋根に穴をあけ、そこから皮を剝ぎ取った馬を投げ込んだ。それを見た機織り娘のひとりは、驚きのあまり機具で自分の身を突き、死んでしまいました。

この神話から読み取れるのは、アマテラスが治める土地では稲作と機織りが行われていたということ。これは弥生人の世界です。

一方、馬の皮を剝ぐほど乱暴なスサノオは、狩猟民か遊牧民でしょう。

平安時代に「刀伊《とい》の入寇《にゅうこう》」という事件がありました。

満洲に住む狩猟民族の女真《じょしん》族が船団を組み、朝鮮半島沿岸から対馬《つしま》・壱岐《いき》・北九州の博多を襲った事件です。

この時、対馬・壱岐では、農作業用に飼っていた牛馬を、女真族が平然と殺し、皮を剝いで食っているのを見て、日本人が驚愕《きょうがく》したという記録があります。

これとよく似たカルチャー・ギャップを、スサノオ神話から読み取れるのです。

神話では、アマテラスとオオクニヌシ（大国主）が日本列島の支配権をめぐってバトルをする様子も描かれています。

アマテラスが、オオクニヌシの治める地上を眺めながら、あの国を奪おうと考えます。オオクニヌシに「国を譲れ」と迫りますが、もちろん応じません。

そこでアマテラスは戦いの神タケミカヅチ（建御雷）を派遣し、オオクニヌシの息子のタケミナカタ（建御名方）を長野の諏訪《すわ》盆地まで敗走させて国を奪ってしまいます。

その時、オオクニヌシが国譲りの条件として提示したのが、「私を神として祀《まつ》り、大きな神殿をつくること」でした。

こうしてオオクニヌシを祀ったのが出雲大社、息子のタケミナカタを祀るのが長野の諏訪大社です。

一方、征服者のタケミカヅチが茨城県に入植し、これを祀るのが鹿島《かしま》神宮です。

神話には「高天原から降臨する」という表現があります。

そのため、高天原という天空の世界から神々が降りてきたとイメージしがちですが、私はそうは捉えていません。

「あま」という言葉は、「天」と表すだけでなく、「海」とも表します。

そこから推測すると、高天原は「海の向こうの国」ではないでしょうか。

海の向こうの国から、おそらく大船団で西日本にやってきた。それがアマテラスの一派で、今の皇室につながる天孫族《てんそんぞく》と呼ばれるグループです。

これに対して、彼らが渡ってくる前から日本列島を治めていたのが、オオクニヌシです。オオクニヌシは「大きな国の主」ですから、縄文末期の王のような人物なのでしょう。

ただし、王といっても中華皇帝のような専制君主ではありません。狩猟民をゆるやかに束ねる象徴的なリーダー、たとえばアメリカ先住民の部族長のような存在だったと想像できます。

おそらく三内丸山遺跡の指導者も、そのような存在だったのでしょう。

◉『旧約聖書』と「日本の神話」との明確な違い

縄文末期にはオオクニヌシのような王が日本各地にいたはずです。それをひとつずつ、海を渡ってきたアマテラスの一派が、時には攻め込み、時には取引し、時には懐柔《かいじゅう》して統合した歴史を神話化していったのでしょう。

興味深いのは、彼らは先住民を絶滅させることはしなかったことです。

オオクニヌシを出雲大社に祀った例のように、先住民の王を神として祀るとか、あるいは皇室と婚姻《こんいん》関係を結ぶなどして妥協点を見出し、うまく融和させていったと考えられます。

これは、日本神話に殺戮《さつりく》の話がほとんど見られないことからも推測できます。

日本神話を『旧約聖書』と比べてみると、その違いがより明らかです。

『旧約聖書』には、町ごと皆殺しにするような残虐な話がたくさん出てきます。その理由のひとつに、『旧約聖書』を記したユダヤ人が遊牧民であることが考えられます。

日常的に羊を解体する彼らは、血に対する抵抗感が少ないのでしょう。

ユダヤ教の祭りには、子羊の血を門に塗るといった慣習もあります。イスラム教徒も、「犠牲祭」という祭りで大量の羊を殺して解体し、食べます。

これが彼らの伝統であり、文化なのです。

日本神話に殺戮の場面が登場しない理由は、もうひとつあります。

縄文時代を通して豊かだった日本列島は人口も多く、アマテラスの一派が海の向こうからやってきたとして、一方的な征服は無理だと思ったのでしょう。

ですから、懐柔したり取引したり、あの手この手で平和的に先住民を支配下に置いていったのです。

この先住民と融和していく過程で、異民族の神々をアマテラス一族の系譜《けいふ》とつなげていったのではないでしょうか（図1－2）。狩猟民的なスサノオが、農耕民的なアマテラスの弟であるという設定がその典型です。系統の違うこの二人が姉弟だというのは明らかに無理があるからです。

日本の神話に描かれる神々の系図は、日本列島が統合される過程で、各地に散らばっていた先住民の神々の神話がひとつにまとめあげられていった痕跡《こんせき》だと私は理解しています。

◉アニミズムから人格神へ

■1-2　日本神話の系譜

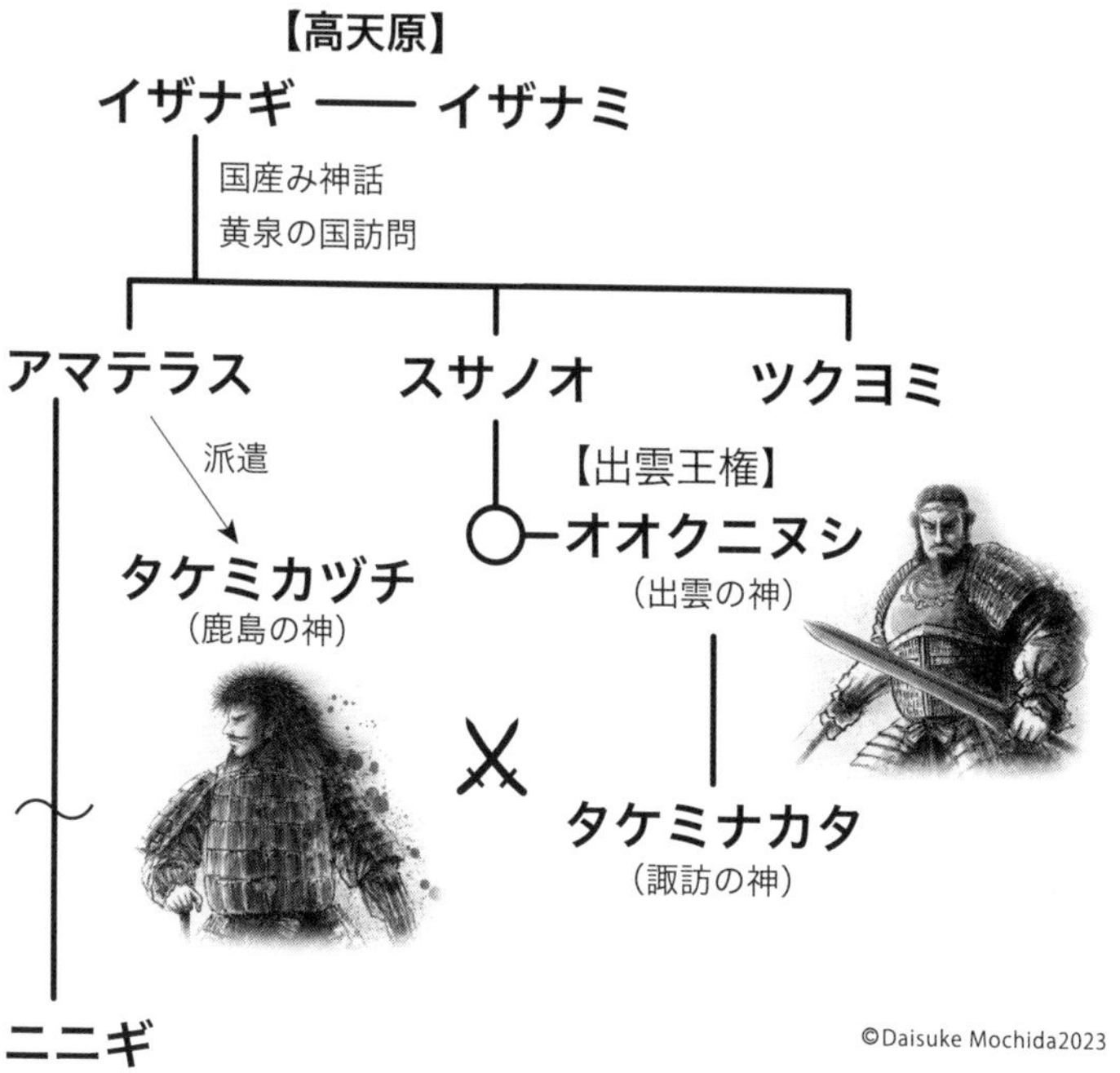

古代の日本人の思想に影響を与えた信仰についても見ていきましょう。

最初に生まれた信仰はアニミズムで、世界共通です。

アニミズムは万物に精霊（アニマ）が宿るという考え方で、縄文人は木の精霊、岩の精霊、川の精霊などを崇《あが》めていました。

森は植物、動物、鳥、昆虫など生命に満ち満ちています。人間は「自然の一部」として生かされているという感覚があり、我が身の生《せい》殺《さつ》与《よ》奪《だつ》の権は自然に握られているのです。

なるべく自然を怒らせないよう

にと、アニミズム信仰が生まれていったのは当然の成り行きだったのでしょう。

このアニミズムの世界を最もわかりやすく表現したのが、宮崎駿監督のアニメです。『となりのトトロ』や『もののけ姫』は完全にアニミズムの世界です。

あるいは新海誠監督の『君の名は。』や『すずめの戸締まり』。宮崎監督や新海監督は日本神話をかなり深く研究されていることが、作品の細部からわかります。

ヨーロッパ人もキリスト教を受け入れる前は多神教徒で、聖霊崇拝を行っていました。その痕跡はハロウィンなどのお祭りや、グリム童話などに出てくる森の魔女や妖精のイメージとして残っています。

日本のアニメが欧米で大ヒットを続けるのは、欧米人の深層心理にあるアニミズム的な感性を刺激するからだ、と私は考えています。

この縄文のアニミズムこそが、神道の起源ではないかと私は考えています。

神様が寄り憑《つ》いたものを御神体《ごしんたい》と呼びますが、今でも大木、巨石、滝、山などの自然物を御神体にしている神社がたくさんあります。自然界のあらゆるものに「神」の存在を認める神道は、非常にアニミズム的です。

また、古神道における神社は、しめ縄が巻かれた岩や巨木がドーンと置かれているだけで、鳥居《とりい》や拝殿《はいでん》はありませんでした。

私たち現代人がイメージするような、木造の鳥居と拝殿のある神社は、実は飛鳥時代以降に仏教の影響で生まれたものなのです。

我が国最古の神社のひとつに奈良県の大神神社《おおみわ》があります。

そこには鳥居はなく、二本の柱にしめ縄がかかっているだけです。この神社の御神体は三輪山《みわやま》という山そのものです。これが原始的な神道の姿と言えるでしょう。

弥生時代になると、神様がもう少し人間っぽくなり、喜怒哀楽《きどあいらく》を持った人格神《じんかくしん》が現れます。アマテラスとスサノオの姉弟喧嘩のような話が語られるのは、おそらく弥生時代以降のことでしょう。

アニミズムから人格神への変化も、世界的に起こった現象です。

エジプト神話やシュメール神話、ギリシア神話のような多くの神々が登場するにぎやかな世界です。

たくさんの神々の中からリーダー的な神（主神）が登場し、やがて主神が唯一の神になっていく。これが一神教の誕生につながっていきます。

弥生時代から日本列島には青銅器と鉄器が普及します。本格的な溶鉱炉は古墳時代からですが、灼熱の鉄の地金を叩いて鉄器に加工する鍛冶《かじ》遺跡は、弥生時代から出現します。

青銅器の原料となる銅や錫《すず》は普通の焚火くらいの火力でも溶けますが、鉄の融点は約1500度なので、焚火では溶けません。

溶かすには、気密性の高い粘土製の炉をつくり、風を強制的に送り込んで火をガンガン燃やさなければなりません。この送風技術を「タタラ製鉄」といいます。そのためには大量の薪《たきぎ》が必要になります。

そこで始まるのが、森林伐採です。鉄をつくる場所では森林伐採が伴います。アニメ『もののけ姫』にもそうした場面がありました。タタラ場の女性指導者であるエボシ御前《ごぜん》が森林を切り開こうとして、森の精霊たちの怒りを買うシーンです。

こうして鉄器の普及とともに、その森林伐採で自然がどんどん破壊されていき、徐々にアニミズム信仰も薄れていったと考えられます。

◉自然よりも人間を祀り始めた古墳時代

すでに弥生時代の後半には、ひときわ大きな墓が出現し始め、やがて古墳時代に入ります。大きいものでは長さが１００メートルもある巨大な建造物が日本列島各地に、次々と現れました。

さて、この古墳の誕生が意味するところは何でしょうか。

古墳とは、有力者の墓です。墓の周囲からは土器や青銅器、鉄器などが見つかっており、ここで葬送の儀式が行われていたことは間違いありません。

つまり**人々が自然ではなく、人間を祀り始めたのです。**水田耕作にともなう「自然を改変する」土木技術が、このような建造物を生み出したと考えられます。

加えて、今は古墳といえば森のように繁っていますが、建設当時は表面が葺《ふ》き石で覆われていて、一本の木も生えていませんでした。古墳には必ず自然破壊がついてまわったのです。

さらに、これだけ巨大な建造物をつくるには、リーダーの指揮系統のもと大勢が協力する必要があります。個人主義でアニミズム信仰の縄文人からは生まれようのない建造物です。

これらのことから、古墳をつくったのは日本列島の外からやってきた渡来人の人々だと推測できるのです。


実は、古墳に葬られているのが誰かは明確にはわかっていません。


というのも、「何々天皇の墓」と書かれているわけではなく、いわゆる陵墓《りょうぼ》（天皇・皇族の墓）は、明治時代に宮内庁が暫定《ざんてい》的に決めたものにすぎません。

手掛かりは、時代によって変わる埴輪《はにわ》や副葬品の形状です。「この形は4世紀から5世紀半ばのものだから、その頃に統治していた何々天皇の古墳かもしれない」と推測しているだけなのです。

陵墓の指定は、その古墳を宅地造成などの破壊から守る役割をしています。と同時に、「天皇陛下のお墓だから」という理由で考古学的な発掘調査を妨げている問題もあります。今後は地中レーダーなどを使って、土を掘り返さなくてもできる調査が進むことが期待されています。

◉桃太郎伝説の「鬼」とは誰のことか？

古墳時代には各地方に国がありました。筑紫国《つくしのくに》（福岡県）、出雲国《いずものくに》（鳥取県・島根県）、吉備国《きびのくに》（岡山県と広島県東部）、大和国《やまとのくに》（奈良県）、毛野国《けぬのくに》（群馬県・栃木県）、などです。

古墳時代の人にとって「国」とは「地方」のことでした。**したがって、日本列島がひとつの「国」という認識はなかったはずです。**

彼らから見れば日本列島を統一していった国のヤマト（大和）は侵略者であり、「同じ国の人間」とは到底思えなかったでしょう。

それらの国々をヤマト政権が、たとえば出雲国に対しては出雲大社の建造で譲歩したように、飼い慣らして、一つずつ支配下に置いていったのです。

日本各地に「鬼」にまつわる伝説が残っています。「鬼」を祀る「鬼神社」とか、「鬼」を葬ったという「鬼塚」も存在します。

この「鬼」というのは悪霊とは違い、何か物悲しげなイメージがあり、密《ひそ》かに地元の人たちがお祭りしていたりします。

「鬼」とは誰のことなのか。おそらく地方の王のことだったのでしょう。

鬼退治伝説は、ヤマト政権が地方政権を屈服させていった物語なのです。ヤマトの人々から見て、奇妙な格好をしていた地方の王を「鬼」と呼んだのかもしれません。

桃太郎伝説は、誰もが知っていますね。桃から生まれた桃太郎というヒーローがイヌ・サル・キジを従え、鬼ヶ島に渡って「悪い鬼」を退治する話です。

でも考えてみれば、鬼には鬼の幸せな暮らしがあったはずで、その鬼ヶ島に桃太郎が攻め込んで、鬼たちを一方的にやっつけてしまうのです。

これでは、どちらが本当の鬼かわかりません。

ヤマトに激しく抵抗した国の一つが、吉備国でした。

そして、この国を平定するために、ヤマト政権から大軍が送り込まれました。

これを率いた吉備津彦《きびつひこ》という将軍がいて、『日本書紀』では七代孝霊《こうれい》天皇の皇子

となっています。

実はこの人が、桃太郎のモデルなのです。

この吉備津彦を祀る吉備津神社の社伝（言い伝え）に、「吉備津彦が鬼の城に住む温羅（ウラ）という鬼を討った」と書かれています。

こうしてヤマト政権に屈服した地方の王は、新たに地方長官に任命されました……と言うと聞こえがいいのですが、実質は王から地方長官への格下げです。

彼らを「国造（くにのみやつこ）」と呼びます。

こうして、古墳時代の中頃にはほぼ九州から関東までが統一されていきました。

このことは、二十一代雄略天皇（ワカタケル）の名を刻んだ鉄刀・鉄剣が、熊本県（江田船山古墳）と埼玉県（稲荷山古墳）で発見されたことでわかりました。

各地の「王」に対して**ヤマトの王は「大王《おおきみ》」と呼ばれるようになりますが、これがのちの天皇です。**

国が統一されても、日本人が一つにまとまったわけではありません。征服された人たちはヤマトの人を仲間とは思っていなかったはずです。

この時代の日本列島はまだ、いくつかの国の連合体のような国家だったと考えられます。いまも連合王国であるイギリスが、それに近い国家形態です。

イギリスは、イングランドとスコットランド、ウェールズ、アイルランドによる連合国家ですが、イングランドが周辺地域を併合していった歴史があり、未だにお互いがギクシャクしています。

ヤマト国家もこれに似た形だったと想像できます。

◉「負けた側の言い分も聞く」戦争の勝者

ここまで、アマテラスvsスサノオ、アマテラスvsオオクニヌシなど、神話から日本列島の統合の過程を読み解いてきました。

日本の神話は、『古事記』『日本書紀』をまとめた朝廷が、皇室の祖先神とするアマテラス側の立場、つまり勝者の視点で書かれたものです。

スサノオがひどい乱暴者として描かれるなど恣意的《しいてき》な部分も感じます。

とはいえ、一般的に歴史は勝者が書くもので、世界の神話でもそれは同じです。

むしろ日本神話はまだマシなほうでしょう。**敗者の言い分もちゃんと書いていて、敗者のオオクニヌシの要望どおりに出雲大社を建造する**ところが日本神話のゆるいところです。これが大陸国家なら、攻め込んで、叩き潰して、おしまいです。

日本の神話には、実は二つの国譲り神話があります。

九州に降り立った天孫族（アマテラスの一族）が瀬戸内海を東進し、奈良盆地にあったヤマトの国に攻め込みます。

天孫軍のリーダーがのちの神武《じんむ》天皇になるイワレビコです。これを迎え撃ったヤマトの王がニギハヤヒ（饒速日）といいます。

実は、このニギハヤヒも「降臨」した「天孫族」だと主張するのです。

つまり、別ルートで外からヤマトにやってきた可能性が高いのです。

ニギハヤヒは九州から天孫軍が攻め込んでくると、ヤマト防衛軍の指揮をナガスネヒコ（長髄彦）という武将に任せました。

このナガスネヒコ将軍が天孫軍に「お前たちはなぜ攻めてくるのだ？」と問うと、

イワレビコが「我らは天孫だから」と答えます。

すると、「いやいや、我らの王ニギハヤヒ様だって天孫だ」とナガスネヒコがいいます。「では、その証拠を出せ」とイワレビコ。

そこでナガスネヒコが見せたのは、天孫族の証拠である特殊な矢でした。

さて、これを見たイワレビコは「ムムム、おぬしも天孫族か」とひるみます。

ところが、ヤマトの王ニギハヤヒは「あなたも天孫か！　同胞ではないか！」とあっさり降伏して、ヤマトを譲ってしまいました。

最後まで徹底抗戦を続けたナガスネヒコは、主君のニギハヤヒが「止めよ」と命じても従わないので、斬られてしまいました。なんとも微妙な結末です。

こうして勝者となったイワレビコが、橿原宮《かしはらのみや》で初代天皇として即位しました。

私は最近、富雄丸山古墳《とみおまるやま》（奈良市）に行ってきました。これまで見つかったことのない盾形の大きな鏡が発掘されて、話題になった場所です。

この「富雄」という名称ですが、調べてみると面白いことがわかりました。

最後まで抵抗したナガスネヒコの名前は、「トミノナガスネヒコ」といいます。

つまり、「富雄」とはナガスネヒコの本拠地なのです。

ただし、この古墳は古墳時代につくられたものなので、弥生時代の人と推定されるナガスネヒコ本人ではなく、その子孫の墓かもしれません。

◉日本は「多民族国家」である

敗北者ナガスネヒコの子孫は、実は日本各地に散っています。

神武天皇との戦いに敗れた後、東北地方に逃げ込んだのが、ナガスネヒコの弟ともいわれるアビヒコ（安日彦）です。

彼の末裔は東北で勢力を伸ばし、平安時代まで岩手県を中心に半ば独立国家を築いた安倍氏として知られています。

平安後期に朝廷に逆らい、朝廷からの大軍に滅ぼされました（前九年の役《えき》）。この時に捕えられた安倍宗任《あべのむねとう》という武将が京都まで連行され、九州に追放されました。

その後、山口県に移った彼の子孫が、安倍晋三元首相の一族です。

ですから、安倍一族の祖先はナガスネヒコということになります。二千年の時を超えて、政権を取り戻したわけです。

一方、前九年の役で敗れ、北方へ逃げた安倍氏の少年が津軽（青森県）で生き残り、やがて「安藤」と名前を変えます。この津軽安藤氏は、鎌倉時代から戦国時代にかけてこの地で勢力を誇った武士一族です。

当時の日本最大の港は九州の博多でしたが、それに匹敵する港が青森の十三湊《とさみなと》でした。

安藤氏はその港を押さえ、今のロシア領ウラジオストクや樺太《からふと》の先住民とも日本海交易を行っていました。

この安藤氏の地盤を蠣崎《かきざき》氏が引き継ぎ、江戸時代に松前藩となるわけですが、安藤氏も元をたどればナガスネヒコに行きつくのです。

東北や北海道の人たちには、縄文系のＤＮＡが色濃く残っています。同じことは沖縄の人たちにもいえます。

九州から瀬戸内、近畿地方は弥生系、大陸系のＤＮＡが強く発現します。

神話とＤＮＡからわかるように、日本は多様なルーツを持つ多民族国家なのです。

その意味で、古代日本はアメリカ合衆国とよく似ています。先住民も残っていれば、欧州やアジア、中南米から渡ってきた人たちもいる。アメリカはわずか２５０年であの広大な大陸を征服したため、先住民の殺戮もやっています。

しかし古代日本では、数百年かけて少しずつ渡来人が流入し、縄文人とも混血していきました。古代の日本にはいろんな顔の人がいて、価値観も多様だったはずです。**「日本は島国で単一民族国家」ではないのです。**

よく見れば、日本人ほど顔のバラエティが豊かな民族はいません。

およそ人種によって「この顔は○○人」と見分けられるものですが、日本人は顔だけ見てもわかりません。それだけルーツがバラバラで、遺伝子が多様だということです。

◉国民意識とは、我々がつくり出した幻想である

その多様性が今は忘れられてしまっているのがとても残念です。

学校で地域の歴史をきちんと学ぶ機会がないことも問題です。北海道から沖縄ま

で教科書が一律であるため、古代史はヤマトの歴史ばかりが教えられます。

ですが、日本の歴史はそんな単純なものではないでしょう。

ヤマト政権にとっての「日本統一」が、地方から見ればヤマトによる「侵略」かもしれません。

地域ごとに歴史の捉え方は異なるはずなので、それを学校で教えるべきですし、教科書も都道府県ごとに違っていいと思うのです。

また、日本人とかアメリカ人とか、国民意識というものは、はじめから実態があるわけではなく、とくに近代化の過程において意図的につくられたものです。

つまり、国民意識（ナショナリズム）とは我々がつくった幻想なのです。

では、地方国家のゆるやかな連合体だった日本列島が、一つにまとまるには何が必要だったでしょうか。

それは、共通の敵です。

サッカーにたとえるなら、普段は各クラブチームが競い合っていますが、ワールドカップになれば、日本代表「サムライブルー」として団結する。それと同じです。

日本列島各地の国々の共通の敵として現れたのが、中華帝国でした。

強大な隋や唐が朝鮮半島にまで押し寄せ、今にも日本列島に触手を伸ばそうとしていたのです。


それが起きたのはいつか。

中国が魏晋南北朝《ぎしんなんぼくちょう》時代の混乱を経て統一され、隋や唐という強力な国家が出現したのは6世紀末以降です。隋や唐は朝鮮半島に侵攻し、今にも日本列島に攻め込む勢いでした。

それ以前にも漢王朝が中国を統一しましたが、漢王朝は朝鮮半島止まりで、日本列島を標的にすることはなかったのです。

それに比べて、隋・唐の勢いはかなりヤバかった。侵略の危機にさらされた日本列島は、いよいよ国家としてまとまらざるを得なくなりました。

もはや多様性を許容する余裕はなくなったというわけです。

◉過酷な自然環境から「一神教」は生まれた

日本ではアニミズムから始まり、人格神が現れ、王や権力者が祀られるようになりました。

一方、世界ではアニミズムから始まったあと、人格神の中から主神が現れ、それが一神教（キリスト教やイスラム教）へと発展したケースもあります。

この違いは何でしょうか。

一神教の誕生には、地理的な要因が大きく影響しています。というのも、一神教が生まれたのは世界の中でも特定の場所だからです。

今、世界で最も信仰者が多い宗教といえばキリスト教とイスラム教ですが、この二大一神教のルーツであるユダヤ教は、中東の砂漠地帯で生まれました。

なぜ、砂漠で一神教が生まれたのか。

アニミズムと比較してみるとよくわかります。

万物に精霊が宿るとするアニミズムは、森の宗教です。森は生命に溢れていて、小さな虫から大きな動物、植物までいろんな生き物が生息しています。生き物が死ぬと、その体を養分として新たな生命が湧いてくる。

ここから、魂の生まれ変わり、仏教的にいえば輪廻転生《りんねてんしょう》の思想が生まれました。時間には始まりも終わりもなく、あるのは「永遠の繰り返し」である、という考え方です。

一方、砂漠は死の世界です。実際、私も砂漠を訪れてみてそう感じました。最も衝撃的だったのは、夜空です。澄みわたる夜空におびただしい数の星が瞬いていて、「こんなに星があったのか」と恐怖を感じるほどでした。身近な生命をすっ飛ばして、意識が宇宙に持っていかれてしまいます。そして、夜が明けると、今度は灼熱《しゃくねつ》の太陽が容赦なく照りつけます。

この過酷で畏怖《いふ》さえ感じる剝き出しの自然環境では、アニミズムを通り越して、**世界を支配するおそるべき唯一神を意識**し、これにすがるしかなくなります。

その意味で、一神教は砂漠で生まれるべくして生まれた宗教であり、砂漠の宗教と言えるのです。

それに対して、砂漠がないヨーロッパや地中海の宗教は、基本的に多神教です。

たとえばギリシア神話は多神教で、日本神話にそっくりです。ローマ帝国も多神教で、日本の神社のような建物がたくさんあり、神社ごとに異なる神様が祀られていました。

インドのヒンドゥー教、アステカやマヤの宗教、中国の道教などもすべて多神教です。

◉一神教は、多神教に妥協して広まった？

砂漠の宗教である一神教が、今や世界中に広まっています。ユダヤ教徒は少数ですが、キリスト教徒とイスラム教徒の数を合わせると世界人口の55％を超えます。

中東の砂漠で生まれたキリスト教が最初に広まったのは、地中海沿岸を支配していたローマ帝国でした。もともと多神教でしたが、キリスト教に改宗したのです。

多神教徒のローマ人が、なぜ一神教のキリスト教を受け入れられたのでしょう？

一神教のキリスト教が多神教のローマ帝国で広まる過程で起こったのは、宗教融和でした。

つまり「一神教」という建前を残しつつ、実態を限りなく「多神教」に近づけていったのです。

キリスト教は本来、イエス・キリストを神として祀ります。「一つの神を信じる」とはそういうことです。

ところがローマ帝国に広まったキリスト教の教会では、イエスの周囲の人たち、聖母マリア、イエスの弟子のペテロ、パウロ、ヨハネなども祀られていて、実態は多神教と変わりません。

なぜそうなったのか。

そうしなければローマ世界に受け入れられなかったからです。

というのも、ヤハウェ以外の神を一切認めなかったユダヤ教は、その頑固さからヨーロッパでは迫害されました。その二の舞を避けるには、現地の信仰に合わせて妥協するほかなかったのです。世界での布教が進むほど一神教の規律は薄れ、ゆるい状態になっていきました。

それに対して「けしからん！　なぜマリアを祀るんだ！」とカトリック教会を批

判し、キリスト教を一神教に戻そうとする動きがのちに起こります。

これがルターやカルヴァンたちの宗教改革です。

ですから、ルター派やカルヴァン派の教会にはマリア様もペテロ様もいません。あるのは十字架だけです。

もしマリア様が祀られていたら、それはカトリック教会もしくは東方正教会です。

戦国時代に日本に伝来したキリスト教でも、よく似た現象が起こりました。日本では、マリア様が観音《かんのん》様と合体して「マリア観音」が誕生しました。

カトリック教会の修道会であるイエズス会から派遣され、日本にキリスト教を伝えた宣教師フランシスコ・ザビエルは、唯一神を日本語にどう翻訳するかを悩み、仏教で宇宙の真理を意味する「大日如来《だいにちにょらい》」を選び、「唯一の神ハ、大日ナノデス」と布教しました。ということは、日本人キリスト教徒（キリシタン）は、大日如来を拝んでいたのです。

つぎに**観音様とは仏教の観音菩薩《ぼさつ》のことで、初期のガンダーラ美術の仏像では、ヒゲを蓄えた男性の姿をしています。**しかし、中国や日本では、観音様といえば女性のイメージが強いでしょう。

男性のはずの観音様がなぜ女性化したのか、まずはそこから考えてみましょう。

縄文時代、子どもの死亡率は高く、「子どもを産むこと」への畏敬の念から女性崇拝が生まれました。土偶《どぐう》に女性が象《かたど》られているのもそれが理由です。

神道でも女性が巫女さんとして、神々と人をつなげる重要な役割を担います。

そして、仏教の伝来と共に、優しそうな顔立ちの観音様が日本に入ってくると、古代からの女性崇拝と相まって、「これ、女神様にしよう」ということで、観音様に女性のイメージが付いていきました。

それが、ザビエルが持ち込んだキリスト教のマリア様と合体して「マリア観音」となったのです。

現地の宗教と融合してその地に馴染《なじ》んでいくのは、キリスト教の専売特許ではありません。仏教でも同じことが起きていて、仏教が古代日本に伝来した際、神道と結びつき、独自の発展を遂げていきました。これを「神仏習合《しんぶつしゅうごう》」といいます。

神仏習合については第2章で詳しく解説します。

コラム1 ホモサピエンスと「国家という共同幻想」

「日本国」はどこにあるのでしょうか。

日本国は、実際に見ることも、触ることもできません。

答えは「脳内」です。日本国に限らず、国家というのは、私たちの認知能力がつくり出す幻想なのです。一定数の人たちが「ここに国がある」と認知すれば、そこに国家が現れるのです。

イスラエルの歴史家ユヴァル・ノア・ハラリのベストセラー『サピエンス全史』（河出書房新社）によると、この認知能力こそが、我々ホモサピエンスが生き残ってきた理由だというのです。

今は、われわれホモサピエンスが唯一の人類ですが、かってはいろんな種類の人類がいました。

しかも、猿人→原人→ネアンデルタール人→ホモサピエンスと直線的に進化してきたのではなく、複数の種類が同時に存在していたというのです。

その中でホモサピエンスだけが生き残り、他の人類を駆逐していった。その背景にはホモサピエンスの「認知革命」があったという学説です。

認知能力とは、抽象的な言語で世界を説明できる能力といってよいでしょう。

この言語能力を進化させたホモサピエンスは、大量の情報伝達が可能となり、大きな集団による協力体制を構築できたのだ、とハラリは言います。

ネアンデルタール人にはそれがなかった。

目に見えるものしか信じなかった彼らは、目の前にいるリーダーと目の前にいる仲間、せいぜい何十人から何百人までの集団しか形成できなかったでしょう。

ところがホモサピエンスは、たとえば「神」という言葉を生み出し、特定の人を「神の化身」「神の子孫」「神の代理人」、あるいは神の言葉を伝える「預言者」と認めた何千人、何万人もの人々が「国家」を形成できたのです。

ホモサピエンスが勝利したのは、認知能力によって国家や宗教といった共同幻想を生み出したからです。

つまり国家と宗教の成立は、「認知革命」の賜物なのです。

第2章

神仏習合に見る「相手を否定しない文化」

（飛鳥・奈良〜平安時代）

◉中華グローバリスト蘇我氏VS.ナショナリスト物部氏

6世紀前半、多神教のヤマトに大陸から仏教が伝えられました。

巨石や大木、滝などの自然物を祀っていたアニミズム的な原始神道とは対照的に、外来の新しい神様は金箔に覆われたきらびやかな仏像でした。

「すごい、こんな神様がいたんだ！」と当時の日本人は驚愕します。**仏教の教え自体に興味を示したというより、豪華絢爛《ごうかけんらん》な仏像に心を奪われたのです。**

その一方で、「これは本当に神なのか？」という疑いも生まれ、豪族間で争いが起こります。

外来文化の受容に積極的だったのが蘇我《そが》氏です。

欽明《きんめい》天皇の13年目（西暦552年）、百済《くだら》の聖明王《せいめいおう》が献上した仏像と仏教経典の受け入れをめぐって天皇が意見を求めました。

この時、蘇我氏を率いる蘇我稲目《そがのいなめ》が、「西方諸国ではみなこれを崇めています。わが国だけが背くことはできません」と答えました。

現代風に意訳すれば、「国際的孤立を避けるため、グローバルスタンダードを受け入れましょう」と言ったのです。

それに対して、「変なものを祀るな！」と異を唱えたのが物部《もののべ》氏と中臣《なかとみ》氏でした。物部氏は神官兼国防大臣でした。物部は「もののふ」とも読みます。「もののふ」は侍のことで、天皇を護る軍事集団です。「国を護る」というと、現代では軍事力を指しますが、当時は「霊的に護る」、つまり祭祀の意味もありました。『先代旧事本紀《せんだいくじほんぎ》』という物部氏の伝承によれば、物部はもともとニギハヤヒを守る軍団でしたが、ニギハヤヒが神武天皇にヤマトを譲ったのを契機に、天皇家に仕えるようになりました。

物部氏は、「異国の神を祀れば、わが国の神々の怒りを招きます」と猛反対します。「日本文化を破壊するグローバリズムに反対！」というわけです。

この時、日本で初めて、「ナショナリズム対グローバリズム」の対立が起こったのです（図2-1）。

結局、欽明天皇は、蘇我氏が自分の屋敷に仏像を祀ることを許しました。

■2-1　蘇我氏 vs 物部氏

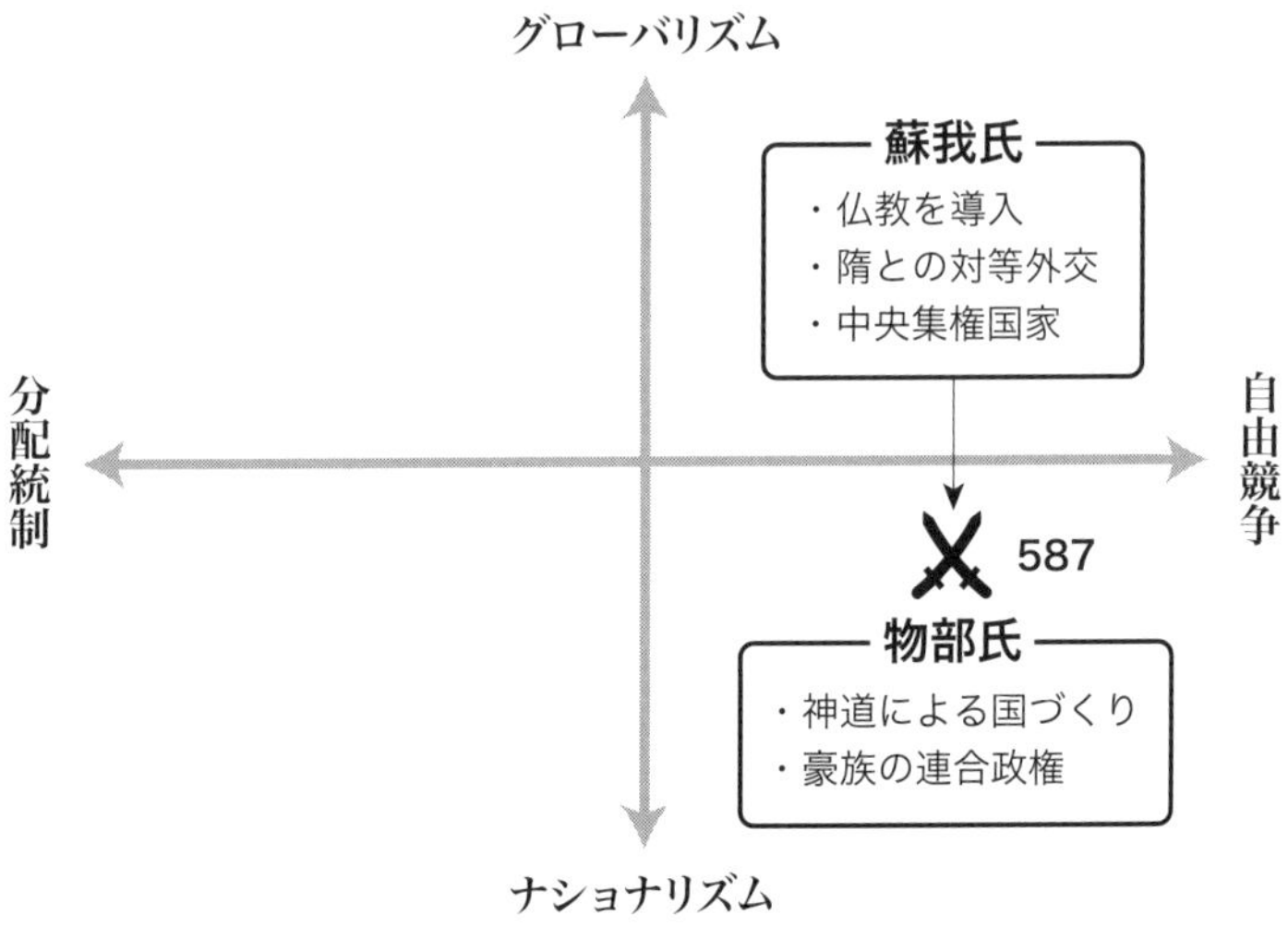

ちょうどその時、疫病《えきびょう》が流行りました。大勢やって来ていた渡来人が、大陸から感染症を持ち込んだのでしょう（小著『感染症の文明史』KADOKAWA）。

この疫病の原因を、物部氏は「古き神々の怒りだ」と主張し、蘇我氏は「仏罰だ」と反論しました。

この崇仏論争《すうぶつろんそう》は、物部氏と蘇我氏との権力闘争に発展し、娘を天皇に嫁がせていた両者は皇位継承問題に介入します。

最終的に蘇我馬子《そがのうまこ》が物部守屋《もののべのもりや》を一族もろとも滅ぼし、物部氏側についた皇族も抹殺して終結しました。

◉イエス・キリストと聖徳太子の共通点とは

この蘇我vs.物部戦争の時、蘇我氏側に擁立された皇子が厩戸王《うまやどおう》（聖徳太子）でした。聖徳太子は、14歳で蘇我軍に加わって物部軍と戦った際、白木を削って四天王《してんのう》（仏法の守護者）の像を彫って勝利を祈願し、のちにこの像を本尊として河内《かわち》（大阪府）に四天王寺を建立《こんりゅう》しました。

聖徳太子は蘇我氏と同じ仏教導入派であり、仏教の理論をよく勉強し、仏典の注釈書を書くほど仏教に精通していました。

聖徳太子の功績の一つに、日本初の憲法である「十七条の憲法」があります。この中で最初に示される規範は、「和を以《も》て貴《たっと》しと為す」。

つまり、「調和を大事にして、争いをやめろ」と。血で血を洗う抗争となった蘇我氏vs物部氏、すなわち仏教vs神道のバトルを念頭に置いているのは明らかです。

一方がもう一方を滅ぼすのではなく、「仏教も神道も仲良くやっていきましょう」。

これが聖徳太子のメッセージです。

当時まだ胡散臭《うさんくさ》い目で見られていた仏教の価値を認め、「篤く三宝を敬え。三宝とは仏・法・僧である」と言いました。

聖徳太子は、仏教の解説本を執筆するほどの学者肌でしたが、仏教の教えをもとに弱者救済を実践した人でした。

「仏教は弱者、貧困者、病人、女性を救う」として、自ら建立した四天王寺《してんのうじ》に、今でいう国立病院や薬局、貧困者のための保護施設を併設しました。

聖徳太子のこうした慈善活動は日本史上初めてのことで、ある偉大な救世主を彷《ほう》彿《ふつ》とさせませんか？

そう、イエス・キリストです。

イエスも、ユダヤ教の高僧たちが見向きもしなかった病人や貧困者に寄り添い、信徒を増やしていきました。

イエスと聖徳太子、この二人の共通点はほかにもあります。

聖徳太子とは後世に付けられた尊称《そんしょう》であり、本名は厩戸王（うまやどのおう）です。厩戸は馬小屋のことで、厩戸王は「馬小屋で生まれた皇子」という意味です。

「馬小屋で生まれた」といえば、イエスも同じです。

聖徳太子とイエス。この二人の共通点は偶然の一致なのでしょうか？

もし、聖徳太子の時代にキリスト教が日本に伝わっていたとしたら、『新約聖書』の物語が聖徳太子伝説に加わったと説明できるかもしれません。

そして、それは十分にあり得る話なのです。

ローマ帝国に広がったキリスト教は、前章でお話ししたようにローマの多神教の影響を受け、聖母マリアを祀るようになりました（アタナシウス派）。

これに反対したより厳格なネストリウス派というグループは、アタナシウス派との宗教論争に負け、ローマ帝国から追放されました。これが431年のことです。

ネストリウス派キリスト教徒は東に向かい、ササン朝ペルシア帝国で保護されます。さらにシルクロードを通って中国に向かいました。

隋の中国統一は589年です。

つまり、**隋や唐の時代の中国にはすでにキリスト教徒がたくさんいたのです。**

唐の都・長安には「大秦寺《たいしんじ》」と呼ばれるネストリウス派キリスト教会がありました。つまりインドから伝わった仏教と、ローマ帝国（大秦国）から伝わったキリスト教が、国際都市・長安で融合していたのです。

聖徳太子は遣隋使を派遣し、のちに遣唐使を通じて日本人留学生が中国に長期滞在してその文化を受容しました。

仏教に精通していた聖徳太子は、海外の知識としてキリスト教にも通じていたはずです。

その「仏教」の中に、すでにキリスト教の影響があったとしても不思議ではなく、イエスが馬小屋で生まれた逸話が聖徳太子の時代にすでに日本に伝わっていた可能性があるのです。

◉もしも、蘇我氏が物部氏に滅ぼされていたら？

聖徳太子・蘇我氏政権は、外来宗教である仏教の普及に努めたグローバリストでした。かといって、中国にこの国を売り飛ばしたわけではありません。

むしろ、その逆でした。

それまでのヤマトは、中華帝国の端に位置する「辺境の国」であり、歴代の王は中華皇帝に貢ぎ物を届け、「臣下」としての礼儀を守ってきました。

ところが聖徳太子は、朝鮮半島に迫ってきた大帝国・隋に小野妹子《おののいもこ》という外交官を送り、「日出《ひい》づる処《ところ》の天子《てんし》、書を日没《ひぼっ》する処の天子に致す」と手紙で言い放ったのです。『日本書紀』にも隋の公式記録（『隋書』）にも同じ意味のことが書いてあるので間違いありません。

東のヤマトの天子が、西の隋の天子に手紙を送るのだ……。

これはもう、「お前らには頭を下げないぞ」とケンカを売っているのと同義です。

この時、ヤマトは初めて国家としての意思を持って、中華帝国と対等に渡り合おうとしたのです。

聖徳太子の外交センスはピカイチでした。その理由は、聖徳太子が真のグローバリストだったからです。

隋の皇帝・煬帝《ようだい》はまさに高句麗に攻め込む直前で、大軍を動員していました。高句麗に対抗するために、煬帝はヤマトとの友好関係を望んでいるはず。

隋に対して対等外交を要求するなら今がチャンス。そこまで計算して、聖徳太子は小野妹子を派遣したのです。

聖徳太子には外交顧問と呼べる渡来人たちがいました。とくに高句麗系の人たちは、朝鮮半島情勢をリアルに伝えていました。

高句麗王の使者として派遣された曇徴《どんちょう》という僧は聖徳太子に仕え、法隆寺に住んでいました。

今の日本にも米国や中国に留学経験のある政治家、官僚は少なくありません。しかし、これだけの外交手腕を発揮できる人材がどれだけいるでしょうか。

聖徳太子は海外情勢に精通したグローバリストでしたが、ヤマトの尊厳を守るために隣の大国にもひるまなかった。その意味でナショナリストの側面もあります。

両方の顔を持つ聖徳太子は非常に稀有《けう》な存在と言えます。

もし、蘇我vs.物部戦争で物部氏に軍配が上がっていたとしたら、聖徳太子の活躍もなく、日本はどうなっていたでしょうか。

神官の物部政権が、自国防衛に必要な海外情報を得られたかというと疑問です。

日本にとってこの時代のグローバリズムは、圧倒的に中華グローバリズムでした。文化的にはこれを受容しつつ、ヤマトの政治的独自性をどう保つのか、これが大きな焦点だったのです。

◉強力な国家体制を、敵に学べ！

蘇我氏は、皇族を担いでは傀儡《かいらい》政権をつくり、政権へのコントロールが利かなくなると抹殺する。これを繰り返し、何人もの天皇や皇族を殺しています。

だから、聖徳太子は天皇になることを望まず、叔母の推古《すいこ》天皇を支えることで実権を握ろうとしました。

ところが、49歳で急死してしまいます。

そのあと聖徳太子の長男である山背大兄王《やましろのおおえのおう》の一族を蘇我入鹿《いるか》が攻撃し、自害に追い込むという事件を起こします。

調子に乗った蘇我氏がついに大王や天皇の位を狙い始めると、中大兄皇子《なかのおおえのおうじ》がクーデタを起こし、蘇我氏を滅ぼします。

これが645年の乙巳《いっし》の変《へん》です。

■2-2　蘇我氏 vs 中臣・藤原氏

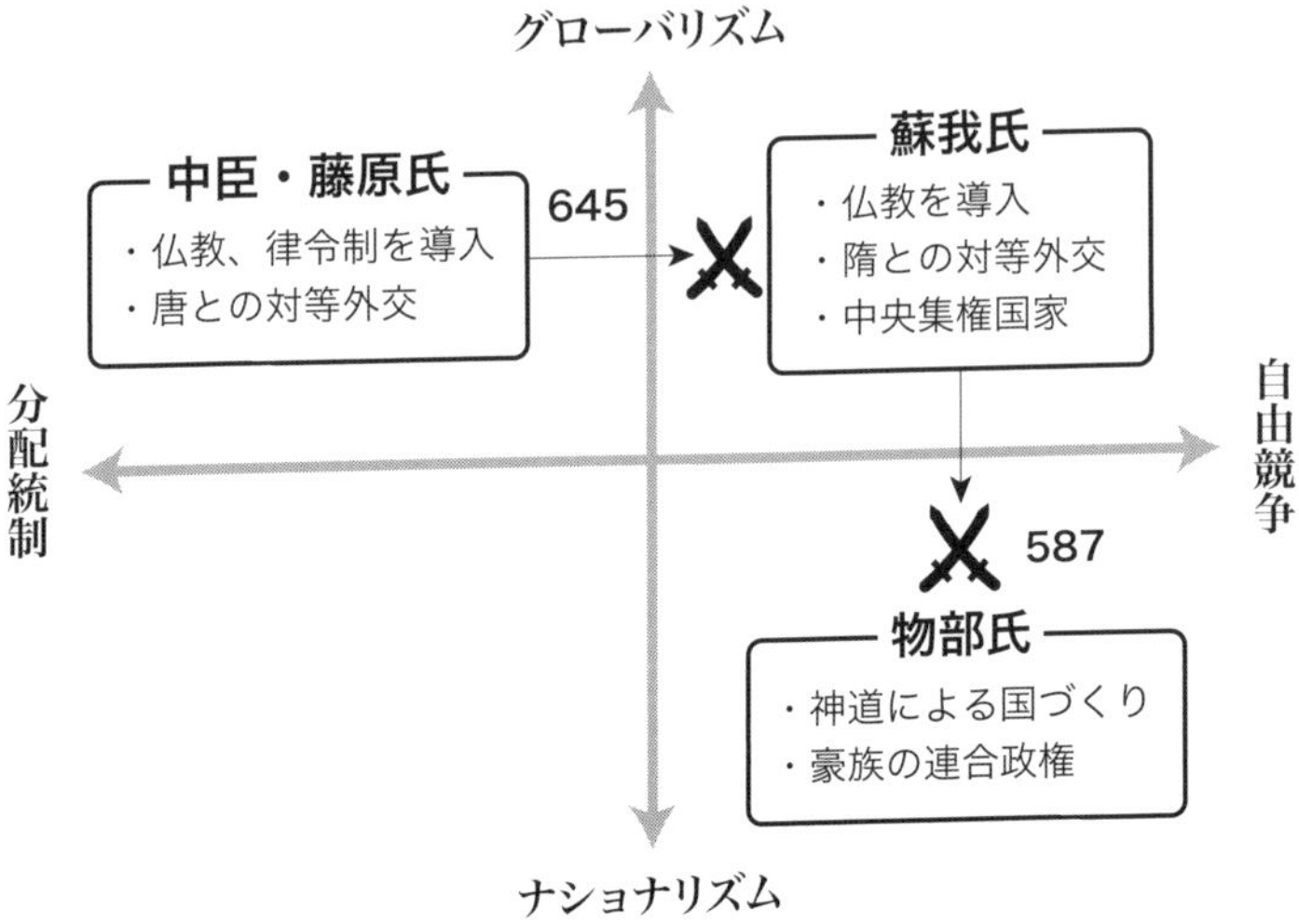

このクーデタを助けたのが中臣鎌足《なかとみのかまたり》で、中臣氏は物部氏に仕えていた神官の家柄でした。

つまり、乙巳の変は、物部勢力による蘇我氏に対するリベンジという側面もあったのです（図２－２）。

この直後、朝鮮半島に激震が走ります。隋の滅亡後に中国を統一した唐によって、百済が攻め滅ぼされてしまうのです。

ヤマトに亡命中だった百済の王子の要請に応える形で中大兄皇子（のちの天智《てんち》天皇）が百済復興の援軍を送り、ついに中華帝国軍とヤマト軍が激突しました。

これが６６３年の白村江《はくすきのえ》の戦いです。

結果は、ヤマト軍の大敗でした。唐か

らの戦後処理の遣いが、２０００人もの兵士を引き連れて九州に上陸し、ヤマトに対して脅しをかけてきました。

軍事力の差は歴然で、まともに戦っても勝てる相手ではありません。

なんとか時間を稼ぎながら、唐に対抗できる強力な国家をつくるにはどうすればいいのか。

それを考えたのが中大兄皇子改め天智《てんち》天皇と、弟とされる天武天皇でした。

白村江の戦いのあと30年間、唐と国交を断絶したヤマトは「日本」＝「日の昇る国」という国号を採用し、中央集権国家の実現を急ピッチで進めていきます。

「唐に対抗するには、唐に学べ！」を合言葉に、官僚統制国家である唐の律令制に基づいた法体系や制度を取り入れた国づくりがスタートしました。

それまで「大王」と呼ばれていた君主の称号も、中華皇帝を意識して「天皇」と改められました。

公地公民制を導入し、豪族の支配下にあった土地を天皇の所有としました。人民の数を把握したうえで土地を人民に分配し、徴税《ちょうぜい》する仕組みをつくったのです。

また、唐の侵攻に備えて全国から徴兵した兵士を北九州に配備し、西の守りを固めました。これを「防人《さきもり》」と呼びます。

こうして、豪族連合政権の地方分権型国家から、天皇中心の中央集権型国家へと変貌を遂げていったのです。

この時の状況は明治維新に似ています。

ペリーの黒船艦隊に遭遇して、「あれには到底勝てない」と衝撃を受けた日本人は、欧米諸国に追いつけ追い越せと西洋文明に学びました。

敵に学んだのは明治維新が最初ではなく、そのルーツは白村江の戦いでの大敗にあったのです。

◉国内向けの『古事記』、海外向けの『日本書紀』

唐と国交を断絶した30年間は、日本人が「日本国とは何か？」を自問する時期でもありました。

なぜ、われわれは大唐帝国に抵抗するのか？

この時期にスタートした重大事業が**『古事記』と『日本書紀』の編纂《へんさん》**です。

この二つの書物が書かれた目的は、一つは律令制導入による日本統一を記念した出版事業だったのでしょう。

しかし、もっと重要なのは、**敵である唐に対して、「わが国は神武天皇以来、連綿《れんめん》と続く一つの皇統《こうとう》が治めている文明国であり、秦の始皇帝よりも古い建国の歴史を持つ国である」とアピールすることでした。**

これが『日本書紀』が、漢文で書かれている理由です。

もう一つ、この歴史観を日本人自身に教えるための書物が『古事記』でした。基本的に日本語で書かれていますが、まだ仮名文字が誕生する前なので、日本語の一音一音に漢字を当てた「万葉仮名《まんようがな》」が使われています。

つまり、これら二つの書物は、「唐からの独立」と「皇室の正統性」いう政治的な意図で書かれた文書であり、すべてが史実とはいえないのです。

特に話が盛られているのは古い時代の記述です。

日本列島にもともとあったのは地方豪族による地方分権型の連合国家でした。しかし、唐からの侵略の危機にあって、「わが国は昔から一枚岩」と言わざるを得なくなった。

もし、「日本国は、実は小国家の連合体」と知られれば、ヤマト政権に不満を抱く地方豪族に外国勢力が加担し、内乱を引き起こさないとも限りません。

実際、北九州の豪族が新羅と結んで反乱を起こしています（磐井《いわい》の乱）。

ここに、日本型ナショナリズムの始まりを見ることができます。

『古事記』と『日本書紀』の編纂を指揮したのは皇族の舎人《とねり》親王ですが、この時代の最高実力者は、中臣鎌足の息子の不比等《ふひと》でした。

鎌足は乙巳の変のあと、クーデタ成功のご褒美に天智天皇から「藤原」という新しい姓を賜《たまわ》ります。ただし、その時に鎌足はすでに臨終を迎えており、実際に「藤原」姓を名乗ったのは不比等からです。

蘇我氏に代表される国内の敵をすべて片づけた藤原氏が、次に外の敵に焦点を当てた事業が、日本の歴史をまとめることだったのです。

◉最古のナショナリストと称賛された「大伴部博麻」

白村江の戦いは、ヤマト国家がその存亡をかけた戦いでした。

大唐帝国という強大な敵を前に、もはや「自分は出雲人だ」とか「吉備人」だと言っていられなくなり、団結して戦うことになったのです。

朝鮮沖まで共に出兵した結果、連帯感が生まれ、徐々に「日本人」意識が浸透したと思われます。

「愛国心」なるものも、この時に生まれました。愛国心の象徴とも言える人物が、大伴部《おおともべの》博麻《はかま》です。

白村江の戦いでは、多くのヤマト軍兵士が捕虜になっています。大伴部博麻もその一人で、捕虜になり唐の都・長安に連行されました。

捕虜とはいえ、長安にいると唐の動きがよくわかります。

どうやら唐がいよいよヤマトに侵略するらしい。そんな情報を伝え聞いた博麻は、「早く祖国に知らせなくては」と考え、驚きの行動に出ます。

仲間の捕虜四人を祖国に帰すために、博麻は自分の身を中国人に売って奴隷になることで、四人の旅費を捻出したのです。

四人は無事に対馬に到着し、唐の最新情報を祖国に伝えました。

長安に一人残った博麻が帰国したのは、白村江の戦いから30年後のことでした。

老人になっていた博麻が持統《じとう》天皇に謁見《えっけん》すると、彼の愛国心に感激した持統天皇は、博麻に対して子孫三代にわたる税の免除を約束し、讃えました。

「私はお前が国を愛し、自らを奴隷として売って忠義を捧げたことを讃える」と。

博麻のこの話は学校でも愛国心のお手本として教えられ、戦前には有名だったようですが、敗戦後は一転してタブー視されています。

博麻たちが命がけで伝えた情報は、祖国の国防強化に大いに貢献しました。

ただし、実際に唐が再び日本列島を攻めてくることはありませんでした。朝鮮半島を統一した新羅の抵抗に遭い、日本列島にまで手を伸ばせなかったのです。

◉「倭国」は、いつ「日本」となったのか？

ところで、ヤマトはいつから「日本」と名乗るようになったのでしょうか。

中国の史書では、日本をずっと「倭国」と呼んできました。

例の聖徳太子の国書に「日出づる国」とあり、この頃から国内では「日本」の名称も使われていた可能性があります。しかし対外的に「倭国ではなく、日本国である」と宣言したのは、702年の遣唐使が最初でした。

その時の様子が中国の歴史書『旧唐書《くとうじょ》』に書かれています。

「どこから来たのか」と唐の役人がたずねると、「日本国だ」と。

役人は戸惑って、「日本国なんて聞いたことがない。倭国じゃないのか？」と聞き返します。「いや、日本国だ」と答える遣唐使。「これは奇妙だ……」というわけです。

国名変更の理由として、『旧唐書』には二つの可能性が書かれています。

一つは、「倭」という名前を嫌ったという説です。

「倭」という漢字には「おとなしい」「従う」という意味があります。中国人から日本人はそう見えたので、「倭」と呼ばれていたのでしょう。

もしくは、古代日本語では「私」のことを「わ」と言いました。

「あなた、どこの国の人？」と問われた日本人が「わ」と答えた。そこから「倭」

説です。

いずれにしても、「倭」の名を嫌い、カッコよく「日本」に国名変更したという説が当てはめられたともいわれます。

そしてもう一つは、日本列島には「倭国」と「日本国」がそれぞれ存在して、日本国が倭国を併合したという説です。

「日本はもと小国、倭国の地を併す」と『旧唐書』に書いてあるのです。東北大学名誉教授の田中英道《ひでみち》先生は、この説に関連して「日高見《ひだかみ》説」を提唱しています。

田中先生によると、古代日本にはヤマトともう一つ別の国が存在していました。ヤマトは西日本にあり、これが「倭」と呼ばれた国です。

そして、もう一つが、東日本にあったとされる「日高見国」です。関東から東北にかけて「日高」や「常陸《ひたち》」「北上（日高見？）」などの地名が多いことから、「日高見国」が存在し、これは縄文文化を受け継いだ国だったという仮説です。

アマテラスの一族がいた高天原の所在については、「大陸のどこか」とする通説に対して、「この日高見国こそが高天原だった」と田中先生は論じています。

そして、この東日本の日高見国が西日本の倭国を併合して「日本国」になったのだと。おもしろい仮説だと思います（『日本とユダヤの古代史&世界史』田中英道/茂木誠共著　ワニブックス）。

ここで、遣唐使についてもう少し触れておきます。

遣隋使もそうですが、遣唐使として派遣されたのは超優秀な官僚や僧侶たちでした。彼らは、仏教はもちろん、唐の最新技術や思想を学ぶために海を越えた官費留学生です。

四隻からなる遣唐使船ですが、この船は無理な大型化によって、一隻か二隻は沈没か行方不明になります。文字通り「命がけ」の航海でした。

中国の周辺国は中国の皇帝に貢ぎ物を献上し（朝貢《ちょうこう》）、皇帝から「○○王」という称号を授かる（冊封《さくほう》）という冊封体制を続けていました。

しかし、日本の天皇は唐の皇帝に「頭を下げない」「貢ぎ物をしない」、留学生だけ送ることを徹底していました。

唐側はこれを勝手に「朝貢」と見なすことで面子《メンツ》を保っていたのです。

それでも遣唐使を受け入れ、勉学の機会を与えていたのは、唐という国の懐の深さであり、ユニークなところでもあります。

唐の都・長安は、超インターナショナルな都市でした。インドからは仏教、ペルシアからはゾロアスター教、ローマ帝国起源のキリスト教ネストリウス派が伝わり、さまざまな宗教建築が混在する場所だったのです。多種多様な民族に紛れて日本の遣唐使が歩いていても、まったく違和感がなかったはずです。

多様性に満ちた長安は、見るもの聞くものすべてが新鮮だったはずです。当時の遣唐使は楽しくてしようがなかったに違いありません。

◉仏教は、エリートのたしなみとして始まった?

ここまで飛鳥時代から奈良時代初期までの日本の情勢を説明してきました。**この時代の日本思想史で最大の事件は、なんといっても仏教伝来です。**

そもそも仏教の開祖ブッダ（仏陀）が布教したのは、紀元前5世紀頃の北インドでした。

原始仏教は宗教というより、哲学に近い学問でした。「そもそも生命とは何か、死後の世界はあるのか、人生の目的は何か」を教えるもので、「我《が》」（アートマン）という個々の意識を超越し、宇宙全体の意識である「梵《ぼん》」（ブラフマン）へ回帰すべきと説き、その方法を論じます。

非常に哲学的、論理的であり、厳しい修行を伴いました。民衆には難解で近寄りがたく、普及しませんでした。

この厳しい修行に耐えた出家者を「上座部《じょうざぶ》」と呼び、このタイプの仏教は上座部仏教としてスリランカからミャンマー、タイへ徐々に広まりました。

仏教が爆発的に広がったのは、キリスト教が生まれたのと同じ西暦1世紀前後です。北インドで新しい信仰運動が起こりました。「出家のできない民衆も救う」という意味で、「大きな乗り物」と自称したため、これを「大乗仏教」といいます。

「出家のできない民衆」をどうやって救うのか？　それは、修行僧が自分だけでなく、衆生《しゅじょう》（民衆）をも一緒に救い上げるというのです。

この「衆生救済」の志を持った修行僧を「菩薩《ぼさつ》」といいます。

衆生は出家しなくていいから、せめて菩薩を拝もう――という発想から仏像がつくられるようになりました。拝むだけなら誰でもできます。

こうして実在の、あるいは想像上の修行僧たちが崇拝の対象となり、観音《かんのん》菩薩、弥勒《みろく》菩薩、文殊《もんじゅ》菩薩、地蔵《じぞう》菩薩……の像がつくられていきました。

この頃から仏教は大衆化し、民衆を救うという本当の意味での宗教になっていったのです。

この大乗仏教を理論化した経典が『法華経《ほけきょう》』『般若経《はんにゃきょう》』『大日経《だいにちきょう》』などで、これらは、ブッダの教えという形式を取っていても、実際にはブッダの時代より5世紀もあとの仏教指導者たちがつくったものです。

この**大乗仏教がブレイクして、北インドからシルクロードを通って、中国、朝鮮半島、そして飛鳥時代の日本に伝わったのです。**

一方、日本古来の信仰である神道は、自然崇拝であり、アニミズムです。五穀豊穣《ごこくほうじょう》を祈願することはあっても、仏教のように人間の生き方を説くことはありません。

自然を祀る神道と、道徳的な教えを説く仏教。この二つの宗教は当時、まったく別物として人々には捉えられていたはずです。

飛鳥時代に仏教という新しい宗教、哲学が入ってきて、皇族や豪族などのエリート層は純粋に「面白い！」と知的関心を抱いたのではないでしょうか。

そのため、大乗仏教の本来の姿に反して、初期の日本仏教は知的エリートの嗜《たしな》みであり、民衆への布教はまったく行われませんでした。

また、**日本における初期仏教は、天皇や朝廷のための祈願が主な役割でした。**僧侶は朝廷に雇われた国家公務員であり、寺院はすべて官営でした。鎮護《ちんご》国家、すなわち国を護るための仏教は、奈良時代まで続きました。

◉山岳信仰と仏教の出合い

エリートの嗜みとして日本に入ってきた仏教ですが、この後、面白い形で日本に浸透していきます。

山岳信仰をご存じでしょうか。山に宿る神々や精霊を祀り、山自体を崇拝する信仰のことです。そうした神聖な山で神秘的な力を得ようと山で修行をする。
こうした人々を山伏《やまぶし》や修験《しゅげん》といいます。

登山経験のある方はわかると思いますが、山に登ると心拍数が上がり、空気が薄くなってきて、息が苦しくなってくる。そうすると、余計なことを考える余裕がなくなってくるので、雑念が消えます。徐々に周りの音も聞こえなくなり、瞑想に近い状態になっていく。つまり、登山自体が「瞑想」なのです。

それを繰り返すことで、普段とは違う意識状態になりますから、普段見えない何かが見えたり、普段聞こえない何かが聞こえたりする人もいます。

その時に古代人は、「あ、あれが仏だ」とか「何とか菩薩だ」と思ったのでしょう。ですから仏教僧は山で修行するのです。

「山で修行する文化」は、中国の道教にもあり、インドのヒンドゥー教にもあり、もちろん日本の古神道にもあります。

だからこの山岳信仰を通じて、神道と仏教は、少しずつ融合していったのです。

正統派の仏教は、**学問として難しい経典を漢文で学ぶこと（顕教《けんきょう》）**を重視していました。

これに対して、**登山や坐禅などフィジカルなトレーニングで精神を研ぎ澄ませ、意識を別の次元に高める修行を「密教《みっきょう》」**といいます。

シンプルに山でひたすら歩く、あるいは断食し、あるいは洞窟で座禅するわけですから、非常に縄文人的な感性とも通じるものでした。

ここから仏教が、大衆信仰として日本に根付き始めたようです。

また、経典もなく、体系的に理論化されていない段階の密教を、「雑密《ぞうみつ》」といいます。

飛鳥時代には、**役行者《えんのぎょうじゃ》**という雑密のプロフェッショナルがいました。本名を「**役小角《えんのおづぬ》**」と言い、熊野や吉野の山中で修行を重ね、さまざまな超能力を取得したと伝えられています。正統派の僧侶たちからは異端視され、朝廷を呪詛《じゅそ》したという理由で伊豆大島に流刑になっています。

物部・蘇我氏の争い以降、仏教と神道はいがみ合っていましたが、密教的な立場からみれば同じだったということです。

役小角

◉大仏建立という一大プロジェクト

奈良平城京は、唐の長安をモデルとした条坊《じょうぼう》制——碁盤の目のような本格的な都として建設され、元明女帝の時代、７１０年に遷都が行われました。

奈良時代の始まりです。

天武天皇のひ孫にあたる聖武天皇が幼少であったため、祖母の元明天皇、叔母の元正天皇という二人の女帝が「中継ぎ」を務めました。『古事記』の完成は元明天皇、『日本書紀』の完成は元正天皇の時です。

満を持して即位した聖武天皇は仏教への信仰が厚く、多くの寺院が建てられました。

その最大のものが平城京の東にそびえる東大寺です。

圧巻なのは大仏殿で、金箔を貼られ金色に輝く大仏は、『華厳経《けごんきょう》』という大乗仏教の経典において、太陽の輝きを象徴する毘盧遮那仏《びるしゃなぶつ》です。

737年に北九州から始まった天然痘《てんねんとう》と麻疹《はしか》の大流行が平城京を直撃し、皇族や藤原氏の政権幹部がバタバタと倒れていくという極限状態の中、聖武天皇は疫病退散を祈願して仏教に救いを求めました。

全国に国分寺と国分尼寺を建て、「日本国総国分寺」として建設を急がせたのが東大寺でした（「総国分尼寺」は法華寺）。

つまり仏教の呪術力、スピリチュアルなパワーで、感染症と戦おうとしたのです（小著『感染症の文明史』KADOKAWA）。

それまでの仏教は皇族・貴族だけを守るもので民衆は無関係でした。

しかし東大寺の建設という巨大プロジェクトは、国土と人民を疫病から守るためであり、全人民が力を合わせてこれに参加することに意味がありました。

つまり「上から」のみならず、「下から」の大衆動員によって、資金を集め、材木を集め、労働者を集めたのです。

この運動のオルガナイザーとなったのが、行基《ぎょうき》という僧侶でした。

行基は薬師寺で学んだあと、山林で修行を重ね、朝廷の許可なく民衆に布教し、また公共事業を指導して、各地に港や貯水池を開き、無料宿泊所や修行道場を建設し、これに従う僧侶が千人を超えるという一大勢力となっていました。

朝廷はこれを弾圧していましたが、大仏建設が始まると一転して行基に協力を求め、聖武天皇は行基に「大僧正《だいそうじょう》」という僧侶の最高位の地位を与え、大仏開眼式《かいげんしき》には主賓の一人として招きました。

行基は、それまで貴族的だった日本仏教を一気に大衆化し、文字通り「草の根」に根付かせるという貢献をしました。その姿は、のちの空海《くうかい》とも重なります。

奈良時代の後半は、東大寺（華厳宗）を筆頭に6つの宗派が勢力争いを繰り返し、また僧侶が政治に介入する事態も起こりました。

奈良平城京の仏教勢力をうとましく思った桓武天皇は、心機一転、京都平安京への遷都によって、日本国を再建しようと考えました。

しかし仏教の力で国を守る、という思想は変わらなかったため、今度は平安京政権を守る新しい仏教が必要になりました。

この要請に応えたのが二人の天才、最澄《さいちょう》と空海でした。

◉並び立つ二人の天才「最澄と空海」

最澄は、日本仏教界のスーパースターで、超有名人です。

琵琶湖の西の比叡山《ひえいざん》に延暦寺《えんりゃくじ》を開いていた最澄ですが、桓武天皇の勅令《ちょくれい》を受けて遣唐使に加わり入唐《にっとう》しています。

桓武天皇は奈良平城京における仏教僧の政治介入と派閥争いに嫌気がさし、京都平安京へと遷都したばかりでした。

比叡山は京都の東北、陰陽道《おんみょうどう》では「鬼門《きもん》」の方角にあたります。

桓武天皇は、京都を守護する延暦寺を開いた最澄に注目したようです。

唐の浙江省《せっこう》にある霊山・天台山で学んだ最澄は、当時の最新の仏教を全部日本に持ち帰ります。

それらを総合したのが、天台宗です。密教、法華経《ほけきょう》、坐禅など何でもありの、まるで仏教のショッピングモールのようでした。

その総本山が比叡山延暦寺であり、のちに織田信長の焼き討ちを受けるまで、日本仏教会の頂点に君臨し続けました。

カトリック教会におけるバチカンのような存在です。

延暦寺はまた、日本における最高権威の仏教大学として、多くの僧侶が学びに訪れる寺でもありました。

鎌倉時代になると、ここで学んだお坊さんたちが比叡山から下りて、「私は坐禅だけやります」「私は法華経だけやります」と専門に特化した宗派を始めます。

たとえば、日蓮は法華経に特化した日蓮宗、栄西《えいさい》は坐禅に特化した臨済宗《りんざいしゅう》を、孫弟子の道元は曹洞宗《そうとうしゅう》を開きました。

つまり、天台宗というショッピングモールから専門店に分かれたのが鎌倉仏教なのです。

仏教界の最高権威に登りつめた最澄が、どうしてもわからなかったのが密教でした。密教はただ経典《きょうてん》を読むだけでは会得《えとく》できず、山での修行が不可欠です。

何でも文字で読み、アタマで理解する能力に秀でた学者肌の最澄がわからなかったのも当然なのです。

最澄が遣唐使で唐へと渡る時、一緒になったのが8歳年下の空海でした。

空海は、四国の讃岐《さぬき》（香川県）の人です。役人だった父親から官僚になるように勧められますが「僧侶になる！」と決意し、十代から山にこもります。

土佐の室戸岬《むろとみさき》の洞窟での修行中、夜明けの海上に輝く明けの明星（金星）が自分の口に飛び込んでくる幻を見て、超能力を手に入れたという有名な伝説があります。

空海は学問にも秀で、漢文を読めるのはもちろん、通訳なしで中国人と会話できるほど中国語も堪能でした。

当時はまったく無名の僧侶でしたが、「まだ若いが使える」と遣唐使の留学生に抜擢《ばってき》され、唐に渡りました。

私費留学生の空海は自由に動き回り、都の長安まで行って密教の高僧・恵果《けいか》に直接弟子入りしています。

恵果の下には各国から優秀な留学生が集まっていましたが、空海を見た恵果は、

■2-3　空海と最澄の思想の違い

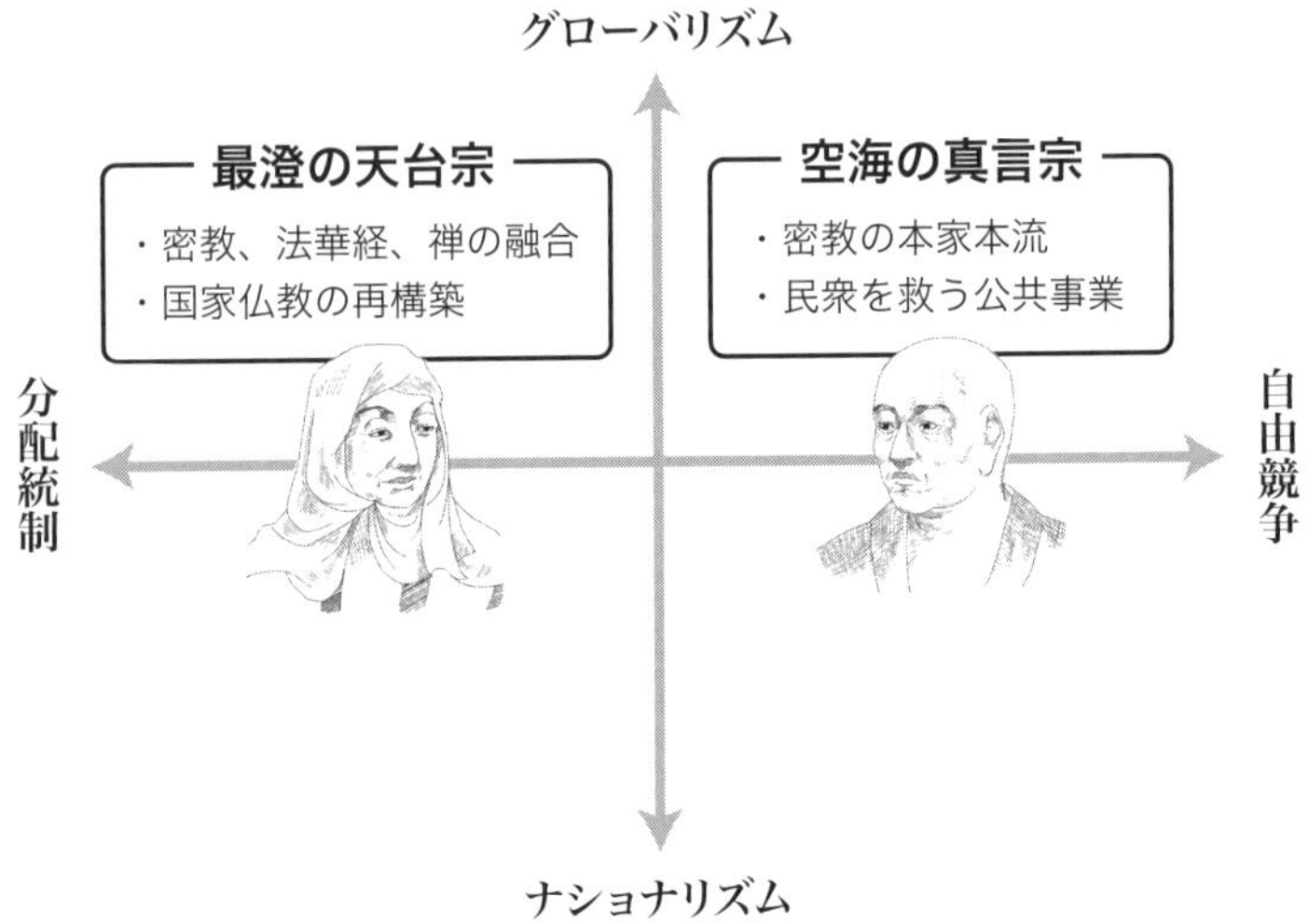

「こいつはできる」と見抜き、本来なら10～20年はかかる修行を、わずか半年で終わらせ、空海を密教の正当な後継者と認める「灌頂《かんじょう》」の儀式を行い、日本に密教を伝えるよう命じました。

恵果はその直後に亡くなっているので、空海との出会いは日本仏教のみならず、世界の密教の歴史においても重大なできごとでした。

経典をコツコツ勉強して仏教界のトップに上り詰めた最澄が「弥生人的秀才」だとすると、山での修行で悟りをひらいた空海は「縄文人的天才」といえます（図2－3）。

最澄はこの空海に手紙を送り、「密教

のことを教えてほしい。君が中国から持ち帰った経典を貸してくれないか」と頼んで、愛弟子の泰範《たいはん》を高野山に送り込みます。

空海の返事はＮＯでした。「密教は、文字では学べません」。

しかし、その言葉は最澄には届かず、最澄が送り込んだ泰範も、最澄を捨てて空海に弟子入りしてしまい、結局二人は決別してしまいます。

唐から最新の仏教を学んだという意味では、どちらもグローバリストといえるでしょう。

ただし、国立仏教大学の教授だった最澄が、あくまで国家仏教の完成のためにがんばったのに対して、全国各地を行脚《あんぎゃ》して堤防や池などの土木事業を指導し、民衆と寄り添った空海の姿は、奈良時代の行基や、のちの鎌倉仏教の指導者たちとよく似ています。

◉仏教が民衆に広まる三段階

仏教は最初、国家の災いを鎮める「鎮護国家」や、天皇や貴族のための呪術——加持祈禱《かじきとう》として日本に導入され、一般民衆への布教は禁じられていました。

それが、いつ、どのようにして民衆に広まっていったのか、おさらいしましょう。そのプロセスは三段階に分けられます。

第一段階は、**役小角**に代表される飛鳥時代の雑密です。漢文の経典など読めなくても、山岳信仰というフィジカルな修行で参加できることで敷居が下がり、縄文以来の山岳信仰とも結びついて、仏教が日本人に根付き始めました。

第二段階は、奈良時代の僧侶、**行基**です。国の許可なく民衆への布教を始め、貧困者の救済や、橋や堤防を造設するなどの公共事業を指導し、そこに集まってくる人たちにどんどん布教していきました。最初は行基を弾圧していた朝廷もその存在を抑えきれなくなり、聖武天皇が大仏を建立する際には行基の協力を要請し、大僧正に任命しました。

そして、第三段階は、平安時代初期の空海です。

空海は、真言密教の開祖であり、プロを目指す人には山での厳しい修行を求めましたが、民衆にはそんなことは求めませんでした。

商売繁盛、学問成就、良縁祈願といった現世利益を認めました。だから民衆にも受け入れられたのです。

その結果、空海自身が信仰の対象となっていったことも、民衆に広まった要因でしょう。空海は「弘法大師《こうぼうだいし》」「お大師様」と呼ばれて民衆に親しまれました。

全国の山岳信仰の霊場を訪れると、ほぼ例外なく役行者か空海の足跡を見ることができます。古神道と密教という宗派の違いを超えて、目指すところはおなじだったのでしょう。

◉混ざり合っていく「日本の神」と「仏」

平安時代以降、仏教の広がりは日本古来の神道の姿も変えていきました。両者が日本らしい方法で融合された結果、新たな神道が生まれていったのです。

神道と仏教の融合は、最澄が開いた比叡山延暦寺でも起こりました。

比叡山には、延暦寺を開く前から「日枝《ひえ》の神」、あるいは「日枝山王《ひえさんのう》」という山の神がいました。「日枝の神」がおわす神だから、「比叡山」なのです。

つまり最澄は、山そのものが御神体だった聖地に延暦寺を建立したのです。

この時、最澄は山の神を否定も排除もせず、仏教と共存させるという離れ業《わざ》をやってのけました。

なぜ、それができたのか。

仏教側の言い分はこうです。「山の神も、『仏』になれる」と。

つまり、「日本にいる神々は、仏になれずに苦しんでいる修行者である。それらの神々をも救うのが仏教である」という理屈です。

もう一つの解釈は、「仏が直接人々の前に姿を現すと驚かれるから、よりわかりやすい姿で現れることがある。それが神だ」という見方です。

このあたりから外来の仏教が日本古来の神道を飲み込んでいきます。

天台宗比叡山で生まれたこの新しい神道を、**「山王神道」**といいます。

ここから、**「本地垂迹《ほんじすいじゃく》」という考え方が生まれます。**

「本地」とは本当の姿、つまり仏のことです。「垂迹」とは仮の姿。

「本来は仏だけれど、仮の神の姿として現れている」。日本に数多《あまた》いる神々は仏の化身であり、根っこは同じである。

だから、寺院と同じ敷地内に神社があってもいいし、神社の前でお坊さんがお経を唱えてもいい。ただし、あくまで仏が本家であって、神は仮の姿である――。

これが、神道と仏教が融合する「神仏習合」の始まりです。

今も全国の神社で見られる「○○権現《ごんげん》」や「○○明神《みょうじん》」という神号も、実は神仏習合によって生まれた神の呼び名です。

「権」には「仮」の意味があり、権現とは「仏が仮の神の形で現れている」ことを意味します。「明神」は仏教の教えを「明らかにする神」。

日本の神々が平安時代以降、「○○権現」「○○明神」と名前を変えていくのは、仏教と合体した証なのです。

仏教が日本に広まった過程と、キリスト教がヨーロッパに広まった過程を比べてみると、現地の伝統的な宗教との関係には大きな違いがあります。

ローマ時代のヨーロッパには、ローマの多神教の神殿が各地にありました。

そこにキリスト教が入ってくると、ローマの神々をすべて否定して神殿を破壊し、その同じ場所に自分たちの教会を建てていきました。

つまり、価値観の異なる宗教の存在を一切認めず、他を排除していったのがキリスト教のやり方です。一神教にはこのパターンが多く見られます。

パリ中心部にある世界遺産のノートルダム大聖堂は典型的な例ですが、もともとこの場所には、ローマの至高神《しこうしん》を祀ったユピテル神殿がありました。

この神殿をいったん破壊して、つまりローマの神を排除して、同じ場所に建てられたのがノートルダム大聖堂なのです。

これに対して、日本で仏教が広がる過程では、本地垂迹の考え方のもと、日本古来の神々を否定せず、神社と同じ敷地内に寺院を建て、神も仏も一緒に祀っていきました。

つまり、対立する価値観を否定せずに、異なる宗教同士が共存共栄を図っていったのが、日本の神仏習合なのです。

いかに相手を否定せず、お互いの価値観を認め合い、共存していくのか。

古代日本は大陸から渡ってきた移民の国だからこそ、昔から日本人は他者への寛容さを育み、社会の多様性を守ってきました。

寛容さこそがまさに、日本思想の肝《きも》ではないかと私は思います。

◉真言密教と神道との出合い

次に、空海が伝えた真言密教が、日本古来の神道とどのように折り合いをつけていったのかを見ていきましょう。

神道で最も格式の高い神社と言えば、伊勢神宮です。伊勢神宮には内宮《ないくう》と外宮《げくう》という二つの大きな神社があり、それぞれ別の神様を祀っています。

内宮はアマテラス（天照大御神）です。一方の外宮はトヨウケ（豊受大御神）で、これは天照大御神のお食事を司る女性の神様です。

最高神の女神様と、そのお食事係の女神様が同格に祀られていること事態が不思議なのですが、今は深入りしません。

ここでは、伊勢神宮とは二つの大きな神社であることを覚えておいてください。

密教に話を戻します。密教の修行とは、壁に曼荼羅（マンダラ）と呼ばれる仏様の集合図を掲げ、その前で瞑想したり、呪文（マントラ）を繰り返し唱えたりします（図2－4）。

曼荼羅は二つ対《つい》になっていて、一つを「金剛界曼荼羅《こんごうかいまんだら》」、もう一つを「胎蔵界曼荼羅《たいぞうかいまんだら》」と呼びます。

両方とも真ん中にいるのは大日如来で、宇宙全体にあまねく存在する仏（ブラフマン）のことを指し、奈良の大仏の毘盧遮那仏もこれと同一視されます。

曼荼羅の種類が二つあるのは、この大日如来の教えを人々に広めるやり方が二種類あるということです。

「金剛（ヴァジュラ）」とはダイヤモンド、あるいは古代インドの武器のことです。ダイヤのような固い武器で迷いを打ち砕き、真理を求めよ、という意味です。冷徹な理論を積み重ねて真理に導くのが、この「金剛界曼荼羅」です。

これに対し、「胎蔵」とは、母の子宮が胎児を包み込む、という意味です。温かい慈悲の心で包み込むように真理に導こうとするのが「胎蔵界曼荼羅」なのです。

前者が理性的な男性原理とすれば、後者は直感的、あるいは縄文的な女性原理といえるかもしれません。

これらの対照的な二枚の曼荼羅を掲げて、密教の修行をするわけです。

この密教の修行僧たちが伊勢神宮に内宮と外宮の二つがあるのを見て、

■2-4

金剛界曼荼羅

胎蔵界曼荼羅

出典：ColBase (https://colbase.nich.go.jp/)

■2-5　真言密教と神道の出合い

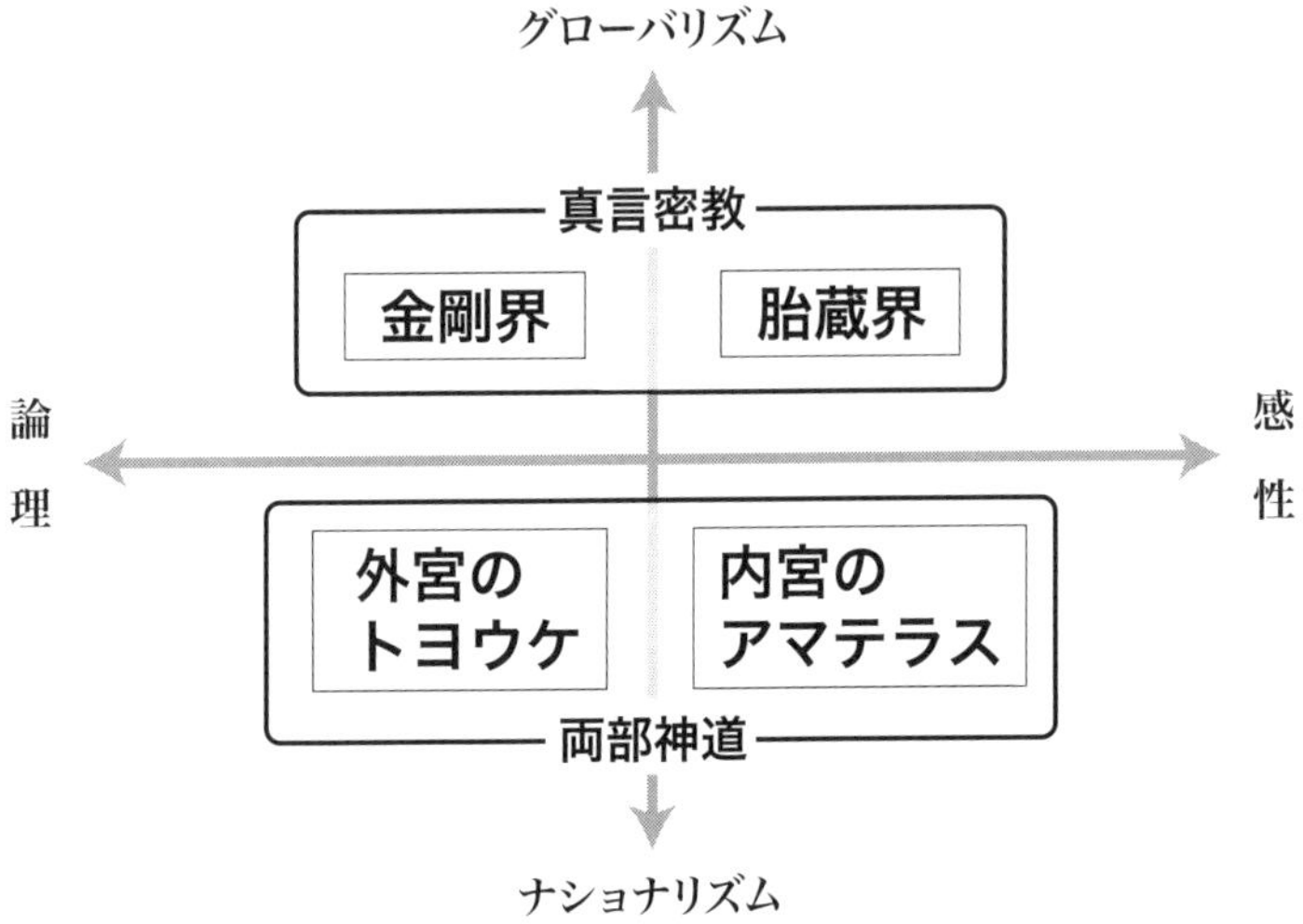

「これって、アレじゃないか？」と考えました。

そう、「金剛界」と「胎蔵界」です。

そこから、内宮のアマテラスは胎蔵界の化身、外宮のトヨウケは金剛界の化身であるという考え方が生まれました（図2－5）。

二つあるから「両部」。よって、**真言密教と合体した神道のことを「両部神道《りょうぶしんとう》」と呼びます。**

平安時代に生まれた「山王神道」と「両部神道」は、**あくまで仏教側、密教側から神道を再定義**したものです。

神道側が仏教を再定義できるようになるのは、鎌倉時代まで待たなければなりません。

◉これ以上、唐に学ぶことは何もない

再び、日本をめぐる東アジアの情勢に話を戻したいと思います。

9世紀後半の唐は、あいつぐ内戦によって衰退の一途をたどっていきました。滅びゆく国へ遣唐使を派遣しても学ぶことはなく、金ばかりかかる。しかも船がよく沈むので、得るものはほとんどありません。

そこで894年、遣唐大使に任命された菅原道真《すがわらのみちざね》が、「もはやあの国から学ぶことはありません」と時の宇多天皇に進言し、天皇は遣唐使を中止します。そのまま唐が滅んでしまったので、遣唐使は停止となりました。

遣唐使の廃止によって唐文化の影響からも脱すると、「国風文化」が花開きます。中国人を真似て漢詩を書いていた貴族たちは、和歌を詠むようになりました。『万葉集』の時のような漢字の当て字ではなく、漢字の草書体を表音文字化した「かな文字」を使うようになりました。

この時期に編纂された『古今和歌集』は、かな表記です。

「仮の文字」を意味する「仮名《かな》」に対し、漢字は「真名《まな》」（本当の文字）と呼ばれて

いました。

ですから、仮名は個人の手紙など非公式な文書に使うもので、公式文書に仮名を使うのは恥ずかしいという感覚が最初はあったようです。

その一方で、**日本人的な繊細な感性を表現するには「かな文字」のほうがはるかに優れており、王朝文学のほとんどは「かな文字」で書かれました。**

◉軍隊の廃止で無政府状態が続いた平安時代

平安時代というと、貴族の優雅でのほほんとした「いかにも平安」な時代をイメージするかもしれませんが、実際には「平安」とは真逆の世界になっていました。というのも、治安が悪化し、盗賊がはびこっていたからです。

飛鳥・奈良時代に強引に持ち込まれた中華グローバルスタンダードが、日本の実情にまったく合っていませんでした。

隋・唐にならって導入した律令制度や公地公民制は、日本ではまったくの虚構だったのです。土地は実質的に地方豪族や農民の所有だったのに、それをなかったことにして、「すべて天皇の土地だ」といっても無理な話でしょう。

結局、隋や唐のような中央集権国家を夢見て急いで導入した律令制は、日本に根付くことはありませんでした。

奈良時代になると、制度の行き詰まりから、一転して土地の私有が認められます。公地公民を基本にした徴兵・徴税の建前が崩壊し、兵隊も税も集まらない。しかも、最も警戒していた唐の侵攻は、どうやらないらしい。だったら国防にお金をかける必要はないじゃないか――。

ということで、**平安初期、桓武天皇は徴兵による正規軍（軍団）を解散してしまいました。**

これ以後の戦争は東北地方の蝦夷《えみし》と呼ばれた地方勢力が相手となり、在地の有力者（郡司《ぐんじ》）が募集した義勇兵（健児《こんでい》）や、のちには武士団が投入されるようになります。

同じ時代、やはり徴兵制が維持できなくなった唐や新羅は国家の崩壊を招きました。日本だけは皇統が続き、かろうじて独立を維持できたのは、島国で異民族の侵入を免れたからです。そうでなければ周辺国に攻め滅ぼされていたでしょう。

とはいえ、軍団の廃止により日本でも治安が悪化し、盗賊がはびこりました。また、朝廷では藤原氏が高位高官《こういこうかん》を独占し、目に余る政治の私物化が横行していたのです。

藤原氏は、最初の鎌足と不比等こそ立派でしたが、その子孫は私利私欲のために私有地（荘園）を広げたり、地方長官として派遣された土地で農民から搾取したりと、やりたい放題でした。

県知事や県警本部長が、暴力団を組織して庶民の土地を奪うようなものです。

そうしたカオスな状況が続く中で、**農民たちは自分の土地や財産を守るために武装を始めました。**

これが後の武士の起こりです。

武装した農民同士の争いも頻発し、治安はますます悪化していきました。

◉「ケガレ思想」から生まれた「排外主義」

世の中に不穏な空気が流れ、雲行きが怪しくなっても、「我関せず」を決め込んでいたのが平安京の貴族たちです。

彼らは武士に守られたお屋敷で和歌を詠みながら、悠々と暮らしていました。

しかし一歩お屋敷を出れば、盗賊が跋扈《ばっこ》している。**まさに芥川龍之介が描いた『羅生門』の世界そのものだったのです。**

この頃、貴族の間で「ケガレ思想」が広まっていきます。

死や血を穢《けが》れたものとして忌み嫌い、これらを避けて清らかに保つことを良しとする思想です。

遣唐使を廃止した醍醐天皇の時代に成立した『延喜式《えんぎしき》』という法令があります。律令の施行細則《しこうさいそく》を定めたものですが、ここには日本全国の神社の格付けが記載されているほか、「○○をすれば何日間穢れる」「穢れた時にはどうするか」という詳細な規定があります。

穢れ思想の由来にはいくつかの説があり、一つは神道です。確かに神社にお参りする時には手を洗い、塩によるお清めの儀式もあります。

ただ、この説にはよくわからない部分があります。

神道が生まれた縄文時代は、狩猟生活中心で、血は身近なものでした。村の中にお墓があったので、死とも隣り合わせでした。そこから穢れ思想が生まれたとは考えにくいのです。

もう一つの解釈は、仏教由来というものです。

仏教は肉食を禁じることから、「肉は穢れている」「動物の死体は穢れている」と捉えられるようになったというものです。

しかし仏教が盛んだった奈良時代には、普通に肉食が行われていました。だから、うまく説明がつかないのです。

神道そのものが変化した、という可能性も考えられます。

同じように「穢れ」を忌み嫌う宗教としてユダヤ教があります。『旧約聖書』の「レビ記」には「穢れたらこのようにお祓いしろ」「何日間はこもっていなければならない」など詳細な規定があり『延喜式』とよく似ています。

こういった信仰を秦氏《はたうじ》などの渡来人が日本に持ち込み、神道の教義に組み込んだ可能性は否定できないのです（小著『日本とユダヤの古代史&世界史』ワニブックス参照）。

いずれにせよ、**平安前期に広がった「ケガレ思想」はヒステリックさを増していきました。**

たとえば、屋敷の中で犬が死んでいるだけで、人々はパニックを起こし、しばらくはそこに足を踏み入れようとしませんでした。

あるいは、天皇のお后《きさき》たちが住む後宮《こうきゅう》では、宮中が穢れるのを避けるため、病気で死にかかっている女官を追い出してしまうこともありました。

ケガレ思想から、身分差別も生まれます。

治安の悪さに加え、疫病の流行によって死体が至る所に転がっていたので、死体処理を専門とする人たちがいました。

死体に毎日触れている彼らは「穢れている」、ゆえに「あいつらとは接触しない」。

このような人たちが平安後期以降「非人《ひにん》」と呼ばれ、京都の治安機関である検非違使《けびいし》の下で、組織化されました。

「ケガレ」を排除しようとする思想は、「排外思想」とも結びつきます。**「肉を食う習慣がある＝穢れた」東北の蝦夷や大陸の人たちを「穢れたもの」と排除する一方で、「この日本国は清らかな国だ。外国の穢れから守らねばならぬ」という考え**につながっていきました。

ケガレ思想はナショナリズムとも結び付きますが、ナショナリズムは、基本的に外圧に対抗して国内が一つにまとまろうとする動きです。

平安前期には唐も新羅も衰退し、日本の独立を脅かす外圧はありません。とすると、遣唐使の廃止によって大陸の影響を脱した結果、貴族階級の間で国風文化とケガレ思想が同時に形成されたといえるでしょう。

◉武士の誕生とアメリカ開拓民

律令国家が崩壊し、公地公民も成り立たなくなり、無政府状態の無秩序の中で生まれたのが武士でした。土地を守るため剣で戦う武士たちには、ケガレ思想なんか関係ありません。

武士の起こりは、二つあります。

一つは前述のとおり、自分たちの土地を守るために武装した農民です。自分たちから搾取する悪徳地方長官と戦ったり、誰かが放棄した田畑を奪い取るために武装農民同士が戦ったりしていました。

もう一つの起源は、桓武天皇の時代、征夷大将軍《せいいたいしょうぐん》の坂上田村麻呂《さかのうえのたむらまろ》による東北の蝦夷征討《えみしせいとう》にさかのぼります。

蝦夷はもともと、神武天皇との戦いに敗れて東北に逃れたナガスネヒコの末裔《まつえい》ともいわれ、縄文系の人たちでした。

坂上田村麻呂は、制圧した蝦夷を東北の国境警備隊に配備しました。この服属した元蝦夷を「俘囚《ふしゅう》」と呼びます。

その中には、その後、東北の有力豪族となる安倍氏や奥州藤原氏もいました。

つまり、攻め込んだ相手を手なずけて雇い入れ、彼ら「俘囚」とまだ朝廷に従属していない蝦夷とを戦わせたのです。

こうした武力衝突が常態化していく中で、武士団が誕生していきました。国家の存在が希薄となり、自分の土地を命懸けで守る。「一所懸命《いっしょけんめい》」のための武装を余儀なくされる。

平安時代に生まれた武士の精神は、19世紀、自主独立の精神でフロンティアを目指したアメリカの開拓農民にそっくりだったのではないでしょうか。どちらも自己責任の上に成り立つ個人主義という点で共通しています。

中華帝国という外圧に対抗して、一旦は強力な国家主義へと傾いた日本でしたが、唐の滅亡と日本版律令制の崩壊により、「自己判断で自分の身は自分で守る」という縄文時代的な個人主義へと揺り戻しが起きたのです。

無秩序かつ混乱の時代を生きる厳しさはあったでしょうが、その代わり、彼らが手に入れたものも大きかったはずです。

それは、国家権力からの自由です。

興味深いのは、平安時代に頻発した火山の噴火が開墾を後押ししたことです。

当時、青森と秋田、岩手にまたがる十和田山《とわださん》が大噴火して、山体が吹っ飛んだ跡に十和田湖ができました。すさまじい噴火の直後は、火山灰で辺り一面が無人と化します。

やがて10年、20年も経つと、その地に開拓民がガーっと押し寄せ、開墾していく。死と再生が繰り返される中で、人々はたくましく生きていたのです。

◉グローバリストの平氏とナショナリストの源氏

一人で戦うより、チームを組んだほうが強いので武士団が生まれました。

それぞれの武士団は、自分たちの格を上げるために、没落した皇族や貴族を引き入れました。この時、婿養子縁組《むこようしえんぐみ》を利用したのです。

皇族・貴族は一夫多妻制のため子沢山でしたが、家を継げるのは長男のみです。家督《かとく》を継げず、新天地を求めて地方に向かった次男、三男、四男に、地方の豪族が「都から高貴な方がいらっしゃった。うちの娘はどうですか？」と近づいてきて、婿《むこ》にするわけです。

代表的な武士団である源氏と平氏は、元は皇族です。源氏は清和《せいわ》天皇、平氏は桓武天皇の皇子から始まります。

朝廷も皇子が多すぎて養えないので、次男坊以下は出家させるか、苗字を与えて民間人に「格下げ」します。

新天地を求める皇族出身の男子と、自分たちの格を上げたい地方の豪族。双方の利害が一致し、源氏や平氏が担がれて武士団のリーダーになっていきました。

平氏が最初に拠点を築いたのは関東（今の茨城県）でした。

平将門《たいらのまさかど》が、人民を苦しめる武蔵国司（埼玉県と東京都の知事）の横暴に対して挙兵し、たちまち関東地方を平定してしまいました。

調子に乗って、朝廷からの独立を宣言した結果「朝敵」と認定され、他の武士団から攻め込まれて戦死します。これが「平将門の乱」です。

朝廷からみれば「逆賊」ですが、関東の人たちから見ればヒーローです。だから将門を神と祀る神田明神は、いまも東京の守り神なのです。

さて、関東平氏の末裔《まつえい》が伊勢湾に流れ着き、今度は伊勢の海賊に迎え入れられてリーダーになります。これが「伊勢平氏」です。

伊勢湾から瀬戸内海、日本海側の若狭湾《わかさわん》までの海上ルートをすべて押さえ、当時の中国・宋王朝との貿易「日宋貿易《にっそうぼうえき》」によって大いに栄えました。

当時は何もなかった神戸に、大輪田泊《おおわだのとまり》という貿易港を整備したのが平清盛です。平安京の近くまで中国商人がやって来たのを見て、貴族は「穢れる、穢れる」と大騒ぎでした。

平氏が武士団の中でも頭一つ飛び出たのは、日宋貿易が大きな理由でしょう。

もし、グローバリストの平氏政権が長く続いていたら、歴史はかなり面白くなっていたかもしれません。

しかし、またもや調子に乗った平氏は高位高官を独占して、他の武士団から恨みを買います。後白河法皇から「朝敵」と認定された結果、源頼朝に攻め込まれ、あっと言う間に滅亡しました。

平氏を倒した源氏は、平氏とは対照的に海外にはまったく興味がありませんでした。彼らは関東の農村を基盤とするナショナリストでしたから。

この鎌倉幕府というナショナリスト政権が、モンゴル帝国という新たなグローバル勢力と激突することになるのは、歴史の必然でした。

コラム2 七福神は、どこの国の神様？

神仏習合の世界では、どんな宗教とも融合できるので、「何でもあり」です。

たとえば、日本人に馴染みのある七福神。恵比寿《えびす》、大黒天《だいこくてん》、福禄寿《ふくろくじゅ》、毘沙門天《びしゃもんてん》、布袋《ほてい》、寿老人《じゅろうじん》、弁財天《べんざいてん》の七柱の神ですが、これらは何の神様か知っていますか？

実は、七福神の多くは、インドのヒンドゥー教や中国の道教の神様なのです。

・大黒天↑ヒンドゥーの暗黒の神マハーカーラ
・福禄寿と寿老人↑道教の南極老人
・毘沙門天↑ヒンドゥーの財宝神クベーラ
・布袋↑道教の財宝神
・弁財天↑ヒンドゥーの水の女神・サラスヴァティ

なぜ、外国の神様が日本に入ってきたのか。

最初はインドで仏教と合体して密教となり、唐に伝わり道教とも融合しました。

そこに遣唐使の空海がやって来て、「これは面白い。日本で紹介しよう」と持ち帰ったのでしょう。そして、日本では神道と合体しました。

『ヱビスビール』のイラストを見たことがありますか？

財宝の神様だった恵比寿が、釣り人の格好をしているのはなぜでしょうか？

もともと恵比寿は、漂着物を神と祀ったことから始まりますが、日本神話のオオクニヌシの息子コトシロヌシ（事代主神）と合体したのです。

国譲り神話では「釣りをしていたコトシロヌシは、あっさり国譲りに同意した」という設定になっています。

釣り人の神コトシロヌシと恵比寿が合体し、「釣り人の恵比寿」が誕生したのです。

このように、ヒンドゥー教、仏教、神道がチャンポンになってできあがったのが七福神です。多神教はそもそも寛容度が高いので、融合しやすいのです。

このようにおおらかな多神教文化が、モンゴル襲来という危機を迎えて一神教化していくのです。

第3章

「モンゴルショック」による多様性の危機

（鎌倉〜戦国時代）

◉なぜ、皇室（天皇家）はこんなにも長く続いているのか？

栄枯盛衰《えいこせいすい》、諸行無常《しょぎょうむじょう》――そうした表現がぴったりくる日本の歴史において、古代から現代まで唯一、変わらずに存在し続けているのが天皇の家系です。

神話上は約2700年、考古学的に確認できる十代崇神天皇から数えても約2000年の歴史をもち、今も続く王朝としては世界最古です。

欧州で最古とされるデンマーク王家も、ようやく約1100年の歴史です。

日本の皇室はなぜこんなに長く続いているのでしょうか。

神話では、初代神武天皇は九州から軍を率いてヤマトを征服しました。

5世紀、現在の大阪平野に巨大古墳を築いた応神《おうじん》天皇や仁徳《にんとく》天皇の時代に、中国南朝の皇帝に送った「上表文《じょうひょうぶん》」には、「わが祖先は甲冑を身につけ野山を超え、異民族を征服した」と書いてあります。

聖徳太子は蘇我氏vs.物部氏の戦いに参戦し、天武天皇は皇族間の内戦（壬申《じんしん》の乱）に勝利して天皇になりました。

これらの事例から、飛鳥時代までは天皇・皇族が軍事的リーダーとして戦場に赴《おもむ》いていたことは、明らかです。

ところが奈良時代になると、軍事は軍人に任せて、天皇は関与しなくなりました。

政治についても同様です。飛鳥時代までは「大臣《おおおみ》」の役職がありました。天皇に代わって政治を執り行う官職です。応神天皇や仁徳天皇の時代、側近の武内宿禰《たけのうちのすくね》が大臣として政権を担い、のち武内氏の血を引く葛城《かつらぎ》氏や蘇我氏が世襲しました。

飛鳥時代には大臣・蘇我氏の横暴が目に余ったため、乙巳の変で蘇我氏を倒した中臣氏（藤原氏）が大臣を廃止し、新たに左大臣・右大臣をおいて権力を分散させましたが、奈良時代以降、藤原氏が左大臣・右大臣を独占するようになります。

軍事は軍人に、政治は官僚にそれぞれ任せる。その結果、天皇の仕事として残ったのが祭祀《さいし》です。

天皇が、最高神官として神道の神々を祀る仕事で、これは「宮中祭祀」という形で現在も続いています。

総理大臣を任命したり、外国大使を接見したりなどの国事行為とは別に、皇居の中にある宮中三殿という神社で、決まった日に祈りを捧げ、国家国民の安全を祈るのが天皇の最も大事な仕事なのです。

天皇はこの祭祀に特化し、生々しい政治や軍事から身を引きました。ドロドロした政局は下の連中に任せて、天皇はその上で超然としていられる。将軍が交代しようが、内閣が倒れようが、天皇は不滅なのです。

『古事記』『万葉集』では、祭祀王としての支配を「しらす」、豪族たちの軍事行政的支配を「うしはく」と表現して区別します。

天皇の称号をやまとことばでは「あめのした・しろしめす・すめらみこと」と表現します。

「天下を・象徴的に統治する・天皇」という意味です。「知る」というのが「しらす」の語源であり、「民をよく知る」「民に心を寄せる」というニュアンスになります。この言葉は、本書で何度も出てきますので、覚えておいてください。

天皇は本質的には祭祀王としての象徴的君主であり、日本列島統一の過程で軍を指揮する（うしはく）こともあったが、統一後はふたたび「しらす」存在に戻られた、と私は解釈します。

歴史を振り返ると、ドロドロした政治に介入して皇統の存続を危うくした天皇も存在しました。

平氏と源氏を操って源平合戦の原因をつくった後白河法皇、鎌倉幕府の打倒を図り、自身も流刑になった後鳥羽《ごとば》上皇《じょうこう》や後醍醐天皇などです。

しかしそれは、例外的な事象であり、歴代天皇の大半は「祭祀王」に徹しました。

こうして、**天皇が神道の最高神官であり続けたことが、皇室が世界で一番長く続いている秘密なのです。**

では、天皇の権威はどこから生まれるのか。

ドイツの社会学者であるマックス・ウェーバーが、支配には「伝統支配」「合法支配」「カリスマ支配」の三つがあると説明しました。

天皇は法律以前から存在するので「合法支配」ではありません。

また平安時代以降は宮中の奥深くにお住まいになり、人民の前に姿を見せるようになるのは明治天皇からですので、人々を熱狂させる「カリスマ支配」でもありません。

唯一、天皇が持つのは悠久の昔、神話の時代から連綿と男系の血統が続いてきたという「伝統支配」の力です。

人々が天皇に従うのは、もちろんその時代の天皇の努力の賜物《たまもの》ではありますが、それよりも「あの家系」に価値があるのです。

逆にいえば、天皇個人に病弱、高齢、幼少といった多少のハンディがあっても、天皇として生まれた、というだけで権威が付与されるのです。

権力を握って勘違いした大臣や武士が、自ら天皇になる野望を抱かなかったわけではありません。

飛鳥時代の蘇我馬子、奈良時代の道鏡《どうきょう》、室町時代の足利義満《あしかがよしみつ》など、おそれ多くも天皇の座を望んだ者もありました。

しかし、誰一人として天皇になれなかったのは、権威のない彼らに人々がついていかなかったからです。

この「唯一無二の家系の継承」、万世一系《ばんせいいっけい》の原理こそが、日本国としての人々のまとまりを担保していると私は思います。

◉「易姓革命」を恐れた中華皇帝たち

では、中華皇帝の権威もしくは正統性は何でしょうか。

中国では、はっきりいって誰が皇帝になっても構いません。力さえあれば、誰でも暴力で皇帝の座を奪うことができるのです。

ですから中国歴代王朝の創始者は、前の皇帝を殺して後釜に座った軍の司令官や貴族たちです。蘇我氏や藤原氏のような輩が、あっさり天皇を葬って、「今日からオレが天皇だ」と名乗りを上げるようなものです。

そこにルールはなく、あえていえば「力がルール」です。

しかしルールがなければ権力の正統性は生まれず、「自分も誰かにヤラれる」ことになります。クーデタや反乱が相次ぎ、政権は安定しません。

ウェーバー的にいえば**「伝統を破壊し」「違法であり」「カリスマ性も持たない」中華皇帝が、自らの正当性を証明するための理屈が、「易姓《えきせい》革命」説です。**

これは、古代中国の孟子《もうし》という学者が唱えた学説です。

「前の皇帝の政治が悪いから、それを正すのである」

つまり、自分に正義がある、と。

これを中国人はもっともらしい表現で、「天命が下った」「天に選ばれた」というわけです。

では、「天」とは何でしょうか。

私たち日本人も、「お天道様《てんとうさま》が見ている」と表現しますね。天とは、太陽や宇宙、神のような「大いなる存在」のニュアンスに近いのかもしれません。

ただし、日本のアマテラスやユダヤ教のヤハウェが言葉を発するのとは対照的に、中国の神話には天がお告げを発したという話は一切出てきません。

天は沈黙したままです。

であれば、天命をどのように知り、どのように証明するのでしょうか。

これを「民衆の声が天命である」と説明したのが孟子でした。

ここに民衆を苦しめる君主（暴君）Aがいます。民衆は耐えかねて、「誰か別の王に代えてほしい」と叫びます。この民衆の声こそが天命だというわけです。

■3-1　易姓革命とは何か？

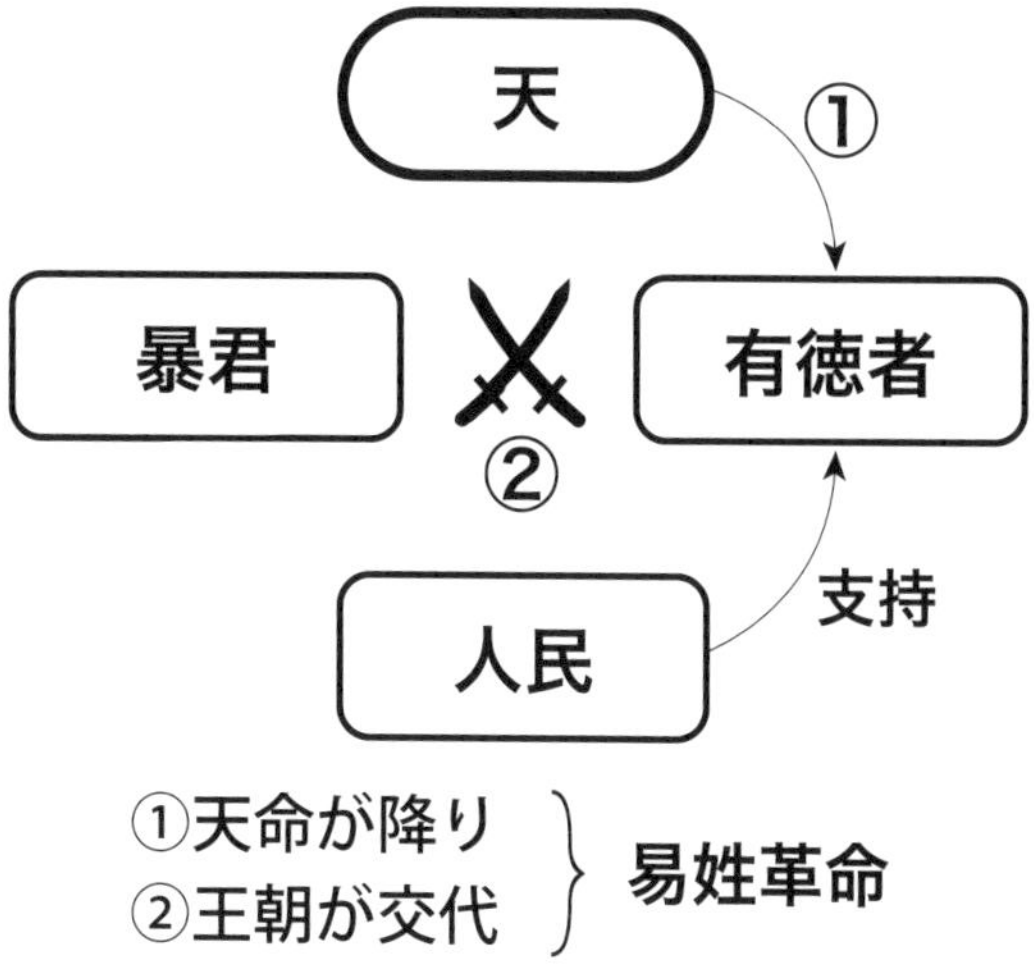

　そして、民衆の声が上がった瞬間、君主Aから天命が離れ、人民に支持された「徳の高い人物」、すなわち有徳者《ゆうとくしゃ》のBに天命が降《くだ》る。

　すなわち「天命がチェンジする」。

　革命という言葉の「革」とは「あらたまる」と読みます。

　つまり革命とは、天命がチェンジすることを指すのです（図3－1）。

　フランス革命やロシア革命の「革命」Revolutionは、「王政の打倒」をイメージしますが、中国語の「革命」の本来の意味は「王を別の王に取り替える」ことです。

　君主Aを倒して君主Bが即位する。A

王朝が倒れてB王朝が成立するので君主の姓が易《か》わります。

これが「易姓《えきせい》」ですね。よって、民衆の声に基づき天命が改まった結果、王朝が交代することを、中国では「易姓革命」というのです。

この説明が完璧だったので、中国で政権奪取を狙う野心家はこぞって易姓革命という名のクーデタを起こし、前の王朝から帝位を奪ってきました。

「今回のクーデタは私利私欲によるものではなく、先の皇帝のこんな悪事により天命が私に下ったからです」と説明するのです。

クーデタの首謀者は、自分の正当性を示すために、前王朝や前皇帝を徹底的にこきおろします。それは現代にも引き継がれていて、毛沢東《もうたくとう》が蔣介石《しょうかいせき》を倒して中華人民共和国を建てた時も、前の中華民国がいかにひどかったのか、罵倒します。この伝統は韓国も受け継いでいます。

中華皇帝は、自分もクーデタで倒される危険と常に隣り合わせです。

ですから、皇帝自らが軍隊や官僚機構をガッチリ握って、裏切り者はすぐに粛清《しゅくせい》しなければ、自分がやられてしまいます。この恐怖心が、あの国の独裁を支えてきたのです。

そう考えると、いつ側近に裏切られるか疑心暗鬼の中華皇帝よりも、政治は側近に任せて神官に特化した日本の天皇のほうがずっとラクなのです。

日本でも将軍や大名は、襲撃を恐れて堅固な城に住んでいました。

一方で、長く天皇のお住まいだった京都御所には、城壁も堀もありません。自分が天皇に取って代わろうなどと、日本人は考えないからです。

◉「幕府と朝廷」と「皇帝と教皇」

日本では易姓革命は起きません。

なぜなら、神武天皇から続く男系の血統だけに正統性があること、そして天皇は政治に直接関与していないため、民衆の不満や怒りを直接受ける立場にないからです。

代わりに、天皇は政治や軍事を担当する貴族や武士に官位を授け、権威付けを行ってきました。幕府と朝廷の関係がまさにこれです。

源頼朝が鎌倉幕府を開くと、京都の朝廷と鎌倉の幕府という二つの政府が存在するという不可解な状況が生まれました。

この時、後鳥羽天皇は頼朝に朝廷の官職である「征夷大将軍」を授けて幕府を公認し、東国の統治を委ねたのです。

かつて平将門がやったように、頼朝は、やろうと思えば実力行使で関東の独立を宣言することもできたはずです。

でも、そうはしませんでした。なぜ、そうしなかったのか？

結局、頼朝といえども、天皇の権威には勝てないのです。

頼朝自身、清和天皇の流れをくむ皇族の末裔です。であれば、本家（朝廷）に逆らうよりも、本家からお墨付きを得て、幕府は東国の武士をまとめる役割を担うのが得策だと考えたのです。


同じ時期のヨーロッパにも目を向けてみましょう。

ヨーロッパの王たちは、誰から権威付けされるのかといえば、カトリック教会の最高権威であるローマ教皇でした。

ドイツ王は軍勢を引き連れてローマを訪れると、ローマ教皇の前にひざまずき、「皇帝」として認めてもらう儀式を執り行いました。

各国の王たちも教皇からのお墨付きを得て王位につきます。その見返りに、ローマ教皇はヨーロッパの王たちにカトリック教会を保護してもらう、ギブ・アンド・テイクの関係でした。

◉世界的に無政府状態だった中世

古代→中世→近代という時代区分があります。

古代ローマ帝国→民族大移動後の暗黒の中世→再び文明を取り戻した近代、というヨーロッパ人の時代区分なのですが、不思議なことに日本史にもある程度、当てはまるのです。

日本史で「中世」にあたるのが、古代律令国家体制が崩壊した平安時代中期から、鎌倉・室町・戦国時代まででしょう。

平安中期の日本は中央政府による治安維持が崩壊し、武装した農民が武士団を形成したのはすでに述べたとおりです。

そして、軍隊を放棄した政府が治安を守るために頼ったのが、武士団でした。

武士団は、もとは民間の武装組織です。現代風にいえば「指定暴力団」です。
暴力団に地方の治安を任せるという現実。これが「中世」です。

当時は全国にたくさんの指定暴力団があり、彼らは都から流れ着いた皇族のプリンスを婿に迎えて勢力拡大を図りました。全国各地で暴力団同士の抗争が繰り広げ、その抗争を勝ち抜いたのが平氏です。

軍隊を持たない政府が国の治安を守るには、最も力のある暴力団に頼るしかありません。

暴力団のトップに君臨した平氏の「組長」、平清盛を都に呼び寄せ、国防大臣兼警察庁長官のような役職を与えて治安維持を任せた、というのが事の次第です。

いわば「暴力団の合法化」です。

日本中に領地（荘園）を持つ大寺院も、荘園を守るため、また荘園から集められる年貢を盗賊から守るために武装します。

中でも、**比叡山延暦寺《えんりゃくじ》と奈良の興福寺《こうふくじ》が大軍を持ち、朝廷に政治的要求をする際には、武装した僧侶（僧兵）が大挙して皇居に押し寄せたのです。**

延暦寺の僧兵は、日枝《ひえ》神社の「御神木《ごしんぼく》」の丸太を担いで突進してきます。

朝廷側は、御神木を傷つけることで祟《たた》られることを怖れ、矢を放つことができず、なすすべがありませんでした。

当時、白河上皇が嘆いて言うには、

「私の意のままにならないものが三つある。それは頻繁に洪水を起こす賀茂川の水、サイコロの目、山法師」

山法師とは延暦寺の僧兵のことで、上皇も愚痴《ぐち》をこぼすくらい手に余る存在だったのです。

このような無政府状態は、ヨーロッパでも起こっていました。

ローマ帝国が滅ぶと、東ローマ帝国と西ローマ帝国に分割されました。

東ローマ帝国は中世末まで残りますが、西ローマ帝国は北から押し寄せてきたゲルマン人にぐちゃぐちゃにされ、滅亡してしまいます。

無政府状態が常態化する世界で、西ヨーロッパの人々は自分の身を守るために武装を始めたのです。広域暴力団がたくさん生まれ、暴力団同士の抗争が続き、そこで勝ち残った暴力団のリーダーが王や皇帝になりました。

それがフランス王であり、イギリス王であり、ドイツ皇帝です。

これは、日本の武士団のリーダーが国防大臣に成り上がったのとまったく同じ構図です。

なお、天皇にあたるのがローマ教皇ですので、ヨーロッパの君主というのは日本では「将軍」クラスになります。

この無政府状態（アナーキー）で混沌とした時代が「中世」なのです。洋の東西を問わず、非常にハードボイルドな、しかし自由な世界でした。

◉無法地帯の唯一のルール「御成敗式目」

頼朝の死後、妻の政子の実家である北条《ほうじょう》氏の権力が強まり、お飾りとなった将軍に代わって北条氏が「執権《しっけん》」として実権を握りました。

鎌倉幕府の最大の仕事は、武士と武士とが土地の境界線をめぐって引き起こす抗争を調停することでした。

双方の言い分を聞いて、どちらかに不満が残らないよう折り合いをつける。それが幕府の最大の仕事だったのです。それらの訴訟と判決文が、慣習法として蓄積され、やがて幕府は法典としてこれを発布しました。

これが「御成敗式目《ごせいばいしきもく》」です。

三代目執権の北条泰時《やすとき》が、これまで暗黙の了解だった武士の慣習をルール化し、幕府の法典として書き起こしました。

泰時がすごいのは、彼は朝廷の律令も研究していたことです。そのうえで、「律令は武士の生活の実態にまったく合わないし役に立たない。ゆえにこの法典を制定した」

と序文で書いています。

この法典は実によくできていて、あらゆる紛争やトラブル、家督《かとく》相続に関する法令を網羅するほか、女性の権利にまで言及しています。

男女同権、女性も家督を継げると定めているのは、かなり先進的です。

この御成敗式目が、マグナ・カルタ（大憲章）と同じ1200年代に制定されているのも興味深いところです。

イギリス王ジョンの横暴に対し、貴族たちが結束して王と交渉し、認めさせたのがマグナ・カルタで、イギリス初の憲法ともいわれます。

その内容は貴族や都市の既得権益を守り、王による勝手な課税を規制するというものです。

つまりは君主の上に法がある、という現代の法治主義の基礎となったのがマグナ・カルタです。

御成敗式目も、幕府権力の上に法を定め、恣意的な権力の行使に歯止めをかけました。「力が正義」に代えて「法の支配」を確立したものです。

御成敗式目は、のちに戦国大名がそれぞれに制定した国内法のモデルとなり、江戸幕府の「武家諸法度《ぶけしょはっと》」の制定でも参考にされました。

このように、日本は鎌倉時代にはすでに法治国家だったのです。

さらに、鎌倉幕府は合議制を採用していました。将軍や執権が一人で決めて命令するスタイルではなく、評定衆《ひょうじょうしゅう》と呼ばれる幕府の最高執務機関による話し合いで物事を決めていたということです。

つまり、鎌倉幕府というのは軍事独裁政権ではなく、極めて民主的な政策決定機関だったのです。

このことからもわかるように、日本は鎌倉時代からすでに民主的だったといえます。

明治の初めに伊藤博文らがヨーロッパの憲法や議会制をすんなり持ち帰ってこられたのは、日本にもともと法治主義や合議制などの伝統があったからなのです。

◉無政府状態が長いと独裁政権が生まれにくい？

世界には、中世＝無政府状態が長かった地域と、短かった地域があります。中世が長かったのは、日本と西ヨーロッパです。

これに対して、ユーラシア大陸の中央部――中国やロシア、中東諸国では中世が短く、無政府状態になってもすぐに強力な中央集権体制が生まれ、独裁化しました。

この違いは、おそらく地形の違いでしょう。

日本とヨーロッパに共通するのは、山地や森が多いことです。だから軍事的に統一が難しく、また遊牧民による征服を免れたのです。この結果、同一民族によるゆっくりとした国家形成が可能であり、それが民主主義を育みました。

一方、ユーラシア大陸は森が少なく、草原や荒れ地が広がっています。騎馬軍隊を使えば簡単に統一でき、遊牧民の侵攻による破壊と殺りくが繰り返された結果、伝統的な共同体が破壊され、統制国家が生まれたのです。

「中世の長さ」は、実は民主主義の浸透に大いに関係があります。

中央政府が形骸化した中世が長く続いた日本や西欧地域のほうが、そうでないユーラシア地域よりも自衛のための共同体が成長し、その結果として民主主義が根づいたのです（梅棹忠夫『文明の生態史観』中公文庫）。

結果的に、個人の自由が保証され、創意工夫やイノベーションが生まれる土壌ができていったのです。

◉二つに割れた日本を統一した「承久の変」

鎌倉幕府は武士同士の調停役《ちょうていやく》と書きましたが、最初、その影響力が及んだのは東国の武士団に対してだけでした。

西国の武士団は、初めから鎌倉幕府に従っていたわけではありません。

むしろ、鎌倉幕府をライバル視していました。
ライバルに頭を下げるよりは、権威のある朝廷に従うほうがマシということで、西国武士団は朝廷の支配下にありました。

つまり、日本は東西で二分された状態だったのです。

この時、「西の武士団を動員すれば鎌倉幕府を倒せるんじゃないか」と考えたのが後鳥羽上皇です。

きっかけは、源頼朝の次男で三代将軍の源実朝《さねとも》が、幕府の内紛により殺されたことでした。それまで朝廷は、皇族にゆかりのある源氏が治める幕府という理由で存続を認めていましたが、実朝亡き後、幕府の実権を握ったのは頼朝の妻の一族である北条氏でした。

「どこの馬の骨ともわからぬ一族が幕府を牛耳っているのはけしからん！　北条を討て！」と後鳥羽上皇が言い出し、西国武士団を集めて倒幕を命じます。

これが承久の変です。

後鳥羽上皇側は、たちまち敗れました。後鳥羽上皇と息子たち、三上皇が幕府軍に捕まり、島流しにされるという前代未聞の事態を生んだのです。

上皇側についた武士団は潰され、領地は没収。それらの土地は東国武士たちに分配されました。

この動乱を機に、鎌倉幕府の力が西日本にまで及ぶようになったのです。

承久の変の勝利は、鎌倉幕府が朝廷を滅ぼす絶好の機会でした。しかし、そうはしなかった。

自分たちに権威がないことを十分に理解していた北条氏は、別の天皇を京都に立て、その権威の下でそれまでどおり実権を行使し続けたのです。

承久の変を制して全国を支配下に置いた鎌倉幕府は、同時に日本列島全体の防衛義務を担うことになりました。

折しも、北九州にモンゴル帝国（元朝）が攻めてきました（元寇）。

大陸との全面戦争は、600年前に唐と戦った白村江の戦い以来で、実際に日本本土が戦場になったのは、刀伊の入寇（第1章「高天原の『天』は何を表しているのか」）以来という衝撃的な事件でした。モンゴル帝国との激戦については、小著『超日本史』（KADOKAWA）に書きましたので、ここでは割愛します。

幕府は総力を挙げて迎え撃ち、見事に侵略軍を追い払いました。承久の変で鎌倉幕府の権力が日本全土に及んでいたことが、モンゴル撃退という偉業につながったのです。

ですが、これがきっかけで幕府は弱体化していくのです。

それはなぜか……?

◉天皇家が政権を握るチャンス到来! されど……

幕府は、モンゴルと戦った武士たちに褒美を与えなくてはなりません。褒美のことを恩賞といい、土地を与えるきまりです。

ところが今回は、モンゴル軍を撃退しただけで、国土が増えたわけではなく、幕府には武士たちに与える土地がない。不満を持った武士たちは鎌倉幕府から離反します。

しかも、モンゴルから賠償金も得られず、巨額出費による赤字だけが幕府には残りました。

これを見て、再び「幕府を倒すチャンス！」と思ったのが、後醍醐《ごだいご》天皇です。

天皇の呼びかけに西国はもとより、東国の武士たちも応えて立ち上がり、鎌倉幕府は崩壊しました。

「これで政権を取り戻せる！」という喜びもつかの間、中世の現実を否定し、古代の天皇中心の政治を復活しようとして、ハチャメチャなことをやるわけです。

天皇側についた武士たちは例によって恩賞をもらえず、潮が引くように後醍醐天皇から離れていきました。

行き場を失った武士たちの受け皿として登場したのが、足利尊氏《あしかがたかうじ》です。源氏の末裔《まつえい》を名乗る尊氏が、「オレが幕府を開く！」と挙兵し、京都を占領します。敗北した後醍醐天皇は、奈良の南の吉野の山中へと逃げ込みました。

実はこの時も、尊氏が朝廷を滅ぼすチャンスでした。でも、やらない。後醍醐天皇の代わりに別の天皇を立てるという、身の程をわきまえた選択をするのです。尊氏は、北朝の光明《こうみょう》天皇から征夷大将軍に任命され、室町幕府を開きます。

こうして、**吉野で抵抗する後醍醐天皇（南朝）と、尊氏が京都に擁立した別の天**

皇（北朝）が並び立つ異常事態が発生しました。「万世一系」が揺らいだのです。これを南北朝時代といいます。

最終的に南朝（吉野）が降伏して、北朝（京都）に統一されるまで、南北朝の動乱は約60年間続きました。

それ以降、北朝が唯一の皇統となり、**現在の皇室も北朝の流れをくんでいます。**

ここは非常にデリケートな問題であり、皇統の正統性をめぐっては、江戸時代にも、明治期にも、再び議論が湧き起こることになります。

◉元寇によるナショナリズムの再燃

さて、南北朝時代までの時代背景をざっと見てきたところで、この時代の人々の思想や宗教について解説していきましょう。

モンゴル襲来（元寇）は、日本史上空前の危機であり、これに勝利したことは、日本人の意識や思想に根本的な転換を及ぼしました。

日本は昔から多様性と寛容さに満ちた国であったことは、第2章で見てきたとおりです。神道の国だった日本に外来の仏教が根付いていく過程では、神道と仏教がお互いを否定せず、形を変えながら融合していく神仏習合が起きました。

ただし、あくまで仏教が本家で、神はその化身である。

つまり、仏教がメインで神道がサブの「本地垂迹」説が、平安時代以来の発想でした。


これが、鎌倉時代の後期に逆転します。

モンゴル襲来によって、日本人のナショナリズムが一気に燃え上がったのです。

それと連動するように、「日本古来の神道のほうが、外来の仏教よりも尊い」という考え方が生まれました。

日本の神が本来の姿で、仏はその化身であると。これを、平安時代の本地垂迹に対して、「**神本仏迹**《しんぽんぶつじゃく》」といいます。

◉「伊勢神道」による一神教的世界観

神と仏の立場を逆転させたのが、伊勢神宮の外宮の神官だった度会家行《わたらいいえゆき》でした。

彼は神本仏迹説に基づく新たな神道を唱えました。

それが**「伊勢神道」**あるいは「度会神道」です。

伊勢神道は、まず伊勢神宮の成り立ちを捉え直すところから始めました。

第2章の「真言密教と神道との出合い」（P．103参照）でお話ししたように、伊勢神宮は内宮と外宮から構成されています。

内宮はアマテラスを祀り、外宮はトヨウケを祀っているのでしたね。トヨウケは、アマテラスのために食事をつくる神様です。

ところが内宮と外宮は同じ大きさのお宮が建てられ、格式もまた同格です。一方が他方にお仕えするのだ、という公式見解には、ちょっと無理があるのです。

「トヨウケは、外宮と内宮は対等である」と主張し、外宮の地位を引き上げようとしたのが、外宮の神官、度会家行が唱えた伊勢神道なのです。

家行が言うには、

「外宮の御祭神は確かにアマテラスに奉仕するトヨウケだが、実はこれも化身であり、本体はアマテラスに匹敵する偉い神様である」

では、その偉い神様とは、いったいどなたなのか。

「それは、**アメノミナカヌシ（天之御中主）**様である」

『日本書紀』や『古事記』の冒頭に、

「天地が初めてわかれた時に現れた神の名は、アメノミナカヌシ」と書かれており、そのお名前の意味は「世界の中心の神」ですから、まるで一神教の神のようです。

アメノミナカヌシに続いて、タカミムスヒ（高見産日）、カミムスヒ（神産日）の「造化三神《ぞうけさんしん》」が現れますが、それ以降はほとんど登場シーンがなく、素性のわからない謎の神です。あるいは、秦氏などの渡来人が持ち込んだ外来の神かもしれません。その忘れ去られていた神を家行が再発見して、外宮の御祭神トヨウケと同じ、といったのです。

教義の言語化、理論化は仏教の専売特許でした。

ところが、度会家行の先代の度会行忠は神道家としては珍しく、外宮と内宮の成り立ちを理論化した書物を書き上げました。

これが**『神道五部書《しんとうごぶしょ》』**と呼ばれ、伊勢神道の教典として位置づけられています。

伊勢神道では、天地創造の時に生まれたこの神様こそ、日本のみならず世界の中心の神だとしています。世界のあらゆる宗教は、この神様から生まれた。

つまり、神道が本体で仏教・道教はその分派だというのが「神本仏迹」説です。**アメノミナカヌシとアマテラスが治めたわが日本国が、この世界の中心である。伊勢神道がそういい始めた辺りから、神道も一神教的な色彩を帯びていきます。**

秘伝とされていた『神道五部書』が公開されたのは、鎌倉末期。これもモンゴル襲来が目覚めさせた日本ナショナリズムの一つの形なのでしょう。

この伊勢神道をさらに先鋭化させたのが、室町時代の吉田神道です（図3-2）。

奈良にある藤原氏の氏寺・春日大社《かすがたいしゃ》の御祭神《ごさいじん》を、平安時代に京都に招いたのが吉田神社です。

鎌倉時代からは卜部《うらべ》氏、のちの吉田氏が神職を世襲していました。随筆『徒然草《つれづれぐさ》』の吉田兼好（兼好法師）が、この吉田氏の出身といわれています。

この時代の神道は神仏習合が進み、神職が僧を兼ねるのは普通のことでした。

室町時代に、吉田神社の宮司を務めた吉田兼倶《かねとも》という人物がいました。この兼倶が、「吉田神道」の提唱者です。

兼倶は、多神教であったはずの神道にも実は「万物創造の唯一神がいる」として、

■3-2　二つに割れる神道

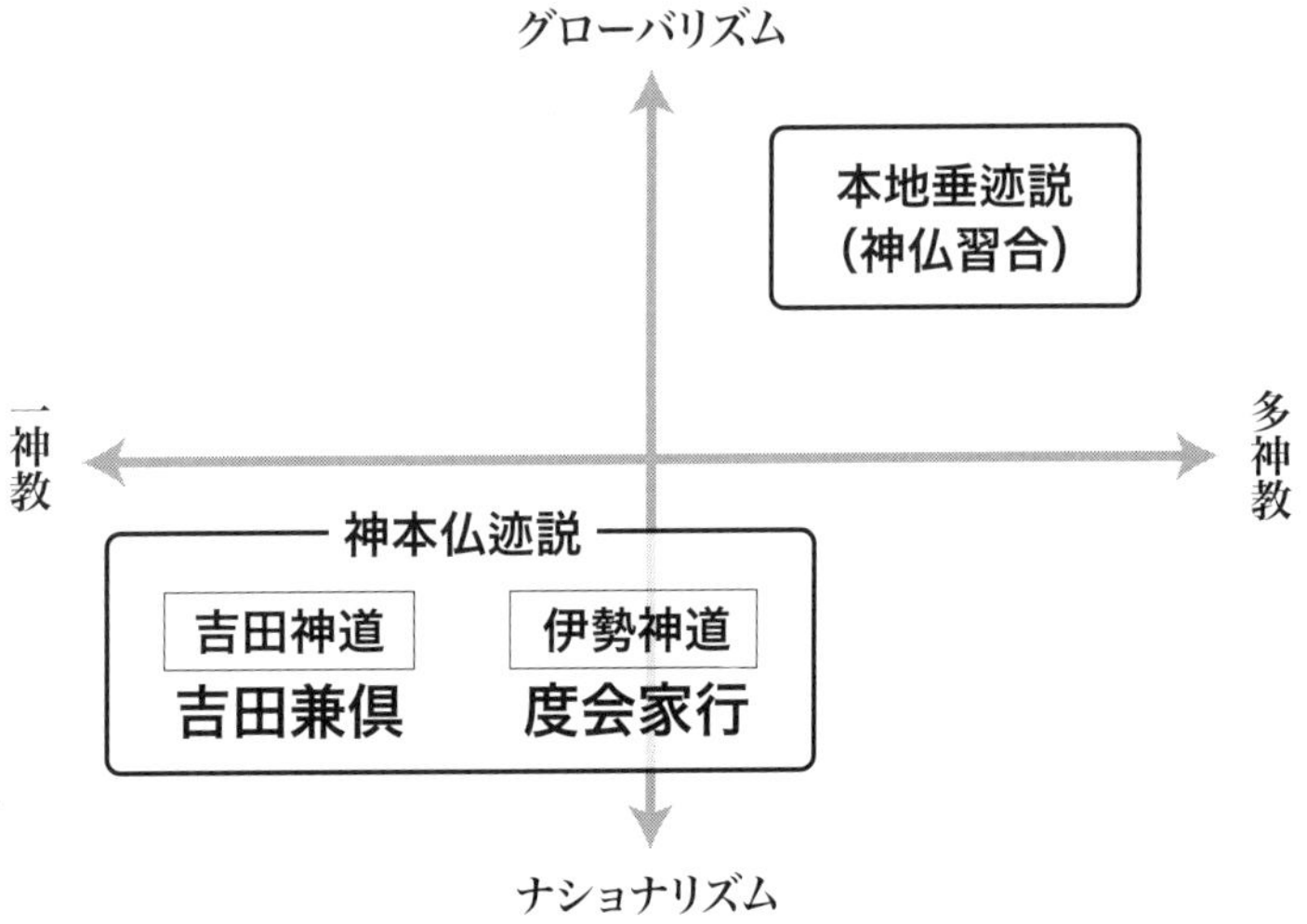

「虚無太元尊神《そらなきおおもとみことかみ》」を祀り始めました。

　鎌倉時代の伊勢神道でトヨウケ大神と同一視されたアメノミナカヌシ（天之御中主）は、『古事記』『日本書紀』の冒頭で登場した神でした。

　しかし「虚無太元尊神」は、『古事記』にも『日本書紀』にも、その他の史料にも出てきません。兼倶の創作ではないでしょうか。

　兼倶《かねとも》はこう説きます。

「『古事記』『日本書紀』の神々は、この大元となる唯一神から生まれた化身である。また、仏や菩薩もこの唯一神の化身なのだ」

　ついに兼倶は、「吉田神社は伊勢神宮より上位にある」と主張したのです。

古典に通じ、カリスマ性もあった兼倶の話を朝廷も信じました。安土桃山時代、財政難に陥っていた後陽成天皇は、朝廷の神祇官《じんぎかん》で祀っていた八柱の神様を、吉田神社に移してしまいました。

これがきっかけで吉田神道は、ついに朝廷公認となったのです。

徳川家康もこれを踏襲し、吉田神道を江戸幕府公認の神道としました。明治維新まで神道の本流は、この吉田神道だったのです。

◉日本に「易姓革命」思想を持ち込んだ『神皇正統記』

足利尊氏との争いで、劣勢に立たされた後醍醐天皇は吉野に逃げ込みましたが、南朝側は自分たちこそが正しいことを論証したい。その根拠としても、神道を本家とする神本仏迹説が担ぎ出されました。

南朝の言い分はこうです。

後醍醐天皇は神武天皇に始まる万世一系の直系の天皇であり、それに逆らう幕府は逆賊《ぎゃくぞく》である――。

モンゴル軍を撃退した神国日本を守るため、
「国内の裏切り者、室町幕府を倒せ！」
と世論に訴えかけました。

この南朝の正統性を訴えた有名な書物が執筆されます。『**神皇正統記**《じんのうしょうとうき》』です。すなわち、「神である天皇の正統性」を説明する書物。

筆者は後醍醐天皇に側近として仕えた公家で学者の**北畠親房**《きたばたけちかふさ》です。

北畠親房

彼は、後醍醐政権の崩壊後、逃亡先の常陸国《ひたちのくに》（茨城県）で北朝軍と戦いながらこの本を書き上げました。

後醍醐天皇亡き後、皇太子の後《ご》村上《むらかみ》天皇が12歳の若さで即位しました。逃亡中ですから正式な即位式も上げられず、不自由な潜伏生活を強いられました。

親房が『神皇正統記』を書き上げた真の狙いは、幼い天皇のためでした。

「あなた様は今、お苦しい立場にありますが、このような輝かしい血統を引き継いでいらっしゃるのです」と南朝の正統性を訴えたのです。

これだけ聞くと「天皇崇拝のヤバイ本」という印象ですが、実際は違います。親房は、こう言います。

「天皇が万世一系の日本には、中国で起こるような易姓革命はないものの、かといって天命がないわけではない。**日本の場合、天皇が失政を行うと直系の子孫が途絶え、分家に移る。すなわち、系統が代わるのだから、〝易統《えきとう》革命〟である**」と。

たとえば、応神天皇の直系である武烈《ぶれつ》天皇。狂暴で人を多く殺した結果、直系子孫が途絶えました。

この後、越前国《えちぜんのくに》（福井県）に住む遠縁の皇族が呼ばれ、継体天皇として即位します。この時、系統が代わったというわけです。

そんな事例を挙げながら、親房は幼い後村上天皇にこう諭《さと》します。

「今、後醍醐天皇の血統がピンチに陥り、北朝という別の系統が立っています。これは後醍醐天皇の失政が原因なのです」と。

まさに南朝の内部批判をやってのけるのです。

また、親房は承久の変についても触れていて、

「鎌倉幕府に失政はなかった。北条氏討伐に動いた後鳥羽上皇に非がある」

と書いています。

これらのことからわかるように、親房は決して、無批判な天皇崇拝者ではなく、自分がお仕えしていた天皇の非を率直に指摘できる、極めて公明正大な人だったといえます。

親房が幼帝に伝えたかったもう一つのことは、天皇の正統性は血統だけにあるのではなく、「心を清くして、善き政治をする天皇にこそ正統性がある」ということでした。

だからこそ、善き政治を怠ると王統が変わる。逆に、たとえ武家政権であっても、正しい統治をする者はその正当性を認められるのだと。

この頃から、**万世一系《ばんせいいっけい》の原則は崩さないものの、天皇の正統性に「徳」を求める易姓革命的な発想が入ってきます。**

◉多神教と一神教との「相互乗り入れ」

伊勢神道に見られたような一神教的な世界観は、仏教でも生まれました。その萌芽《ほうが》は、平安時代に空海が中国から持ち帰った密教にさかのぼります。

密教では、経典よりも瞑想、坐禅などの修行を重視します。修行の際に壁に掛けるのが曼荼羅で、壁一面くらいの大きさのものに密教の世界観が描かれています。第2章の「真言密教と神道の出合い」で紹介しましたね。

数多の仏のうち、真ん中に描かれているのが大日如来です。大日如来は全宇宙にあまねく存在する仏であり、「宇宙の根本原理ブラフマン」という設定です。密教ではこの大日如来と、東大寺大仏の「毘盧遮那仏」とを同一視します。

そして数多の仏は、すべて大日如来の化身だと考えるのです。

この密教の世界観にも、多神教が一神教へ変質していく過程が見られるのです。

つまり多神教と一神教とは「水と油」ではなく、相互に乗り入れ可能なのです。

最澄が開いた比叡山延暦寺でも大日如来の教えが伝えられました。この大日如来の教えを説いた経典を『法華経』といいます。

これがのちに、日蓮宗の誕生へとつながっていきます。延暦寺は「仏教総合大学」でしたから、密教を学ぶ者も、禅を学ぶ者も、『法華経』や『浄土教』を学んだ者もいました。彼らが山を下りていき、それぞれの専門分野で人々に布教したのが鎌倉仏教です。

この頃、比叡山で『法華経』を熱心に学ぶ僧侶がいました。**日蓮**です。安房国《あわのくに》（千葉県南部）に生まれ、比叡山で『法華経』を極め、「宇宙唯一の仏である大日如来の教え『法華経』こそが、絶対的な経典である」と信じ、**「南無妙法蓮華経」という7文字の「題目」を唱えれば救われる**、と説いたのです。

さらに日蓮は、「他の経典は間違っている」と主張し、ありとあらゆるライバル宗派に激しい論争を挑んだのです。

このように**日蓮宗は、日本の仏教史上、最も一神教的な宗派といえます。**

「真言宗も天台宗も禅宗も浄土宗も間違っている。こんな間違った仏教を信じていると、いずれ必ず仏罰が下って、恐ろしい外敵が日本を侵略する。そうならないように幕府は早く有害な宗教を取り締まって、皆を日蓮宗に入信させるべきだ」

十数年後のモンゴル襲来を予言するかのような発言です。日蓮はこれらの考えを『立正安国論《りっしょうあんこくろん》』にまとめて幕府に提出しました。

幕府ははじめ、「馬鹿げている」として取り合わず、逆に社会不安を煽ったとして日蓮を伊豆に流刑としました。

しかし、モンゴル襲来により『立正安国論』は「予言の書」として有名になり、日蓮宗はますます勢いづきました。

日蓮宗と並んで一神教的な宗派がもう一つあります。**浄土真宗**です。

平安後期、治安が完全に崩壊し武士団が台頭する時代に、比叡山の源信《げんしん》という僧が書いた『往生要集《おうじょうようしゅう》』という本がヒットしました。ざっとこんな内容です。

「ブッダの死後、その教えは徐々に忘れ去られ、世界は滅亡に向かっている。今はその最終段階の「末法」の世であり、ここから逃れる方法はただ一つ。西方極楽《さいほうごくらく》浄土《じょうど》に住まう阿弥陀菩薩《あみだぼさつ》の慈悲を願うことだ――」

鎌倉時代、比叡山で学んだ**法然《ほうねん》**は、こんな難しい経典を学んでも人々を救えないのでは、と悩みました。

彼は山を下り、**「南無阿弥陀仏《なむあみだぶつ》」という6文字の念仏を唱えれば誰でも極楽浄土へ往生《おうじょう》できる**という平易な教えを説き、**浄土宗**は民衆に爆発的に広まりました。


弟子の**親鸞《しんらん》**も比叡山に学ぶが飽き足らず、法然から浄土宗を学び、その教えを先鋭化させた人物で、**浄土真宗**の開祖とされます。

親鸞は、唯一絶対の仏である阿弥陀仏を信仰すれば、あらゆる罪は清められ、誰でも極楽往生できると説いたのです。

親鸞もまた他の宗派を排撃したため、鎌倉幕府によって越後（新潟県）に流罪にされました。しかし、逆に熱狂的な信徒が集まり、彼らは「一向念仏《いっこうねんぶつ》」、すなわち念仏だけに専念したため「一向宗《いっこうしゅう》」と呼ばれます。

また親鸞は、僧侶の結婚や肉食を禁じる戒律そのものを疑い、公然と「肉食妻帯《にくじきさいたい》」を行いました。その子孫が、代々浄土真宗の門主《もんしゅ》の地位を世襲していくのです。

『法華経』絶対の日蓮宗と、「阿弥陀仏」絶対の浄土真宗。

この二つの一神教的な宗派が鎌倉時代に生まれたのも、時代の雰囲気をよく表していると思います。

ところで彼らは神道をどう解釈していたのでしょう？

日蓮宗には「三十番神《さんじゅうばんしん》」という考え方があります。これは、神道の神々が毎日、輪番制で『法華経』を守護するという教えで、日蓮宗のお寺に行けば、三十番神を祀る祠《ほこら》をみることができます。「法華経∨神々」、という一種の本地垂迹説です。

浄土真宗ではどうでしょう。

弟子が親鸞の思想をまとめた『歎異抄《たんにしょう》』には、「阿弥陀仏を信心する行者《ぎょうじゃ》には、神々も敬伏し、悪霊も妨害することはない」とあります。

つまり「阿弥陀仏∨神々」の本地垂迹説なのです。

◉農民を団結させた信仰のパワー

鎌倉幕府が崩壊して南北朝時代になると、再び世の中は大混乱に陥りました。

室町幕府は統治力に欠け、地方長官の守護は、任地を私物化して守護大名となり、関東では戦乱が日常化していました。

そのような状況では、人々は自分の財産は自分で守るしかなくなります。国家に頼らない代わりに、腕に自信のある者は皆、自衛のために刀を差し始めました。

武士と農民の身分がはっきり分かれたのは、秀吉の刀狩《かたながり》からです。

それ以前の室町時代には、農民や商人でも自衛のため、刀を差して歩いていました。この時代は個人主義的な価値観が強かったと考えられます。

こうして**室町時代になると、武装農民が自衛のために団結し、守護大名と戦い始めました。これを「一揆《いっき》」といいます。**

大名と戦うためには、バラバラな村人を一つにまとめる何かが必要です。

鎌倉仏教、とりわけ一神教的な日蓮宗や浄土真宗が人々の間に広まって、「同じ門徒は団結して戦おう！」と人々を結束させたのです。

特に浄土真宗は、村人の熱狂を焚きつけるのが得意でした。

浄土真宗（一向宗）の門徒は、阿弥陀仏《あみだぶつ》を拝み、死ねば西方の極楽浄土《ごくらくじょうど》へ行けると信じていました。

「この戦いで死ねば必ず成仏できる。極楽浄土へ行けるぞー！」と突進し、かと思えば「一歩でも引いたら地獄に落ちるぞー！」と自ら退路を断つ。彼らの合言葉は、「進めば極楽浄土、引けば無間地獄《むけんじごく》」でした。

死を恐れない集団は無敵です。**ここまでくると、宗教戦争です。**

浄土真宗門徒の一揆は一向一揆《いっこういっき》と呼ばれ、武士たちを恐れさせました。一向一揆が激しかった加賀国（石川県）では守護大名の富樫《とがし》氏を自害させ、約一世紀後に信長に滅ぼされるまで、一向宗門徒が自治を行いました。

加賀は「百姓《ひゃくしょう》の持ちたる国」と呼ばれたのです。

京都では、商工業者の間に日蓮宗が広まり、彼らも武装して一向宗と戦い、また延暦寺の僧兵とも戦うというカオスな状況が続きました。

このように日本各地で繰り返された宗教戦争を暴力的に終わらせたのが、織田信長でした。

◉第六天魔王・信長は無神論者か？

室町幕府は、有力守護大名の連合政権でした。

足利将軍家の後継者争いが、守護大名の覇権争いと結びついた応仁の乱によって京都は焼け野原となり、幕府は事実上崩壊して戦国時代に突入します。

そんな折、ポルトガル人が伝えた鉄砲の量産に着手したのが、尾張（愛知県）の戦国大名・織田信長でした。

織田家の遠い祖先は、忌部《いんべ》氏という神官の一族です。

今川義元を奇襲攻撃して義元のクビを取った桶狭間《おけはざま》の戦いの際、地元の熱田神宮《あつたじんぐう》で必勝祈願をしていることから、信長が無神論者ではなかったことがわかります。

戦乱で荒れ果てた御所を再建したのも、天皇に対する敬意からだったのでしょう。

「天下布武《てんかふぶ》」を掲げて京都に入り、室町幕府を滅ぼした信長に対し、西の毛利氏、石山本願寺、北の浅井《あざい》氏・朝倉氏、比叡山延暦寺が包囲網を敷きました。

その突破口として信長が断行したのが、悪名高い延暦寺焼き討ちです。


「宗教」を隠れ蓑に強大な僧兵を抱え、朝廷にもたびたび反抗し、信長の統一を公然と邪魔するに至った延暦寺に対して、信長は堪忍袋の尾が切れたようです。

「仏罰を受けるのでは？」と側近たちが躊躇する中、信長は全山の焼き討ちを命じます。僧兵の多くは妻帯していましたから、婦女子もたくさんいたのです。

しかし、信長は容赦なく、「なで斬り」（皆殺し）を命じました。

これを非難する武田信玄からの書状に対し、信長は「第六天魔王」を自称した、と宣教師フロイスは伝えています。

第六天魔王とは、仏法を妨げる魔王のことです。

次に信長が「最大の敵」としたのが、大坂の石山本願寺でした。親鸞の11代目にあたる門主の顕如は寺で抗戦。彼は熱狂的な門徒からなる強力な軍隊を持っていました。堺の港を通してポルトガル人から鉄砲や火薬を買い付け、鉄砲隊も組織していたのです。

信長は水軍を動員して大坂湾を封鎖し、本願寺への補給路を断ちました。顕如は信長と交渉し、本願寺を明け渡して退去することで、教団としての存続はかろうじて認められました。こうして浄土真宗は生き残ったのです。

本願寺軍が籠もった寺は、大坂湾に面した場所にありました。信長はその土地を豊臣秀吉に与えます。秀吉がその跡地に造ったのが大坂城です。

◉秀吉が、宣教師を追放したワケ

戦国時代といえば、キリスト教の伝来も触れておかなくてはなりません。

先に述べたとおり、キリスト教はすでに聖徳太子の時代に日本に入ってきています。ヨーロッパで異端とされたネストリウス派です。

それに対して、戦国時代にフランシスコ・ザビエルが伝えたのは、ヨーロッパで公認されているカトリック教会のキリスト教です。

キリスト教布教には貿易が伴いました。この貿易を目当てにキリスト教に改宗するキリシタン大名が現れました。大友義鎮《おおともよししげ》、小西行長《こにしゆきなが》、有馬晴信《ありまはるのぶ》といったキリシタン大名は、宣教師を招くと共にポルトガル商人を誘致し、硝石《しょうせき》の輸入を始めました。

硝石は、鉄砲で使う黒色火薬の材料です。火薬は、木炭・硫黄《いおう》・硝石を調合します。森と火山が多い日本には木炭と硫黄は豊富にありますが、硝石は常に不足していました。

そのインド産硝石をもたらすのが、ポルトガル商人。つまり、**キリシタン大名が求めたのは、布教と共に行われる貿易だったのです。**

一神教であるカトリックの宣教師は、キリシタン大名にこう耳打ちします。

「仏教ヤ神道ハ邪教デス。悪魔崇拝デス」――。

そして、神社や仏閣を焼くように進言するのです。実際に大分のキリシタン大名・大友氏は、領内の神社仏閣を焼いています（小著『超日本史』KADOKAWA参照）。

これに抵抗する仏教徒や神社の氏子は捕われ、彼らを奴隷として買い取り、東南アジアや中南米の植民地に売りさばいたのがポルトガル商人でした。

九州平定のため乗り込んできた豊臣秀吉は、神社仏閣が壊され、日本人が奴隷として売り飛ばされる蛮行《ばんこう》を見て激怒します。

秀吉は「バテレン（宣教師）追放令」を出して、キリスト教布教を禁止しました。

結局、キリスト教は日本人にほとんど根付きませんでした。

宣教師は、こう嘆きます。

「日本人は決して愚かではない。キリスト教に対する好奇心も強い。それなのに、キリスト教を受け入れないのはなぜだ？」と。

答えは簡単です。**キリスト教が日本の伝統的な宗教を否定したからです。**

宣教師たちが破壊を命じるその寺には、自分たちの祖先が眠っています。

「イエス様ヲ信ズレバ救ワレマス」と彼らは言うけれど、

「じゃあ、仏教徒だったうちのじいちゃん、ばあちゃんは地獄に行ったの？」

当時のキリスト教の教えでは、「異教徒は地獄に落ちる」と決まっていました。こう言われて、キリスト教に改宗するなど無理な話です。

延暦寺や石山本願寺と敵対していた信長は、「敵の敵は味方」ということで、キリスト教宣教師を優遇しました。

しかし安土城に案内された宣教師ルイス・フロイスは、信長がクリスチャンになる気は毛頭なく、それどころか自らの神格化を図っているとして非難し、本能寺の変で信長が殺されたのは天罰だ、とまで語ります。

「バテレン追放令」を出した秀吉は、神道・仏教に対してどのように考えていたのでしょう。

秀吉の神道・仏教への考えがわかる、こんなエピソードがあります。

秀吉は京都に、方広寺《ほうこうじ》大仏殿を建てました。その材料に充てるため、という名目で「刀狩令」を出したのはよく知られています。

大仏殿には、奈良東大寺よりも巨大な木造大仏を祀りました。この大仏は黒漆《こくしつ》の上に金箔を貼った豪勢なものでしたが、わずか1年で地震のため損壊してしまいました。

激怒した秀吉は、大仏の眉間に矢を打ち込み、こう言い放ちます。

「余は国家の安泰のため大仏を建立したのだ。ところがこの大仏は、自分の体も守れぬとは何ごとだ！　役立たず！」

この一件で、秀吉には神仏に対する畏敬の念のかけらもなかったことがよくわかります。

その一方で、秀吉は死後、豊国大明神《とよくにだいみょうじん》として祀られています。信長ができなかった自身の神格化を、秀吉はやってのけたのです。

◉宗教の世俗化で仏教は骨抜きに

次の徳川家康は、代々浄土宗を信仰してきた松平家に生まれ、戦場では浄土宗の思想を示す「厭離穢土《おんりえど》・欣求浄土《ごんくじょうど》」の旗を掲げていました。

「穢れたこの世を離れ、極楽浄土を求める」という意味です。

信長に降伏した一向宗（浄土真宗）に対しても好意的でした。

大坂を退去した本願寺は京都に移って教団としての存続が許されましたが、門主の地位をめぐる内紛で二つに割れます。

家康はこれを調停して東本願寺・西本願寺を併存させ、いずれも幕府の敵対勢力にならないようにコントロールします。その辺り、家康はとにかくうまいのです。

一方で、天台僧の天海という謎の人物を軍師として身近に置き、信長が焼いた比叡山の復興を支援します。

江戸の街のプランをつくったのがこの天海で、江戸の東北（鬼門）にあたる上野の山を比叡山に見立て、天台宗の東叡山《とうえいざん》寛永寺《かんえいじ》を置き、西南（裏鬼門）にあたる芝には浄土宗の増上寺をおいて、江戸の街を霊的に防衛するとともに、天台宗と浄土宗とのバランスを保ちました。

さらに家康が没すると「東照大権現《とうしょうだいごんげん》」の神号を贈って神格化し、関東の鬼門にあたる下野《しもつけ》（栃木県）の日光に家康を葬って日光東照宮を建立しました。

家康以降、**江戸幕府はキリシタン取締りを名目に、全国の寺院を行政の末端機関として利用しました。これを檀家《だんか》制度といいます。**

寺院に町村役場の役割を負わせ、「宗門改帳《しゅうもんあらためちょう》」という戸籍をつくらせたのです。これにすべての人民を登録させて、「私は浄土宗です」「私は真言宗です」と申告させる。

今でも「うちは○○宗」と宗派が決まっていますよね。この仕組みは江戸時代初期に政治的理由でつくられたものなのです。

家康という人は、やり方が本当に上手です。キリシタンと一部の日蓮宗以外には露骨な宗教弾圧はせず、各宗派の存続を認め、幕府のコントロール下に置きました。つまり、宗教を飼い慣らし、じわじわと首根っこを押さえていったのです。

幕府の行政機関としての存続を保証された仏教各派は、このあと積極的に布教をしなくなりました。

この頃から仏教は、現代まで続く「葬式仏教」へと変貌していくのです。

これ以降、江戸時代の思想には仏教がほとんど登場しません。それは宗教が世俗化され、どんどん骨抜きにされていったからでした。

これとよく似たことは西欧でも起こっています。

カトリックとプロテスタントとの血みどろの宗教戦争が約１００年続いたあと、各国政府が教会をコントロール下に置きます。

たとえば、イギリス王がイギリスの教会を支配し、聖職者を任命する。これを国教会制度といいます。フランスや、北欧諸国でも似たような制度になりました。

この結果、教会は行政機構に組み込まれ、もはや積極的な布教はしなくなり、世俗化が進んでいったのです。


それでは神道はどうなっていったのでしょう？

室町時代の一神教的な吉田神道が、朝廷公認になっていたことはすでに説明しました。

宗教統制は江戸幕府も望むところです。家康も吉田神道の権威を認め、全国の神職の任免権を与えました。

幕末まで、この吉田神社が神道を統括する神社本庁のような役割を担っていたのです。

コラム3-1 皇位継承のルール

日本の皇室は、祖父→父→息子と受け継ぐ「男系継承の血統」というルールが二千年以上続いてきたことが、権威の源になっています。

生物学的にいえば、父から息子へ受け継がれるY染色体は、何百年という世代を経ても変わりません。日本の天皇になる資格は、「神武天皇のY染色体」を受け継いでいること、ともいえます。

天皇の娘（内親王《ないしんのう》）は父帝からY染色体を受け継ぎませんので、女帝になるとしても一代限りです。実際、飛鳥時代・奈良時代、そして江戸時代にも女帝が存在しました。

しかし女帝の夫が皇族でない場合、その子は天皇にはなれません。**男系継承が、皇位継承の歴史的ルール**です。なお明治以降、皇室典範で「女帝はすべてダメ」となりましたが、これは皇室の伝統に反します。

余談ですが、「女神アマテラスの子孫が神武天皇だから、女系ではないか？」という反論にお答えしておきます。

神話を読めばわかりますが、弟スサノオと争った際、双方が身の潔白を証明するために「誓《うけい》」という儀式を行います。

アマテラスの勾玉《まがたま》をスサノオが嚙み砕いたとき、そこから生まれたのがオシホミミ（忍穂耳）という神で、その子が天孫降臨したニニギ、神武天皇の曽祖父です。

つまり「皇祖神」アマテラスはオシホミミを出産しておらず、女系継承ではないのです。

コラム3-2 稲荷神社と一神教

商売繁盛、キツネの神様、赤い鳥居のおいなりさん、として知られる稲荷神社。その歴史は比較的新しく、古墳時代に渡来人の秦氏がもたらした信仰です。後に、平安時代に神仏習合でヒンドゥー起源のダキニ女神と同一視され、女神の乗り物であるキツネが祀られるようになりました。

本来の御祭神は「うかのみたま」という穀物の女神で、古代人は食物のことを「ウカ」「ウケ」と呼んだのです。

とすれば、外宮の「トヨウケ」とも同じ神、となります。

稲荷神社の総本宮が京都の伏見稲荷大社です。そこで読み上げられる祝詞《のりと》に、「それ神は唯一にして形なし。虚《きょ》にして霊《れい》あり」という部分があります。

「神は唯一であり、霊的なものであって実態はない」――これはほとんど一神教の世界です。この伏見稲荷神社は、渡来系の秦氏が奈良時代に創建したものです。

稲荷信仰、伊勢神道、アメノミナカヌシ。神道は、まだまだ謎だらけです。

第4章

日本思想における「朱子学と陽明学」
（江戸時代初期〜後期）

◉朱子学の源流「儒学」とは、どんな学問か？

江戸時代に入ると、日本の思想史にようやく儒学が登場します。

それまで登場しなかったのは、儒学が思想というより政治学に近かったからです。儒学は官僚が国家運営を学ぶ学問であり、本家の中国でも明の時代までは民衆に広がることはほとんどありませんでした。

江戸時代における儒学の影響やその広がりを見る前に、古代中国で生まれた儒学とはそもそも何なのか、そのあたりから説明しましょう。

古代中国に、周《しゅう》という王朝がありました。

紀元前１０００年頃から約４００年の長きにわたり秩序を保った王朝と伝えられています。

その国家体制は家族をモデルとしたもので、王がその一族を、地方を治める諸侯に任命し、諸侯がその一族を町や村に派遣して治めさせました。

このシステムを封建制度といいます。

ところが血縁関係は、代を経るごとに薄れていきます。

その結果、周王朝が崩壊して、今度は個人主義、実力主義の「春秋戦国時代」と呼ばれる長い戦乱の時代が訪れます。

その春秋戦国時代を生きた孔子が、血縁的な秩序再建のために唱えたのが儒学です。だから孔子は、「親孝行しろ、家族を大事にしろ」と繰り返したのです。

儒学は、周代に書かれた記録である『五経《ごきょう》』、および孔子の語録である『論語』、孟子《もうし》の語録『孟子』などの『四書《ししょ》』を経典としました。

ちなみに、「子《し》」とは「先生」を意味するので、孔子は「孔先生」、孟子は「孟先生」という意味です。

この孟子が唱えたのが易姓革命説（P．129参照）でした。

「国家とは君主が天から預かっているものであり、君主の私物ではない。天命を失った暴虐な君主は、人民がこれを倒してもよい」というヤバい思想です。

孟子が「易姓革命説」を言い出したのは、儒家が理想とする周王朝の始まりをうまく説明できなかったからです。

周の前に殷《いん》という王朝がありました。これも600年続いた長期王朝です。

実は、周は殷の属国の一つでした。

ところが、殷の最後の王である紂《ちゅう》王に対し、周の武王が反乱を起こします。この反乱は成功して武王は殷を滅ぼし、周王朝を建てました。

この「殷周革命」を正当化できなければ、「周王朝はすばらしかった」という儒学の大前提が崩れます。

そこで、孟子はこう説明したのです。

「殷の紂王は暴君であり、天命を失っていた。周の武王は天命を受けて暴君を倒した有徳者であり、この行動は革命であって、反逆とはいえない」

もちろん「天」は喋りませんから、天命が誰に降っているのかはわかりません。だから、「天命」を悪用してクーデタを起こす謀反人が続出した、というのはすでにお話しした通りです。

ここが、易姓革命説の苦しいところです。

このような儒家の思想に対し、「天命」だの「徳」だのと生ぬるいことを言っても秩序は回復できない。**君主が絶対権力を持ち、冷酷な法と刑罰によって人民を支配すべきだ、と説いたのが韓非《かんぴ》でした。**

その思想は『韓非子《かんぴし》』にまとめられ、彼のグループを法家《ほうか》といいます。

この『韓非子』を愛読していた始皇帝が天下を統一し、官僚を手足とする皇帝独裁体制を確立し、逆らう者は皆殺し、という恐怖政治を敷きました。

「暴君始皇帝は天命を失った」と批判する儒家などに対し、始皇帝は焚書《ふんしょ》・坑儒《こうじゅ》で応えました。

当時は貴重だった書物を焼き、大きな穴を掘らせて儒家の学者ら460人を生き埋めの刑にしたのです。

始皇帝の死後、反乱が相次いで秦王朝はたちまち崩壊します。混乱する中国を再統一したのが漢王朝です。

漢王朝は、儒家を弾圧した秦の失敗に学び、逆に儒家を登用して官僚にも儒学を学ばせました。

実際には、法家的な官僚専制政治だったのですが、少なくとも建前では儒学をベースに穏やかな統治を行ったのです。

これがうまくいったため、歴代王朝はいずれも儒学を採用し、隋・唐以降は儒学の経典を試験科目とするペーパーテスト、科挙によって官僚を採用するようになりました。

日本人が儒学を知ったのは、古墳時代にやってきた百済の学者・王仁《わに》が『論語』をもたらしてからです。

しかし、日本では官僚は豪族・貴族の世襲であり、科挙制度は採用しませんでした。

中国でも、**儒学は、ただの教養としてエリート層に広まっただけでした。**読み書きができない庶民は儒学とは無縁の生活を送っており、彼らに広まったのは来世での幸せを約束する仏教や、この世での不老長生や商売繁盛を約束する道教でした。

仏教や道教は、宇宙の始まりや生命の謎を説明する深淵な哲学体系を生み出しました。ただの政治学だった儒学が、仏教・道教の影響を受けて哲学思想へと変わっていくのは、南宋《なんそう》（12〜13世紀）の時代からです。

これを完成した朱熹《しゅき》という学者の名をとって「朱子学」、あるいは「宋学」といいます。

◉中華ナショナリズムの思想「朱子学」

朱子学の特徴は、第一に「中華文明の正統性」にあります。

中華の「華」は「文明人」を指します。したがって、「中華」とは「世界の中心に住む文明人」というものすごい意味です。

これに対し、周辺の異民族のことを「夷狄《いてき》」といいます。「夷」も「狄」も東や北の異民族を意味します。

「夷狄は劣った蛮族であり、われわれ中華が夷狄を支配するのは、人間が家畜を支配するのと同じである。その逆であってはならない。中華が世界を支配するのは、宇宙の根本原理である」

朱子学はこのように**劇烈な「中華ナショナリズム」であり、「排外主義」の思想**なのです。

なぜ、こんな極端な思想が生まれたのでしょうか？

それは、「現実が逆だった」からです。

南宋は歴代王朝の中でも「最弱の王朝」でした。「文治主義《ぶんち》」といって科挙官僚が軍人を冷遇し、軍事費を削り、周辺民族に対してはひたすら話し合い、経済援助の大盤振る舞いをすることで友好関係を維持しようとしました。

その結果、周辺民族からは舐められ、恫喝《どうかつ》され、次々に攻め込まれることになったのです。

朱熹は、南宋がモンゴル軍に攻め滅ぼされようとする、まさにその時代に生きました。

漢民族は、「なぜだ！　オレたちは中華なのに！」と思いながら、夷狄の支配に屈していくという現実を認められずにいました。

だから空想の中で「こうあるべき世界」を妄想したのです。

朱子学とは、モンゴルショックの中で何とかプライドを保とうとした漢民族の、現実逃避のナショナリズム思想なのです。

約一世紀の屈辱を経て、朱子学が再びブレイクしたのは、漢民族がモンゴル支配を脱した明王朝（14～17世紀）の時です。

「やっと夷狄のモンゴルを追い払った!」
「オレたち中華が世界を支配するんだ!」
と誇示し、周辺国を見下し、「中華皇帝に頭を下げろ、貢げ」と朝貢を強要しました。

科挙では朱子学の経典が出題され、官僚たちの頭に叩き込まれました。

明は、中国の歴代王朝のなかで最も中華ナショナリズムが燃え上がった、異様な時代だったのです。

◉朱子学の「大義名分論」とは?

「あらゆるものを区別し、序列をつけようとする」のも朱子学の特徴です。

前項の「中華と夷狄」もそうですし、もう一つ、「主君と臣下」も明確に分けようとします。中華は永久に中華であり、主君は永久に主君でなければならない。

「大義名分論《たいぎめいぶんろん》」という言葉があります。

今ではこの言葉は「行動を起こす時の正当な理由」という意味で使われますが、

本来これは朱子学の用語なのです。

中華と夷狄を分ける「華夷《かい》の別」、主君と臣下を分ける「君臣《くんしん》の別」のように物事を区別し序列をつけることを意味しました。

朱子学の「君臣の別」は、君主に対する絶対服従を意味しますから、暴君は倒してもよいという孟子の「易姓革命説」と論理的に矛盾します。朱子学も儒家ですから、孟子を否定するわけにもいかず、この点はあいまいにしています。

また、朱子学では「天命を受けた天子（皇帝）は世界に一人しかいない」と説明します。だから複数の皇帝が並び立った三国志のような状態も認めません。

ここに、「どの王朝が正統か？」という議論が生まれます。

これを「正閏論《せいじゅんろん》」といいます。

「閏（じゅん／うるう）」という漢字には「正しくない」という意味があり、だから平年より日数が多い年を「閏年《うるうどし》」というのです。

宋代の歴史家・司馬光が書いた『資治通鑑《しじつがん》』という大著があります。「正閏論」によって、戦国時代からの歴史をまとめ直したものです。

「三国時代の魏《ぎ》・呉《ご》・蜀《しょく》のうち、どの国の皇帝に正統性があるのか？」

「それは蜀の劉備《りゅうび》である」と司馬光は断じます。

「劉備は、前の漢王朝の血統を持つ唯一の皇帝であり、魏の曹操《そうそう》、呉の孫権《そんけん》は、漢王朝を裏切った逆賊《ぎゃくぞく》である」

この「正閏論」は日本にも輸入され、「南北朝のいずれが正統か？」という激論を引き起こしました。これについてはまたあとで、紹介しましょう。

余談ですが、中国人は日本の万世一系をどう見ていたのでしょうか？

遣唐使の廃止後、日本からおそらくはじめて宋に渡った奝然《ちょうねん》という真言僧がいます。

宋の二代皇帝・太宗《たいそう》に謁見する機会を得た時に、日本の歴史を簡潔にまとめた『王年代紀』という本を献上しました。これを読んだ太宗がこう嘆いたと、宋の公式記録に記されています。

「東方の蛮族の王（天皇のこと）は万世一系であり、君臣の別が明らかだ。まさに古《いにしえ》の中華と同じである。唐の滅亡後、易姓革命が続き、秩序は崩壊してしまった」

唐が滅んで宋が成立するまでの間に、「五代十国」という時代がありました。

半世紀に5回のクーデタ（易姓革命）が発生して皇帝の権威は地に落ち、地方では十の地方政権が割拠した時代です。

宋の建国者も、前の王朝をクーデタで倒して皇帝になったという「前科」があります。血で血を洗う戦乱を生き抜いた宋の皇帝が、日本の万世一系は国家を安定させるすばらしいシステムだ、と感嘆しているのです。

◉「卑しい感情」を、「高貴な理性」で抑え込め？

「人間には、理性（性）と感情（情）とがある。感情とは、食欲・性欲など肉体的な欲求であり、卑しむべきものである」と、朱子学は説き起こします。

「宇宙にも法則（理）と、それによって動かされる物質（気）とがある。人に理が宿ると理性（性）となり、気が感情（情）を生み出す。この原理を性即理という」

このような思想を二元論と言います（図4-1）。

朱子学の面白いのは、必ずここに優劣や上下関係を持ち込むことです。

「理性は、人間だけに備わったものである。人間は理性によって肉体や感情をコン

■4-1　朱子学の思想

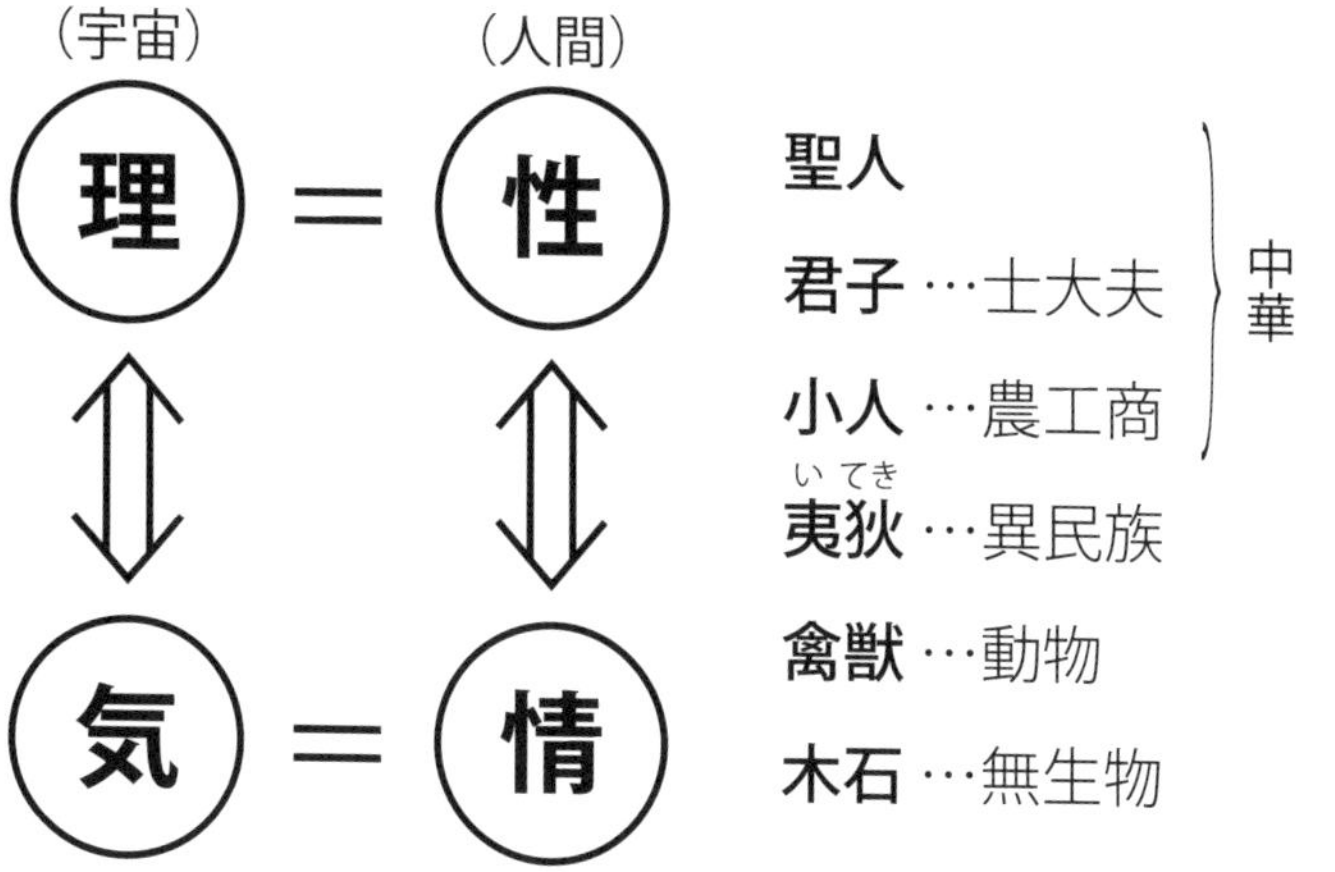

トロールしなければならない。理性を失い、肉体的な欲望や感情のままに生きるのは禽獣《きんじゅう》すなわちケダモノ、犬や猫と一緒である」

この**理性偏重と肉体への蔑視**は、職業差別へとつながっていきます。

「知的活動に従事する士大夫《したいふ》、すなわち知識人や官僚は気高く、肉体労働に従事する庶民は卑しい。さらには学問もせず、モノも生産せず、金儲けばかりしている商人はもっとも卑しい」

「士農工商」という言葉があります。

中国では「士」は士大夫、知識人のことです。この高貴な「士」が、卑しい「農工商」を支配するのだ、という意味です。

江戸時代、日本の儒学者はこの「士」を「武士」と読み替えました。

しかし、正統派の朱子学からみれば、「肉体を鍛錬する軍人＝武士は卑しい」存在となります。

ですから、日本型の「士農工商」はちゃんちゃらおかしい、「やはり夷狄には理解できないのだ」となるでしょう。

宋王朝では世界初の紙幣が発行され、すでに貨幣経済に突入していました。経済を動かしているのは商人なのに、商業蔑視の朱子学はこれを一切認めないのです。

ここにも朱子学のファンタジー、現実逃避がよく表れています。

さらに朱熹は、こういいます。

「女は感情的であり、肉体に左右されるから卑しい。男性は理性的だから高貴だ」

「よって男女をはっきり分けなければならない」

男尊女卑の考え方も、朱子学から生まれたのです。

ところで、朱子学でいう「理性」とは何でしょうか？

それは、漢字や漢文の読解能力、中国の古典をスラスラ読めることです。

だから、**漢文を読める中華が、文字も読めない夷狄（野蛮人）を支配する、という理屈**にもつながっていきました。

このような恐るべき「差別の体系」である朱子学が中国人の心を魅了したのは、**モンゴル支配に対する反発**からでした。

◉アンチ朱子学としての「陽明学」

朱子学の考え方には、当時から批判がありました。

同じく南宋の学者で陸九淵《りくきゅうえん》という人が、朱子学の二元論に対して反論します。

「理性が尊く、肉体は卑しいというのなら、頭と体を切り離して頭だけで生きていけるのか？　飯を食うことが卑しいというなら、飯を食わずに生きてみよ」と。

「理性と肉体は不可分であり、これを心（しん）と言う。心こそが人間本来の存在である」と説きました。

しかし、陸九淵のこの考え方は朱子学が主流だった宋代では注目されませんでした。**この考え方を、後の明代に再発見したのが、王陽明《おうようめい》の陽明学です**（図4－2）。

■4-2　陽明学の思想

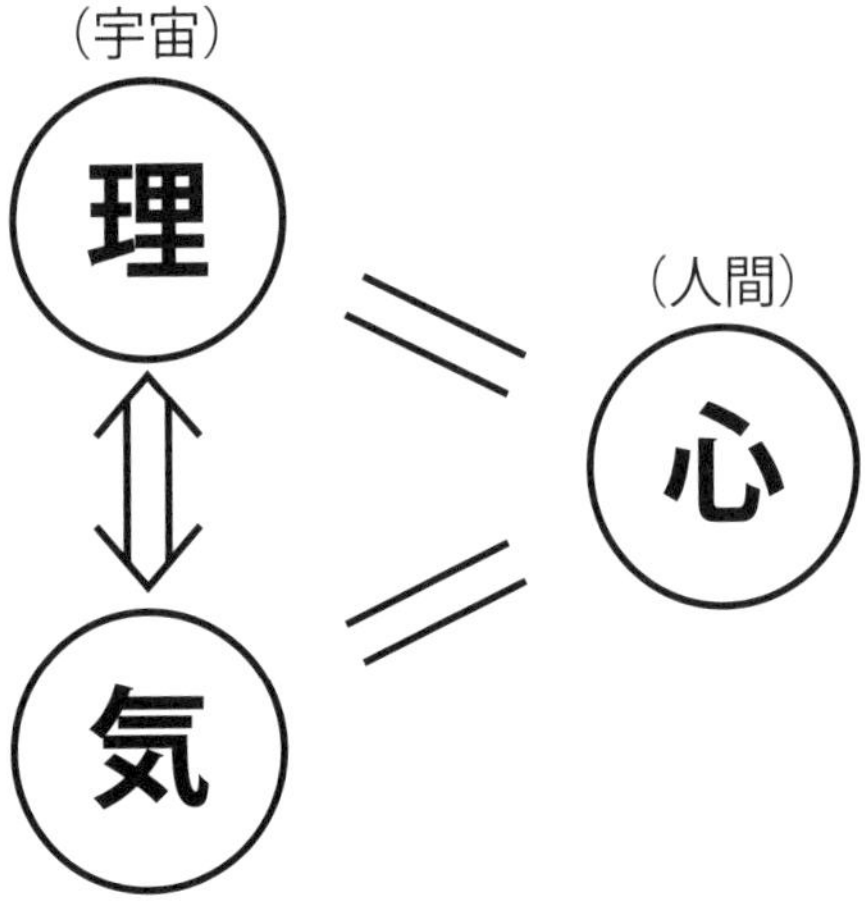

理性か肉体か。この議論はヨーロッパにもありました。

デカルト以来の理性万能主義に対する反論として、19世紀以降、感情を復権させるロマン主義や実存主義が登場します。陸九淵や王陽明は、この動きを先取りしていたことになります。

明代には科挙の科目として朱子学が採用されました。官僚志望の王陽明が最初に学んだのはこの朱子学であり、猛勉強の末に明の官僚に採用されました。

しかし、「やはりこの思想はおかしい」という違和感がどんどん高まっていったのです。

たとえば道端のホームレスを見て、「この人の身の上に何があったのだろうか」と哀れみの情を持つ。これは自然な感情です。

こうした他者に対する感情は、決して卑しいものではなく、人として最も大事なものなのだ、と王陽明は説きます。

いくら学問を極めて博学でも、人としての感情を失ったら人ではなくなる。ホームレスに共感するどころか、「道端で寝るな！」と取り締まるのが朱子学者なのです。

では、道端のホームレスに対する陽明学のアプローチとはどのようなものか。

まず、その人にホームレスになった事情を聴くでしょう。するとその人は、「故郷で干ばつに遭い、一家離散してここに流れ着いた。政府は何もしてくれない」

と語るかもしれません。

それを聴いて、知識人なら理性を働かせて、その人を救うための施策を立案すべきだ、と王陽明はいいます。

行動を伴わない知識は無意味であり、知識を行動に一致させよ。

この**「知行合一《ちこうごういつ》」**が、陽明学の基本的な態度となります。

つまり、感情が先にあり、その感情に立脚して理論を積み上げ、政策を提言する。**感情を発火点として現実を変える理論を生み出すのが、陽明学の考え方なのです。**

王陽明はまた、「理想の政治」とされる周王朝の文献を学ぶことにも異を唱えます。「2000年も前に書かれた経典を勉強して、現王朝（明）の政治が変わるのか。部屋にこもって古典研究に勤しむ暇があるなら、町に出ろ、人々と語り合え」

極めて真っ当で、現代でも通用する考え方です。

しかし、もし知識人がそれを始めると、政治批判につながるでしょう。街に出て現実を見てしまったら、知識人ほど今の政治の在り方に疑問を持つはずですから。

明の政府はそれを恐れました。だから朱子学だけを公認し、陽明学を異端思想として弾圧したのです。

◉徳川家康が、朱子学を公認した理由

ここから、日本における儒学について見ていきましょう。

朱子学が日本に伝来したのは鎌倉時代のはじめです。宋に留学した俊芿《しゅんじょう》という日本人僧侶が経典250巻を持ち帰ったのがはじまりとされます。

あくまで、教養の一つとしてもたらされたもので、禅宗(主に臨済宗)の僧侶たちの間に広まっていきました。

朱子学の禁欲主義が禅宗に似ているので、禅僧の間で支持されたのでしょう。

禅宗は、一般民衆よりも武士の間で支持されました。精神統一による自己鍛錬を目指す禅のストイックさが、武士の気質にマッチしたのでしょう。

栄西が伝えた臨済宗と、道元が伝えた曹洞宗がありますが、いずれも経典の学習ではなく、坐禅によって直感的に悟りを得ることを重視します。

日蓮宗や浄土宗が人間の無力を前提とし、法華経や阿弥陀仏の功徳《くどく》による衆生救済を説くのに対し、禅宗は厳しい修行をおのれに課し、個人の救済を目指します。上座部仏教的と言ってよいかもしれません。

鎌倉幕府、室町幕府、戦国大名も禅宗を保護しました。

また禅僧は漢文を自由に操れることから、幕府の外交官やアドバイザーの役割も担いました。

モンゴルによる南宋滅亡の情報も、彼らを通じて幕府にもたらされました。

戦国時代から江戸時代前期にかけて活躍し、日本朱子学の祖といわれる**藤原惺窩**《ふじわらせいか》も、京都・相国寺《しょうこくじ》の禅僧でした。

相国寺は、臨済宗の大本山で、「京都五山」の一つに数えられます。

惺窩が生きたのは戦国時代から江戸時代前期で、秀吉の朝鮮出兵で捕虜になっていた朝鮮の朱子学者・姜沆《きょうこう》との出会いも大きな影響を与えました。朝鮮王朝も、過酷なモンゴル支配を受けた反動から、朱子学を科挙の科目にしていたのです。

禅宗は「言葉では真理を伝えられない。ひたすら座禅し、体得せよ！」と教え、言語化や理屈を嫌います。これに対して朱子学は、徹底的に理論武装します。

惺窩は、この理論化に魅了されたようです。朱子学に傾倒した彼は、晩年は仏教を捨てて還俗《げんぞく》し、髪を伸ばして朱子学者になりました。

天下を統一した徳川家康は、朱子学を学ぶために惺窩を招きます。惺窩は高齢を理由に辞退し、代わりに弟子の**林羅山**《はやしらざん》を推薦しました。これより羅山は、家康の政治顧問として歴史の表舞台で存在感を発揮していきます。

羅山も、京都五山の一つ、建仁寺《けんにんじ》の禅僧でした。師の惺窩と同じように朱子学のおもしろさに目覚め、のちに僧侶を辞めてしまった人です。

家康に気に入られた羅山は、江戸幕府のさまざまな制度や儀式のルールを定め、朝鮮との外交文書の起草でも活躍しました。

家康が朱子学を公認したのには理由があります。

家康の最大の功績は、戦国時代を終わらせたことです。

そして、家康にとって最大の関心事は「二度と戦乱の世に戻してはならない」ということでした。

そのためには戦国時代のような下剋上はあってはならず、「君臣の別」で人々を

縛る必要がありました。そこに朱子学がピッタリとはまったのです。

羅山は長生きして、家康、秀忠《ひでただ》、家光《いえみつ》、家綱《いえつな》の四代の将軍に仕え、羅山の没後はその子孫が「林家《りんけ》」として徳川家の最高顧問のポジションに居続けました。

これが幕末まで続き、ペリー来航時の外交交渉にも林家が対応しています。

また、羅山は朱子学の学校を江戸の上野に開校しました。最初は林家の私塾でしたが、のちに幕府が召し上げて、幕府直轄の大学となり、湯島へ移って「昌平坂学問所《しょうへいざかがくもんじょ》」と改めました。これが東京大学の前身の一つであり、建物の一部は「湯島聖堂」として今も残っています。

ただし、幕府は科挙制度を採用しませんでした。幕府の官職は原則的に世襲です。**このため昌平坂学問所で教えられる朱子学はあくまでも教養にとどまり、日本人の血肉になることはありませんでした。**

これは、日本がモンゴル支配を経験せず、「夷狄」の蔑視という感情をほとんど持たなかったことと、深く関係しているのでしょう。

◉朱舜水の登場で再燃した「南北朝問題」

日本に伝わった朱子学の第一弾は、宋に留学した日本僧によってもたらされ、その影響は江戸時代の初期まで続きました。

三代将軍・家光の時、今度は明朝が農民反乱で崩壊し、これに乗じた北方民族の満洲人の清朝が中国を征服します。

この時、日本に逃れてきた明の避難民と共に朱子学が直輸入されたのが第二弾です。

清は、満洲人の習慣である辮髪《べんぱつ》を、漢人男性に強制しました。頭頂部と両脇を剃り上げ、後頭部だけ長く伸ばして三つ編みにするのです。

形は違えど、モンゴル人の辮髪も、日本人のちょんまげも同じようなものです。「髪を剃るのは蛮族」と考えていた漢人にとって、これはたいへんな屈辱でした。

「夷狄に屈するな！」と抵抗運動しましたが、清の騎兵隊に蹂躙されていきます。最後まで抵抗を続けたのが、台湾の鄭成功《ていせいこう》でした。

台湾の対岸の福建省は、「倭寇《わこう》」と呼ばれた武装商人団の本拠地でした。「朝貢以外、認めない」という明の貿易統制（海禁政策）に反発して、主に日本との密貿易を行っていた海賊集団です。

メンバーは中国人と日本人が入り混じり、東シナ海を勢力下に置いていました。強力な海軍を持たない明は取り締まりを断念し、彼らを正規軍に組み込むことで懐柔しました。

その倭寇の首領だったのが鄭成功です。父親は清の中国支配に抵抗して殺され、日本人の母親は自害しています。

「清は父母の仇《かたき》！」

「反清復明！」――清朝に抵抗し、明朝を復活する！

鄭成功は、亡父から引き継いだ3000隻の軍艦を率いて台湾へ渡り、亡命政権を樹立しました。これを「鄭氏台湾」といいます。

鄭成功は、母の祖国である日本の江戸幕府に国書を送り、援軍を求めました。

この鄭成功の手紙を持って、長崎に何度も足を運んだ外交官が朱舜水《しゅしゅんすい》です。

彼は朱子学者で、明朝を正統とする「正閏論」の立場から、鄭氏台湾に身を投じていたのです。

江戸幕府はこの要請を断りました。

豊臣氏を倒してようやく幕藩体制が整いつつあった時期に、勝算もない海外出兵をすべきでない、と考えたからです。

明朝復興の可能性は絶たれ、60歳を超えていた朱舜水は、幕府の許可を得て長崎へ亡命しました。

朱舜水（1600〜1682）

彼は朱子学者ですから、日本のこともモンゴルや清と同じ夷狄と思って見下していたでしょう。

ところが、日本史を研究するにつれ、その評価が逆転します。

「日本では、驚くべきことに易姓革命が一度も起きていない。わが中華では今回の明清交代のように何度も王朝が代わったが、日本では一つの王朝が続いている！」と褒めるのです。宋の太宗と同じ立場です。

朱舜水が特に注目したのは、天皇の「万世一系」が乱れた南北朝時代でした。「朱子学の正閏論から見ると、後醍醐天皇が本来の君主。その南朝に対し、逆賊の足利尊氏が北朝を立てて起こした戦乱が『南北朝』である。したがって後醍醐天皇の南朝に正統性がある。後醍醐天皇を最後まで支えた北《きた》畠《ばたけ》親房《ちかふさ》や楠木正成《くすのきまさしげ》は忠臣である！」と褒めるのです。

南北朝の内乱は、北朝側＝室町幕府側が勝利しました。それ以来今日まで、北朝の天皇が続いているのです。

徳川家も、北朝の天皇から「征夷大将軍」に任命されています。

ところが、**朱舜水は、朱子学の正閏論から「南朝が正しい！」と断言してしまった。これは実は、幕府にとっても危険思想なのです。**

◉問題の書『大日本史』の苦しいロジック

ところがよりによって、徳川家の重要人物に朱舜水に心酔する人が現れました。

水戸藩主の水戸光圀《みとみつくに》です。

家康は、室町幕府が内紛で崩壊したことを教訓として、徳川家の家督相続の順番を厳格に定めました。本家の直系男子が跡を継ぐ、という原則です。

さらには、もし本家に男子がいなくなった場合に備えて分家を置きました。和歌山の紀伊《きい》徳川家、名古屋の尾張《おわり》徳川家、そして常陸《ひたち》の水戸《みと》徳川家、これが「御三家」です。

水戸光圀は、水戸徳川家の2代目です。ということは、将軍候補でもあるわけで、その権威は絶大でした。

徳川光圀（水戸光圀）（1628〜1701）

光圀は18歳で司馬遷の『史記』を読んで感激し、日本史の編纂を志すほどの優秀な学者でした。彼は長崎亡命中の朱舜水の噂を聞くと、すぐに江戸藩邸に招き、本場の朱子学を学んだのです。

そして光圀は朱子学の理論に感服するとともに、日本史を正閏論の立場から書き直してみようという壮大な計画を立てます。

そのために**学者を集め、史料を集め、水戸藩の一大プロジェクトとして始まったのが、『大日本史』の編纂でした。**

神武天皇から南北朝統一まで、百代の天皇の伝記を集成したものですが、あまりに壮大な事業だったので光圀の生前には完成せず、明治時代になってようやく完成しました。

『大日本史』を貫く考え方は、「万世一系」と朱子学の正閏論ですから、南北朝では「南朝が正統」となります。

しかし「北朝は偽の王朝」とすると、その北朝から将軍に任命されている徳川家の権威も偽物となり、徳川家を支える水戸藩は困ります。

そこで『大日本史』では、こういう論理をつくり出しました。

「皇統の正統性とは、**血統＋三種の神器《じんぎ》**である」

「南朝も北朝も、皇統の男系男子だから血統的には問題ない。そして後醍醐天皇以来、三種の神器を保持していた南朝が正統である。

ところが南朝最後の後亀山天皇が、三種の神器を北朝の後小松天皇にお返ししたことで、正統性が北朝に移ったのだ」

いわば中華皇帝に正統性を与える「天命」を、三種の神器に置き換えたわけです。

三種の神器が自分の意思で動くはずはなく、実際には武力で争奪されていることを考えると、結局は「力がすべて」となりますから、苦し紛れの説明であることは否めません（「三種の神器」については、P.241参照）。

ともあれ、この壮大な歴史書『大日本史』が、幕末の討幕運動に大きな影響を与える水戸学に発展していくのです。

◉日本版「中華思想」の誕生

「中華と夷狄」をはっきり区別し、「夷狄」を下に置く朱子学では、モンゴル人も満洲人も日本人も「夷狄」です。

中国本土を平定した満洲人の清は、その正統性を説明するために、このような論法を使いました。

「『中華』とは、民族名ではなく、普遍性を持った文明のことである。中華文明を受け入れた民族は皆、『中華』になる。われら満洲人はすでに中華文明を取り入れた。よってわが大清帝国は、もはや『中華』である。だから漢人は反抗するな」

これは、清朝の五代雍正帝《ようせいてい》が出版させた『大義覚迷録《たいぎかくめいろく》』という書物の内容です。

「じゃあ、なんで辮髪なんですか？」と突っ込みたくもなりますね。

しかし、日本の朱子学者もまた、これとよく似た論法を使っているのです。

「江戸幕府が朱子学を公式採用し、日本も『中華』となった。ところが、中国では易姓革命が頻繁に起こり、最終的には夷狄である満洲人の支配下に落ちたではないか。万世一系の天皇が徳を持って治めてきた日本こそが、真の『中華』である」

林羅山ら日本の朱子学者は、このような「日本版の中華思想」を唱えたのです。

日本の朱子学者は、今度は日本から見た「夷狄」を探し始めます。それが琉球とアイヌでした。

琉球の国王やアイヌの部族長の使いを江戸に招いて、「『中華』である日本への『夷狄』からの朝貢」とみなしたのです。

日本のみならず、朱子学の中華思想は、朝鮮・ベトナムなど他のアジア諸国にも広がっていきました。

もっとも影響を受けたのが朝鮮です。その前の高麗《こうらい》王朝はモンゴル軍に蹂躙され、過酷な支配を受けてきました。

朝鮮王朝の建国者・李成桂《りせいけい》は明と結んでモンゴルから独立し、朱子学を採用しました。

「朝鮮民族は中華文明を受け継いでいて、エリート層は皆、漢文を書く。だから中華だ」と彼らはいい、明清交代後は「朝鮮こそ小さな中華である」という意味で「小中華」と自称しました。

おもしろいのは、日本と朝鮮の関係です。「自分たちこそ中華である」と主張し合う小中華同士は、どのような関係だったのでしょうか。

日本に対する朝鮮通信使の制度は、室町時代に始まります。

秀吉の朝鮮出兵以来、いつまた日本から侵略されるか戦々恐々としていた朝鮮王は、偵察を兼ねて、徳川家の代替わりごとに友好使節団を送るという名目で通信使を派遣したのです。

朝鮮使節団は軍勢を引き連れ、華美な衣装を着て東海道を練り歩き、江戸までやってきます。

これを幕府は、「朝貢使節」と見なしています。

この朝鮮通信使が、日本社会を観察してレポートをいくつも書いています。

大坂や名古屋、江戸の経済的な発展を見て賞賛しつつ、

「倭人は禽獣だ、汚れた血の民族だ」とこき下ろすのです。

「倭人は頭髪を剃り（ちょんまげ）、モンゴル人や満洲人の辮髪《べんぱつ》と同じだ」

「倭人は裸足に草履《ぞうり》や下駄を履き、靴を履くことも知らない」

「銭湯や温泉での男女混浴は、淫猥《いんわい》の極みだ」


まさに、朱子学に影響を受けた小中華同士のマウントの取り合いです。


ただし、日本と朝鮮には大きな違いがありました。

朝鮮は明に倣《なら》って科挙で朱子学を出題し、この差別思想を頭に叩きこんだエリート官僚ヤンバン（両班）が政権の中枢を独占しました。

彼らは陽明学や西欧思想を異端として弾圧し、19世紀にアジアに侵略の手を伸ば

してきた西欧列強に対しても「夷狄だ」「禽獣だ」と侮蔑し、近代化への努力を怠りました。

一方の江戸幕府は科挙を採用せず、官職は基本的に世襲です。ですから、朱子学を真剣に学んだ人はほんの一握りでした。

骨の髄まで朱子学に染まることはなく、むしろ陽明学や蘭学などさまざまな思想が共存して切磋琢磨ができた結果、ペリー来航後の急速な西欧化、近代化にも柔軟に対応できたのです。

朱子学一色に染まらなかったことは、日本にとって幸いだったのです。

◉主君を捨てて親孝行——日本陽明学の祖・中江藤樹

次に、日本における陽明学について見ていきましょう。

陽明学は初め書物の形で日本に伝わり、禅宗の僧侶たちに読まれていたはずですが、江戸時代初期の中江藤樹《なかえとうじゅ》により、庶民レベルにまで広がりました。

中江藤樹（1608〜1648）

中江藤樹は近江《おうみ》国出身。

祖父の家に養子に入り、伊予（愛媛県）の大洲《おおず》藩士となりますが、故郷の年老いた母への孝行のため帰郷を願い出ます。

それが許されず、「主君への忠義を取るか、母への孝行を取るか」を迫られた末、武士の身分を捨てて母親のもとに帰ってしまうのです。

侍としての主君への忠義よりも、母への思いを優先する、そんな母思いの人だったのです。

帰省後は近江で母を養いながら学問研究に没頭します。最初は朱子学から始めましたが、杓子定規《しゃくしじょうぎ》で心が感じられない朱子学に違和感を覚え、次第に離れていきます。母親思いのエピソードを考えれば、当然のことでしょう。

人間が行動を起こす時、ただ「上からの命令」に従おうとする人と、「自分がどう感じるか」に従おうとする人がいるとすれば、藤樹は後者のタイプです。

彼は、「自分の感情」がどこから生まれるのかを突き止めようとして、陽明学をベースに独自の宗教思想を生み出しました。

「この宇宙全体を治める神が存在し、その神は私たちの中に宿っている。私たちの感情とは、その神の声なのだ」というものです。

宇宙全体を治める神のことを、藤樹は「大乙《だいいつ》」と名づけ、「大乙を信じ、内面の道徳性に従うべき」と説きました。

これは一神教に近い考え方であり、また「内面の声に従う」という点では、古代ギリシアの哲学者ソクラテスが同じことをいっています。

藤樹が陽明学と出合ったのは、晩年のことです。陽明学が説く「湧き起こる感情に従え」は、まさに自分の生み出した「大乙思想」と合致すると気づいたのです。

こうして思想的な完成を遂げた藤樹は私塾「藤樹書院」を開き、侍から農民まで、身分に関わらず誰にでも教えました。これが日本での陽明学の始まりです（図4-3）。

「近江聖人《おうみせいじん》」の噂を聞いて、遠方から教えを聞きにくる者たちもいました。備前《びぜん》岡

■4-3　日本における朱子学と陽明学の立ち位置

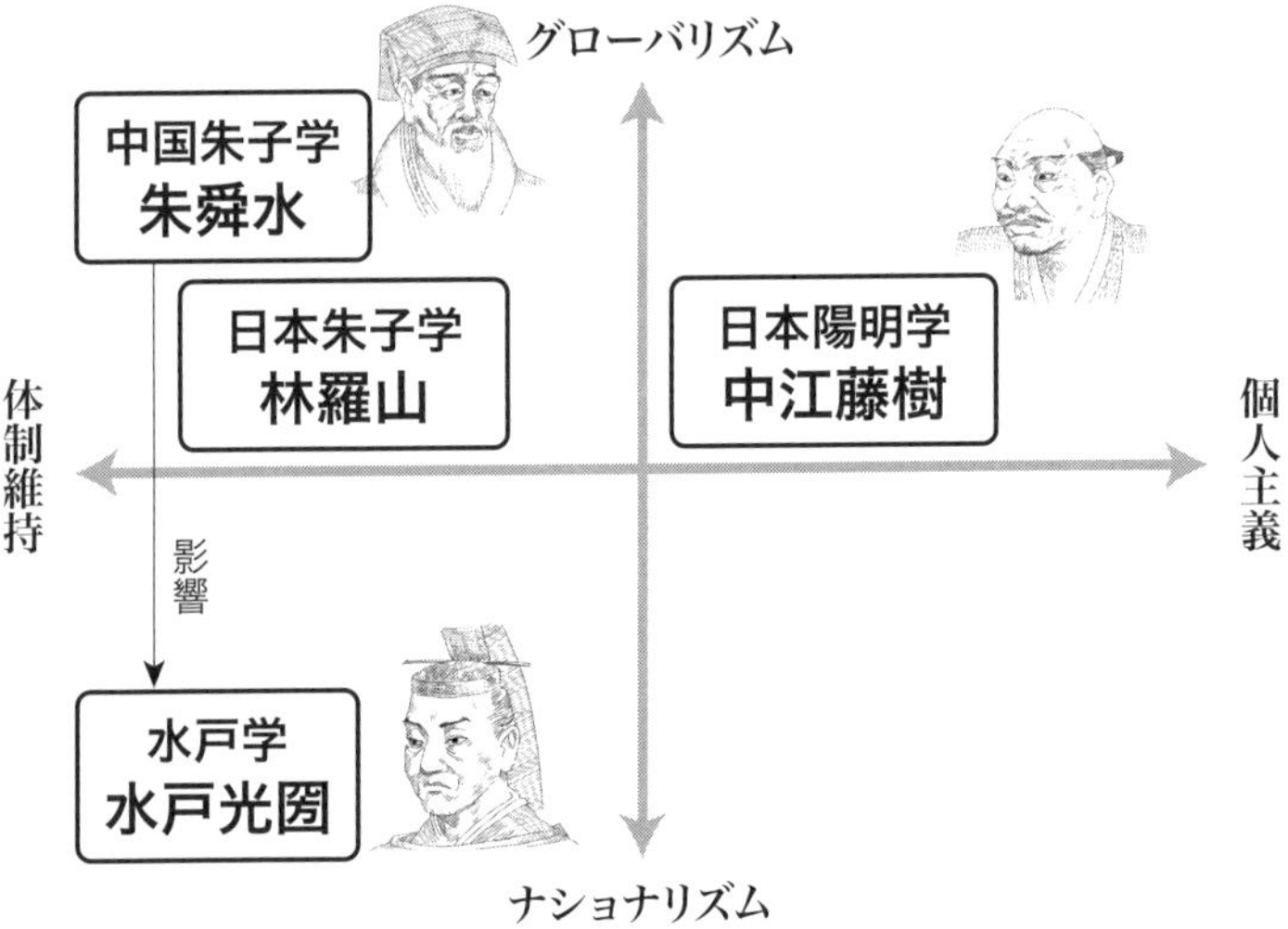

山藩に仕える熊沢蕃山《くまざわばんざん》もその一人です。

蕃山は岡山藩の藩政改革にも取り組んだ人であり、諸大名が蕃山を招いて教えを乞うたほどの有名人でした。

幕末の志士の多くも陽明学を学びました。大塩平八郎、佐久間象山《さくましょうざん》、吉田松《よしだしょう》陰《いん》、高杉晋作、西郷隆盛……、枚挙にいとまがありません。

彼らが陽明学を好んだのは、現実を直視し、変えていこうとする学問だからでしょう。ファンタジーに逃避し、現実を見ない朱子学では、時代の変化に対応できないのです。現実に立脚した陽明学の政策提言のアプローチが、彼らの心を捉えたといえます。

朱子学を科挙の科目にした中国や朝鮮では、陽明学を異端として弾圧しました。しかし**江戸幕府の言論統制は緩く、日本でこそ陽明学は発展できたのです。**

また、江戸時代が地方分権の幕藩体制だったことも重要です。

幕府が全国を一律に管理していたわけではなく、約300いた大名の領地である「藩」の自治に任せる連邦国家のような体制でした。だから、岡山藩のように、藩が独自に陽明学を採用することもできたのです。

幕府は隠密《おんみつ》（スパイ）を派遣して調査はしますが、幕府への脅威にならない限り、幕府が藩の政治に口を出すことはなかったのです。

◉「儒学の古典」で朱子学のファンタジーを論破

朱子学への批判として陽明学が生まれたわけですが、陽明学は「私はこう思う」という各人の心が出発点なので、「いや、私はそうは思わない」と反論されたら、それを論破するのは難しくなります。

そこで、**誰もが納得できる根拠や論拠をもとにした朱子学批判のアプローチ**が登場します。

それが、儒学の古典である『論語』や『孟子』を根拠とする**古学**です。

これと似たような学問は明・清でも生まれ、**考証学**と呼ばれています。

古学を始めたのは、江戸時代初期の儒学者、山鹿素行《やまがそこう》です。

山鹿素行（1622〜1685）

福島の会津若松に生まれた素行は、江戸に出て林羅山から朱子学を学びました。

他にも神道、兵学、軍事を研究し、のちに「山鹿流兵法」を編み出しました。

幕末にこの山鹿流兵法を学んでいた吉田松陰が、ペリーの黒船来航を目撃して、もはや伝統的兵法ではアメリカに勝てない、と悟ったのは有名な話です。

素行はあらゆる学問を遍歴する中で、朱子学に疑いを抱きました。儒学は、孔子が生きた春秋戦国時代に始まり、時代が下るにつれ中身が変貌しています。

南宋の朱熹が始めた朱子学のあの異様な差別の体系は、古典のどこに典拠があるのか？　商業蔑視や男尊女卑が、どの古典に書かれているのか？　それは朱熹がつくりあげた妄想ではないのか？

『聖教要録』で公然と朱子学批判を行った素行は幕府のブラックリストに載せられ、江戸から追放されて瀬戸内の赤穂藩《あこう》（兵庫県）に預けられました。素行が赤穂で書いた『中朝事実』は、日本こそが文明国＝中華だとし、幕末の吉田松陰にも影響を与えます。

ところが、ここでおもしろいのは、赤穂藩主の浅野長直《ながなお》が素行に心酔し、素行をアドバイザーにして藩政改革を始めるのです。

江戸時代の日本が、完全な地方分権だった証です。今も有名な「赤穂の塩」は、この浅野長直が奨励して藩の財源にしたものです。

名君と讃えられた長直の孫が、江戸城中で傷害事件を引き起こした浅野長矩《ながのり》、通称の「浅野内匠頭《あさのたくみのかみ》」とは、浅野家が世襲していた官職名です。

芝居『忠臣蔵』では、赤穂浪士の討ち入りに「山鹿流陣太鼓」が出てきますが、この事件を機に浅野氏は領地没収になってしまいました。

この赤穂浪士事件は重要なので、あとでまたお話ししましょう。

◉身分を超えた「真の教養」を学ぶ庶民

素行と同時代の伊藤仁斎《いとうじんさい》も「古典に戻れ」と訴え、庶民に教えを広めた人でした。

伊藤仁斎（1627〜1705）

仁斎は京都の豪商の出身です。彼も最初は朱子学から入りました。

しかし、朱子学の説教じみた道徳論にうんざりし、「朱子学には真心がない」と批判に転じます。

このあたりは、中江藤樹や山鹿素行と同じです。

仁斎が非凡だったのは、古典である『論語』や『孟子』を原文でスラスラ読めたことです。古代の漢文はそのままでは読めないので、通常は後世の中国の学者がつけた注釈を参考にして読みます。

しかし、仁斎は注釈なしで原文を読み、「これはこう読むべき。注釈が間違い」と指摘することができました。

こうして、古典本来の意味解釈を積み上げていったのです。

仁斎は、古典が伝える本来の意味を正しく読み取ろうとする学問を古義学《こぎがく》と名付けました。山鹿素行の「古学」とほぼ同じ意味です。

そして古典の中でも『論語』を「最上至極宇宙第一の書」とまで呼んで絶賛し、『孟子』はその解説書に過ぎないと位置づけました。

彼は京都・堀川の屋敷を開放し、「古義堂《こぎどう》」を開き、ここは「堀川学校」とも呼ばれました。仲間の商人のみならず公家までもが学びに訪れ、みんなお茶菓子を持参して、身分を超えた議論が交わされた自由な空間でした。

読み書きそろばんを教える寺子屋とは違って、『論語』を読もうというくらいですから、かなりレベルの高い塾です。

そこに、学びたい人が集まって勉強するのです。**立身出世のための試験勉強ではなく、知的好奇心を満たすため、ただ楽しいから学びに来る。**

中江藤樹の藤樹書院、伊藤仁斎の堀川学校。江戸時代にはこうした私塾が日本中にありました。

これこそが本当の教養というものですし、江戸時代の日本人の知的水準を示すものだと私は思います。

◉荻生徂徠と「徂徠豆腐」

儒学はもともと、周王朝を手本に国家運営について教える学問でした。古典へ戻り、そこから得た知識をもとにして江戸幕府が抱える現代的な課題を解決しようとしたのが、江戸時代中期の荻生徂徠《おぎゅうそらい》でした。

荻生徂徠（1666～1728）

「徂徠豆腐《そらいどうふ》」という落語があります。こんなお話です。

元禄《げんろく》時代、芝の増上寺の近くで私塾を開いた荻生徂徠という若い儒学者がいた。

弟子は集まらないが、本を買うために生活は困窮し、毎日通りかかる豆腐屋から豆腐一丁を買い、カネがないからツケにしてくれという。

豆腐屋は貧乏学生をあわれみ、握り飯を持って来ようとするが、徂徠はいう。

「施しは受けぬ」と。

「先生、握り飯を豆腐だと思ってくだせぇ」と豆腐屋。

「明日からは、豆腐作りで出る搾りかすのオカラを持ってきますから。これは売り物ではないオカラの握り飯ですから、お代はいただきません!」

徂徠は毎日このオカラを食べて、学問に励んだ。

やがて赤穂浪士の討ち入りがあり、江戸の街が騒然とする中、徂徠は姿を消す。

さらには芝で火事があり、豆腐屋は全焼してしまう。

避難先で呆然としていた豆腐屋の前に、立派な身なりをした徂徠が現れる。

「豆腐の礼に、豆腐屋の店を再建させていただきました」

徂徠は幕府の高級官僚である旗本として登用されていたのだった。

「豆腐ごときのお礼に、こんな立派な店を受け取ることはできません!」

と恐縮する豆腐屋。徂徠は答える。

「いや、そうではない。あの店はな、店の形をしたオカラなのだ」

私はこの噺《はなし》が大好きです。身分を超えた江戸時代の人々の交流、人情、そして「粋《いき》」。「粋」というのは、「かっこよさ」です。

この噺の主人公である荻生徂徠は、群馬・館林《たてばやし》藩主の侍医《じい》の子に生まれました。父が藩主（のちの将軍・綱吉）の怒りを買って追放されたため、母方の実家である上総国《かずさのくに》（千葉県）に移住、ここから貧乏暮らしが始まります。

農業のかたわら読書に没頭し、20代後半で江戸に戻ると、芝の増上寺近くで私塾を開きました。

「徂徠豆腐」の貧乏学生とは、この頃の話でしょう。この間に徂徠は、中国の古典から儒学の本当の姿を知る古文辞《こぶんじ》学を学び、朱子学批判に転じました。

豆腐屋とのやりとりは創作にしても、身分を超えて人間として相手を尊重しようとした徂徠の人格がよく表れていると思います。

やがてその名声を知った五代将軍徳川綱吉の側近、柳沢吉保《やなぎさわよしやす》によって、30歳の若さで旗本に抜擢されます。

この少しあとに赤穂浪士事件が起こりました。

「主君の仇《あだ》を取った四十七士は忠臣である」という意見と、「幕府の許可なく他の大名を殺害するという実力行使に及んだのは、将軍家に対する反逆罪。処刑すべし」という意見が対立する中、「四十七士は腹を切れ」と言ったのが徂徠でした。

「仇討ちを許せば皆が真似をし、戦乱の世に逆戻りする。そうならないために幕府は仇討ちを禁じている。だが、主君の屈辱を晴らしたいという忠義の気持ちはよくわかる。だから武士としての名誉の最期、切腹を命ず」という裁定でした。

晩年の徂徠は八代将軍徳川吉宗《よしむね》の政治顧問に抜擢されました。幕府の財政難に頭を悩ませていた吉宗に、徂徠が提出した答申書が『政談《せいだん》』です。

まずは最大の無駄である参勤交代を廃止する。武士はもともと農民だったのだから、武士を復農させて市場経済に参加させる。

そして、景気回復のために通貨を大量に発行する。今でいうデフレ対策です。

これらの施策を示したのです。

このように、徂徠が現実的な施策を提示できたのは、徂徠自身が藩医の家柄から一旦は落ちぶれて、貧困生活を経験したことが大きく影響していたといえます。頭でっかちの朱子学者とは違うのです。

徂徠の『政談』は、**「経世済民《けいせいさいみん》」**の思想につながっていきます。「儒学は、実際に人々の役に立ち、人々の暮らしを豊かにするための学問である」という考え方です。「経世済民」すなわち「世を経《おさ》め、民を済《すく》う」が、「経済」の語源です。

朱子学を批判して左遷された山鹿素行のような人もいれば、逆に幕府に重用された徂徠のような人もいます。

ここが江戸幕府の臨機応変、寛容さだったのです。

その時々の政権が、「このラインなら問題ない」「ここまでいったら脅威となる」と、その都度判断を下していたわけです。

■4-4　百花繚乱な「江戸の思想」

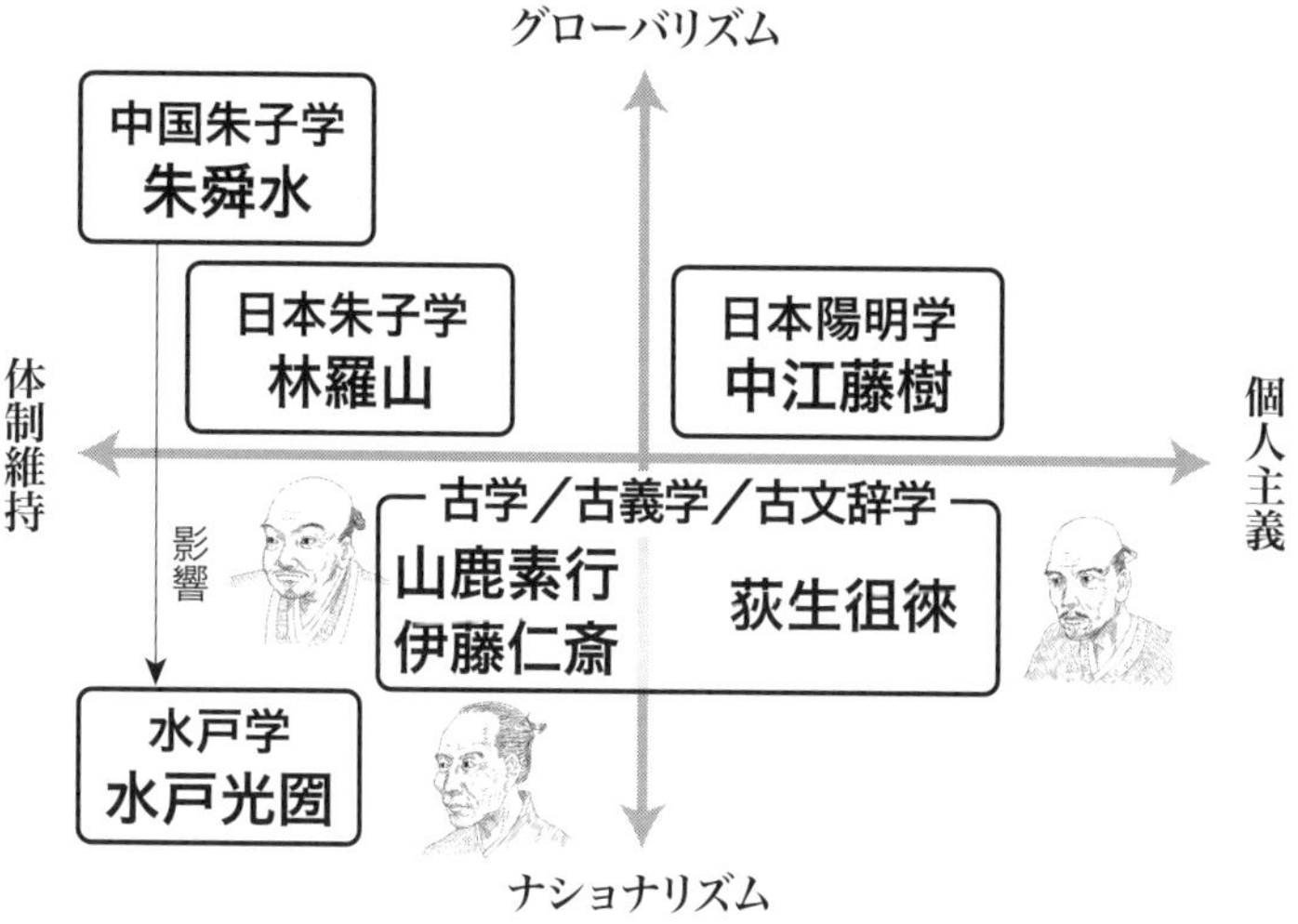

この寛容さがあったからこそ、江戸時代には儒学だけでもさまざまな学派が許されていました（図4－4）。

●赤穂浪士は、「正義」なのか？

元禄15年に起こった赤穂浪士事件は、赤穂藩士が主君の仇討ちをした事件で、太平の世を揺るがした大スキャンダルでした。

江戸城内に朝廷の使いを迎える儀式で、接待役を任されたのが赤穂藩主の浅野内匠頭（長矩《ながのり》）でした。

その指導役だった吉良上野介《きらこうずけのすけ》は、度重なる浅野の不手際に怒りを爆発させ、浅野を罵倒します。

それに遺恨を抱いた浅野が、元禄14年3月、江戸城内で吉良に斬りかかり、額にケガを負わせてしまいました。

江戸城内での抜刀は、将軍に対する反逆罪です。浅野は即日、切腹を言い渡され、浅野家は取り潰されました。

一方の吉良は、被害者としておとがめなし。

この結果に不服の赤穂浪士が、吉良への復讐を企てます。翌元禄15年の12月の未明、47人が吉良屋敷に討ち入りし、吉良の首を討ちとって主君の仇を取ったのです。

この時代、幕府は仇討ちを禁止していました。幕府の法律よりも主君の仇討ちを優先した浪士たちは自らの罪を認め、全員切腹。

この赤穂浪士事件は、江戸で実行された大規模な仇討ちとして注目を集めました。

庶民は赤穂浪士に喝采し、事件をテーマとした歌舞伎『忠臣蔵』が大ヒットしました。ここでは吉良が徹底的な悪者として描かれています。

しかし、吉良は幕府に命じられ、朝廷からの使いの出迎え方を浅野に一生懸命に教えたのに、浅野は要領を得ない。叱りつけたら、逆に斬りつけられた。

その挙句、浅野の臣下に襲われて殺されて……。

吉良は、地元では名君として有名です。「主君の無念を晴らした仇討ち」という美談も、見方を変えれば違った話になります。

◉江戸幕府がオランダとの貿易を認めた理由

江戸時代中期には、西洋思想を学ぼうという蘭学（オランダ学）が誕生します。

ここではまず、「なぜオランダなのか？」という話から始めましょう。

日本に最初にやって来たヨーロッパ人は、戦国時代に種子島に漂着したポルトガル人です。

スペインとポルトガルはカトリック教国です。

スペイン王がポルトガル王を兼ねたことで、両国は連合王国となりました。

ポルトガルはアジア・アフリカ諸国へ、スペインは中南米とフィリピンに宣教師を送り込み、現地の神々を「邪教だ」といってキリスト教に改宗させ、同時に軍隊を送って征服したのです。

そうした情報が日本に伝わってきていたので、秀吉はポルトガル人宣教師を追放しました。これがバテレン追放令です。

オランダはスペインの飛地であり、スペインからの独立戦争を長く戦っていました。

カトリックのスペインに対抗するため、オランダ人は宗教改革を支持し、プロテスタント（カルヴァン派）に改宗していました。

イギリスも、カトリックを離れて独自のイギリス国教会を打ち立てました。

この英・蘭両国のプロテスタント陣営が、スペイン・ポルトガルのカトリック陣営と、世界中で激突するようになったのです。

プロテスタント（新教徒）は教会への寄進ではなく、勤勉を天国への道と教え、商工業者に支持されました。

彼らにとっては貿易こそが信仰となったのです。

オランダとイギリスは東インド会社を設立し、スペインと戦いながら、アジア貿易に乗り出します。

関ヶ原の戦いで家康が天下を取る１６００年、豊後国《ぶんごのくに》（大分県）に漂着したオランダ船リーフデ号の乗組員が、日本に初上陸したオランダ人とイギリス人でした。

黒髪に黒い目のスペイン・ポルトガル人を日本では「南蛮人」と呼びましたが、金髪に青い目のオランダ・イギリス人を「紅毛人《こうもう》」と呼びました。

彼らは救助され、家康に尋問されました。そこで家康は、オランダがスペイン・ポルトガル連合と戦っていることを知ります。オランダ人が言いました。

「われらはスペイン・ポルトガルとは違い、われらの信仰を日本人に押しつけることはしない。望むのは貿易だけだ」

それを聞いて家康は喜び、オランダ・イギリスとの貿易を許可しました。

その後、オランダとの競争に敗れたイギリスは東アジアから撤退し、オランダが幕末まで日本との貿易を取り仕切ることになったのです。

ただし、幕府もオランダ人を１００％信じていたわけではありません。長崎の海上を埋め立てて造った出島にのみ居住を許し、貿易を管理しました。

幕末のペリー来航で開国するまで、日本はヨーロッパ情報を長崎経由で入手していました。

オランダ語を習得した長崎奉行《ぶぎょう》所の役人が通詞《つうじ》（通訳）となり、幕府に報告していたのです。

年に一度、長崎のオランダ商館長から幕府に提出される報告書は、世界の動きを知るための重要な情報源でした。

「オランダ風説書《ふうせつがき》」と呼ばれた報告書は、日本語に翻訳されて老中たちに回覧され、いわゆる鎖国中も幕府の中枢メンバーは世界情勢に精通していたのです。

ペリーの黒船艦隊の来航についても、幕府はその前年の報告書で詳細を把握していました。

◉西欧グローバリズム――「蘭学」の日本上陸

オランダ貿易を通じて、日本にはヨーロッパの医学書や農業書などが入ってくるようになりました。

はじめ幕府はこれらの書物を警戒し、一般には出版させませんでした。

しかし、「西洋の優れた科学技術は積極的に学ぶべき」と考えた八代将軍の吉宗が、宗教書を除いて、技術書の翻訳書の出版を許可します。

この吉宗の命によりオランダ語を学んだのが、**青木昆陽**《あおきこんよう》でした。

昆陽は、京都・堀川学校を開いた伊藤仁斎の息子、伊藤東涯《いとうとうがい》に儒学を学び、幕府書物方に勤務します。今でいう国立図書館の司書ですね。

この頃、享保《きょうほう》の大飢饉が起き、米の不作が各地に大きな被害をもたらしていました。

飢饉から人々を救う作物としてサツマイモが重要であることを、昆陽は書物から学び、当時はまだ南九州の薩摩（鹿児島県）でしか栽培されていなかったサツマイモの普及を吉宗に上申。認められると、江戸の小石川の植物園でサツマイモの栽培に成功し、全国に広めていきました。

ちなみにサツマイモは、中南米の原産です。コロンブスの新大陸発見に伴い、スペインがヨーロッパに持ち込んだのをきっかけに、世界に広がりました。
日本にはポルトガル人経由で最初に薩摩に伝来したので、サツマイモと呼ばれています。

このあと昆陽は、蘭学者に転身します。吉宗の命を受けて今度は長崎通詞からオランダ語を学び、オランダ語の書物の翻訳に着手したのです。
オランダ語の書物を通じて、ヨーロッパの最先端の学問や技術を研究する学問を「蘭学《らんがく》」といいます。昆陽はその先駆け的な存在でした。

飛鳥時代以来、千年以上の長きにわたり、外国の先進文化は漢文（中国語）で学ぶのが常識だった**日本に、蘭学が入ってきたことは、「中華文明は絶対」という考え方を揺るがし、日本のナショナリズムをも刺激する**ことになりました。

昆陽に続く蘭学の先駆者をもう一人紹介しましょう。
オランダ語の医学書を翻訳した**杉田玄白《すぎたげんぱく》**です。

玄白は福井・若狭《わかさ》小浜藩《おばまはん》の藩医で、はじめは漢方医学を学びました。長崎オランダ商館から借りた解剖学書『ターヘル・アナトミア』を手に取り、オランダ語は読めないものの、そのリアルな解剖図にまず驚きます。

江戸の小塚原《こづかっぱら》刑場で死刑執行された遺体を譲り受けて解剖したところ、『ターヘル・アナトミア』の解剖図そのままであったことに再び驚き、前野良沢ら蘭学仲間と一緒にこれを翻訳して出版するに至りました。

これが『解体新書』です。

玄白は晩年、当時の苦労話を『蘭学事始《らんがくことはじめ》』という回想録にまとめました。オランダ語の辞書もなく、オランダ語通詞は長崎にいるため質問することもできず、翻訳は困難を極めた様子を生き生きと描いています。

日本で初めて、ヨーロッパの書物の本格的な翻訳に取り組んだ玄白。日本の蘭学は、まさにここから始まった、と言えるでしょう。

◉「ロシアの脅威」を日本人はどう受け止めたか？

ロシアは長くモンゴル帝国の支配下にあって、その騎馬戦法を学び、モンゴルの内紛に乗じて独立したのが1480年。日本でいえば室町時代のことでした。

それから約200年かけて、モンゴル・トルコ系の遊牧民や狩猟民が暮らしていたシベリアを徐々に飲み込み、17世紀後半のピョートル一世の時代には、ついにオホーツク海へと進出しました。

日本では江戸時代の前期、元禄年間にあたります。

もともと人口の少ないロシアがシベリア開拓に動員したのは、流刑者や少数民族、敵国の捕虜でした。

1771年、ハンガリー人の捕虜でカムチャツカ流刑地に送られたベニョフスキーという軍人が脱走します。

この男はロシア船を強奪して日本に寄港を求めますが拒否され、奄美大島に流れ着きます。そして、長崎のオランダ商館長に手紙を送り、こう訴えました。

「ロシアが蝦夷地の松前を占領するため、千島列島に要塞を築いている」

彼には虚言癖があり、どこまで信用できる情報かわからないのですが、この情報はたちまち日本の蘭学者たちに広まりました。


仙台藩医出身の工藤平助《くどうへいすけ》は、ベニョフスキー書簡を含むさまざまなロシア情報を集めて『赤蝦夷風説考《あかえぞふうせつこう》』を書きました。

「蝦夷」はアイヌ人ですが「赤蝦夷」はロシア人のことで、「赤ら顔の北方民族」という意味です。


これを読んだ幕府老中首座の**田沼意次《おきつぐ》**が、蝦夷地の開拓とロシアとの交易を計画し、最上徳内《もがみとくない》らの蝦夷地探検隊を派遣します。

しかし、積極財政による公共事業推進の「田沼政治」は、朱子学的な商業軽視、緊縮財政を是とする保守派の官僚たちから猛反発を受けます。

また、浅間山噴火の火山灰による寒冷化が「天明の大飢饉」をもたらしたため、蝦夷地開発どころではなくなり、田沼の失脚でこの話は消えました。

田沼を追い落として老中首座となった**松平定信**《まつだいらさだのぶ》は、「寛政の改革《かんせい》」で緊縮財政に転換し、昌平坂学問所では朱子学以外の講義を禁止しました（寛政異学の禁）。いよいよ異国船が迫ってくるというこの時期に、情報統制を好む朱子学者が幕府中枢を押さえてしまったのは、残念なことでした。

玄白の友人で『解体新書』の翻訳メンバーでもあった**桂川甫周**《かつらがわほしゅう》という人がいました。桂川家は代々、将軍の医官だった家で、彼は四代目です。甫周は毎年、長崎のオランダ商館長が江戸を訪れるたびに面会を求め、海外情報を仕入れていました。

その中で、「最近、ロシアが東に勢力を伸ばしている」という情報を聞きつけます。これは日本にとっても脅威でした。

1792年、ロシア軍艦が大黒屋光太夫《だいこくやこうだゆう》という漂流民を連れて蝦夷地（北海道）の根室に入港し、ロシア使者ラクスマンが幕府に通商を要求するという大事件が起こりました。光太夫は伊勢の回船の船頭で、船で江戸へ向かう途中で嵐に遭い、当時ロシア領だったアラスカのアリューシャン列島に漂着しました。

シベリアを横断してロシアの首都ペテルブルグへ至り、時の女帝エカチェリーナ2世の謁見を経て、帰国を許されたのでした。

ロシア側の狙いは、光太夫の返還と引き換えに日本と貿易することでした。オランダ以外との貿易禁止を理由に幕府はそれを許可しませんでしたが、それでも光太夫は無事に戻ってきました。

洋装をし、ロシア語を話せるようになっていた光太夫を尋問したのが甫周だったのです。彼は尋問記録を『北槎聞略《ほくさぶんりゃく》』にまとめました。

これは、ロシアに関する日本初の記録となりました。

茨城県の銚子沖にもロシア船のほか、米・英の捕鯨船が出没するようになり、水戸藩に集まるナショナリストたちを刺激します。

これが後期水戸学の過激化へとつながったことには、あとで触れましょう。

◉「早すぎた天才」高野長英の悲劇

この頃、ヨーロッパではフランス革命が勃発します。

浅間山噴火とほぼ同時に起こったアイスランドのラキ火山の噴火で、火山灰が成層圏を覆い、北半球全体が寒冷化した結果、農村が荒廃していたことが背景にありました（小著『ジオ・ヒストリア』笠間書院　参照）。

フランス革命の輸出を掲げてナポレオンが登場し、欧州諸国に革命戦争を仕掛けていきます。

島国イギリスはフランス革命軍の占領を免れますが、オランダは完全に蹂躙され、フランスの属国となりました。

海外のオランダ植民地や貿易拠点がフランスのものとなると、イギリス海軍はこれらに対する攻撃を開始します。

南アフリカやセイロン島、ジャワ島のオランダ植民地を占領したイギリス軍は、ついに長崎へ向かいます。

1808年、イギリス軍艦フェートン号がオランダ国旗を掲げて長崎に入港し、出島のオランダ商館員を人質に取り、水・食糧を奪って平然と出ていきました。

このフェートン号事件の責任をとって長崎奉行は切腹、長崎防衛の任にあった鍋島藩の家老も切腹します。

「オランダ風説書」を通じて遠く欧州で起こっていたナポレオン戦争の情報は幕府に伝わっていましたが、まさか長崎で英蘭が衝突するとは寝耳に水だったのです。

幕府は海防の急務を悟り、1825年に異国船打払令を発布します。オランダ船以外の異国船が接近したら、発砲して追い返せ、という内容です。

緊張が高まる中で、今度はモリソン号事件が起きます。

モリソン号はアメリカの商船です。ロシアが光太夫の返還と引き換えに日本との通商を求めたのと同じように、アメリカが日本人漂流民の送還を名目に、日本との通商を交渉するためモリソン号を日本に派遣しました。

1837年、江戸湾入口の浦賀に到着したモリソン号を、幕府がイギリス軍艦と誤認して砲撃してしまいます。

当時はまだ欧米諸国も木造帆船であり、モリソン号は武装していなかったため、退去しました。

このモリソン号事件は、「異国船打払令の成功例」のように見えました。

ところが翌年、オランダ商館からの報告により、事件の真相が明らかになったのです。

つまり、もし相手がフェートン号事件を起こしたイギリス軍艦だったら重大な結果を招き、江戸の防衛も危うくなっていただろうということです。

場当たり的な幕府の対応に警告を発したのが、蘭医の**高野長英**《たかのちょうえい》でした。

奥州伊達《だて》藩の分家、水沢藩の藩医の子として生まれた高野長英は、江戸で杉田玄白が開いた塾に入って蘭学を学びました。

さらに、長崎まで行ってシーボルトの鳴滝塾《なるたきじゅく》に学び、オランダ語論文を評価されて「ドクトル（博士）」と呼ばれています。

江戸に戻って渡辺崋山《わたなべかざん》らと尚歯会《しょうしかい》という学者のサークルをつくり、蘭学者も、儒学者も、国学者までも参加して自由な議論を行いました。

国学者としては水戸学の重鎮、藤田東湖（後述）もこれに参加しています。

モリソン号事件を受けて、長英は『戊戌《ぼじゅつ》夢物語』を書きました。

「相手構わず発砲すれば敵が増えるだけである。オランダ人から欧米の最新事情をもっとよく学ばなければならない。この先も欧米の軍艦の来航は増えるだろうから、幕府は軍の近代化と海防の強化が急務である」

長英は、この本が幕府批判と受け取られる危険を懸念し、「夢の中で、蘭学者がこんな議論をしていた」という設定で出版したのです。


ところが、**これが幕府の検閲に引っかかり、長英は尚歯会の仲間と共に逮捕されます(蛮社の獄)。長英は無期懲役の判決を受け、渡辺崋山は切腹しました。**


この弾圧事件を引き起こしたのは幕府の目付(公安機関のトップ)、鳥居耀蔵《とりいようぞう》です。鳥居は林羅山にはじまる林家の出身で、骨の髄まで朱子学に染まっていました。彼にとって、蘭学者は憎悪の対象でした。

「西洋かぶれの蘭学者を野放しにすれば日本が危うい。長英はスパイかもしれない」

その後、長英は牢獄の火災に乗じて脱獄し、名前を変え、薬品で顔まで変えて、蘭学者のネットワークに助けられながら、各地で潜伏生活を続けました。

この長い逃避行の間も、長英はオランダ語の書物の翻訳を続けました。四国の伊予宇和島藩(伊達藩の分家)に匿われ、砲術指導をしたこともあります。

数年後、「もう大丈夫だろう」と江戸に戻ったところを逮捕され、自害に追い込まれました。1850年、ペリー来航の3年前のことでした。

■4-5　蘭学を含めた江戸時代の思想全体図

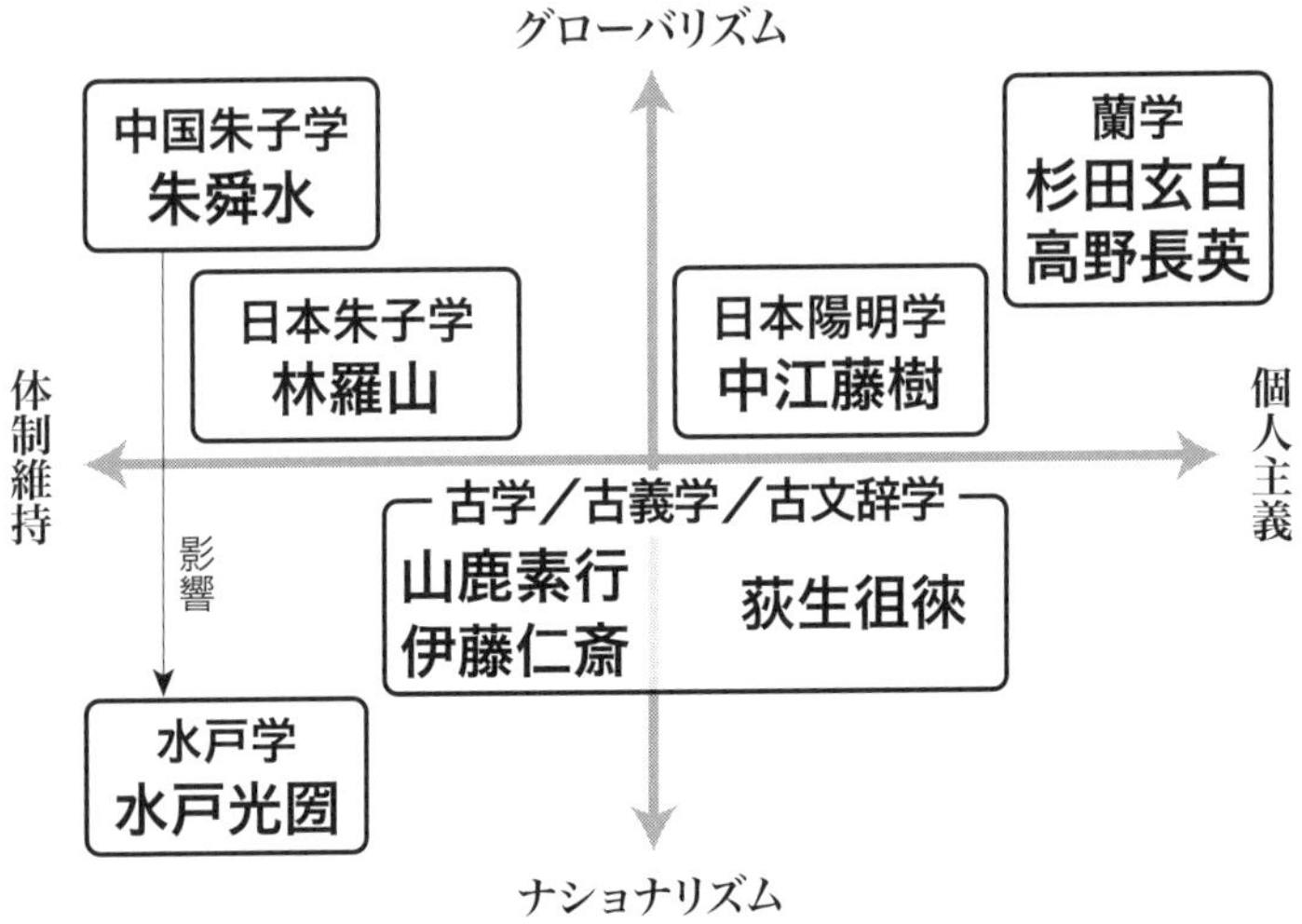

長英があと3年、生きていてくれたら、と思わずにはいられません。

幕府は開国に転じ、ペリーとの交渉に長英のような人物は必要ですから、名誉挽回したはずです。

国防について真剣に悩んでいた吉田松陰との出会いがあったかもしれません。

蛮社の獄を引き起こした鳥居耀蔵は、老中水野忠邦と対立して失職します。

彼は幕府の崩壊を見届け、明治初年まで長生きしました。世間からは完全に忘れられ、名もなき老人として人生を終えたようです。

コラム4 「三種の神器」とは何か？

『大日本史』では、皇統の正統性は、血統＋三種の神器（じんぎ・じんき）であるという理屈がつくられたと解説しました。

「三種の神器」とは、**アマテラスの鏡と勾玉《まがたま》、スサノオの剣**の3つの宝物のことで、歴代天皇の権威の象徴（レガリア）です。

このうち、勾玉と剣は、天皇の代替わり儀礼で使われ、次の天皇に継承されてきました。

- **八尺瓊勾玉《やさかにのまがたま》**……宮中で祀る。
- **八咫鏡《やたのかがみ》**……本体は伊勢神宮で祀り、形代《かたしろ》（レプリカ）を宮中で祀る。
- **天叢雲剣《あめのむらくものつるぎ》**……本体は熱田《あつた》神宮で祀り、形代を宮中で祀る。

源平合戦の時、安徳天皇を擁した平氏政権は三種の神器を持って西国へ逃亡し、壇ノ浦の戦いで幼い天皇は海中に没し、三種の神器は海に投じられました。

源氏側がすぐに鏡と勾玉を収めた箱を引き上げますが、剣はそのまま行方不明になっています。

のちに、熱田神宮の本体をもとに新たなレプリカの剣をつくり、宮中に納めました。

南北朝時代にも、双方が三種の神器を奪い合っていますが、最終的に南朝の後亀山天皇が手放して北朝の後小松天皇に引き渡し（1392）、北朝の歴代天皇がこれを継承して今日に至ります。

第5章

日本のルネサンス「国学」
（江戸時代初期〜幕末）

◉徳川幕府の懐にうまく入り込んだ「吉田神道」

この章では、江戸時代の思想の三つ目として「国学」を取り上げます。

儒学は古代中華文明、蘭学は同時代の西洋文明から学ぼうという学問でした。

これに対して国学は、日本人としての生き方を古代日本に求める学問です。古代日本とは、『古事記』『日本書紀』『万葉集』に描かれた飛鳥時代以前です。

江戸時代から見て飛鳥時代は1000年ほど前です。21世紀の現代から見て1000年前といえば、『源氏物語』が書かれた時代です。

それくらい遠い昔に書かれた古典を知る人は一部のマニアくらいで、その存在すら知らない人がほとんどだったはずです。

それらの古典を発掘し、まずは読んでみよう、と始まったのが国学です。

その前に、江戸幕府が日本の伝統的な宗教である神道をどのように扱っていたのかをおさらいしておきましょう。

江戸幕府は、室町以来の吉田神道を公認していました（P.148参照）。

全国の寺院を宗派別に整理して統制したのと同様に、全国の神社を統制するための法を定め、神社本庁的な役割を吉田神社に負わせました。

吉田家は元皇族の白川家と共に、全国の神社の取りまとめ役を世襲し、神職の任免権を握りました。

つまり、皇祖神アマテラスを祀る伊勢神宮を差し置いて、吉田神社が全国の神社を支配していったのです。

吉田神道は、神道の最高神である虚無《そらなき》太元《おおもと》尊《みこと》神《かみ》がまず存在し、その化身が仏だという一神教的な「神本仏迹説」をとっていました。

吉田神道の動きは実に政治的でした。朱子学を採用していた幕府が神道に対して抱く警戒心を和らげ、幕府にうまく取り入ったのです。

というのも、神道はどうしても天皇と結びつくため、神道の勢力が強くなれば、「本来、日本の統治者は天皇なのに、幕府がそれを奪い取ったのだ」という批判を生むおそれがあります（実際に幕末には「尊皇討幕」運動が起こりました）。

そこで幕府は、天皇や公家に対して禁中《きんちゅう》並《ならびに》公家《くげ》諸法度《しょはっと》という法律を定め、「天皇の仕事は儀式や歌詠みである。政治には関わるな」と釘を刺しました。

こうして、吉田神道は幕府に不都合な思想を抑え込みながら、幕府の懐に入っていったのでしょう。

吉田神道は、幕府にとっての天皇家封じ、皇族封じのような役割も担っていたと考えられます。

◉日本の古典復興「国学」の起こり

江戸時代の神道は、「神本仏迹」や「神儒一致」など仏教や朱子学の要素を取り込んだもので、神社の社伝や神官（神道家）が構築した理論によるものでした。

しかし、よく考えてみてください。

鎌倉時代に生まれた伊勢神道や、室町時代に生まれた吉田神道が、本当に古代日本の思想なのでしょうか？

実は後世、それぞれの時代の政治的な要請に応えて生み出された新しい理論だったのではないのでしょうか？

そこで、儒学において古代中国の思想に戻ろうという「古学」を学ぶ運動が起こったように、神道においても鎌倉期、室町期に書かれた書物ではなく、**古代に書かれた『古事記』『日本書紀』『万葉集』、あるいは『源氏物語』を読み直そうという運動が起こりました。**

これが国学の始まりです。

国学の先駆けは、江戸時代初期の真言宗の僧侶・**契沖**《けいちゅう》です。

契沖（1640〜1701）

契沖は、高野山で真言密教の修行を行いながら、漢文の仏典や書物、日本の古典を学びましたが、特に魅《み》せられたのが、『万葉集』と『源氏物語』でした。

『大日本史』の編纂事業を始めていた水戸藩は、『万葉集』の写本も収集していました。

印刷が普及する前の時代、古典は手書きで複写した写本の形で残されていました。そのため写し間違えも多く、表現や内容の異なる写本が数多く存在していました。

水戸藩主の光圀は契沖の名声を聞いて、水戸藩が収集した『万葉集』の写本を照合して、誤りを訂正する作業を依頼しました。

その集大成が、契沖の代表作となる『万葉代匠記《まんようだいしょうき》』で、『万葉集』注釈書の決定版です。

次が**荷田《かだの》 春満《あずままろ》**です。「春満」と書いて「あずままろ」。

奇妙な名前ですがこれは国学者としてのペンネームで、本名は羽倉信盛《はくらのぶあき》。京都・伏見《ふしみ》稲荷《いなり》神社の神官の家に生まれ、神道や和歌に親しみました。

荷田春満（1669〜1736）

春満は、契沖から『万葉集』を学んだあと、伊藤仁斎の堀川学校（P.216参照）に通い、古典に基準を求める古義学の研究手法を学びました。

元禄年間に江戸に移り住んだ春満は、神田明神の境内で国学を教え始めます。その教場跡には、「国学発祥の地」の碑が立っています。

朱子学を官学とした幕府は、それまで国学には無関心でした。

そんな幕府も春満が、宮中儀式や公家の慣習に詳しかったため、朝廷からの使いを出迎える儀式に関するアドバイザー役として採用しました。

のちに八代将軍吉宗は、春満に幕府書庫の蔵書を鑑定させています。

春満は、国学に関する吉宗からの質問に文書で答え、国学の学校建設の必要性を訴えていたようです。

幕府の儀礼を担当する吉良《きら》家にも春満は出入りしており、赤穂浪士は春満に接近し、吉良家の図面を手に入れたという説もあります。

◉「ますらを」こそが、日本人のアイデンティティ

春満の弟子が**賀茂真淵**《かものまぶち》です。祖先は京都加茂神社の神官の家系ですが、分家筋の

ため神官ではなく、浜松で農業を営んでいました。

賀茂真淵（1697〜1769）

国学を志した真淵は、京都の荷田春満に弟子入りします。江戸に出て田安徳川家（吉宗の次男）に仕え、古典調査のため日本各地を歩きました。

伊勢神宮参拝のため伊勢松坂《まつさか》に滞在中、本居宣長《もとおりのりなが》が会いに来て弟子入りしたのは有名な話です（このエピソードについては後述します）。

弟子がスケッチした真淵の肖像画が残っています。弟子曰く、

「普段は風変わりで頭の回転が鈍く見えるが、突如雄弁となり日本人としての真心がほとばしった」

……天才肌の奇人です。

真淵が重要視したのも『**万葉集**』でした。

飛鳥時代から奈良時代までの和歌を集めた日本最古の和歌集で、天皇、貴族から防人、農民までさまざまな身分の人々の歌を収めています。

ここには、仏教や儒教が伝来してくる前の日本人の精神が表れていて、それこそが日本人のアイデンティティである、と真淵は考えました。

真淵が『万葉集』に見た日本の精神とはどのようなものだったのでしょうか。

『万葉集』の歌は、大らかで、堂々としていて、男性的な力強さが特徴です。表現も、たとえば恋愛の歌なら「お前が好きだ！」と実にストレートです。

真淵は、それを一言で**「ますらをぶり」**と表現しました。

「ますらを」は「男性」を意味する言葉で、「ますらをぶり」は「男らしさ」という意味です。

平安時代に完成した『古今和歌集』以降では、同じ言葉に二つの意味を持たせる掛詞《かけことば》などの技法が使われた歌が多く、知的な印象を与えます。

その反面、『万葉集』のようなストレートな力強さは影を潜めています。

『古今和歌集』の作風を、真淵は「たおやめぶり」と表現しました。

「たおやめ」は「女性」を意味する言葉で、「たおやめぶり」は「女らしさ」という意味です。

奈良から平安へ、時代が進むにつれて「ますらをぶり」から「たおやめぶり」に変化していったわけですが、こうした変化はなぜ起きたのでしょうか。

それは中国から伝来した仏教や儒教の影響である、と真淵は考えました。

外来思想によって日本人本来の雄々しい「ますらをぶり」が骨抜きにされ、女性的な感性だけが「たおやめぶり」として残ったというわけです。

仏教や儒学などの外来思想を真淵は、「からくにぶり」と呼びました。「から(唐)」は中国・朝鮮など大陸諸国を指す言葉です。

「からくにぶり」を排除して、「ますらをぶり」を取り戻せ！

これが国学者、真淵の思想です。

「ますらをぶり」vs.「たおやめぶり」を論じたのが『にひまなび』という本です。「にひ」は「新しい」の意味で、「にひまなび」は「新しい学び」という意味です。

このように国学者は「ひらがなこそが、本来のやまとことばである」として、ひ

らがなを好んで使いました。

◉『古事記』を再発見した本居宣長

真淵が伊勢神宮参拝のために伊勢松坂《まつさか》に宿泊していた時、宿に訪ねてきたのが、**本居宣長**です。当時33歳、松坂で開業する漢方医でした。

本居宣長（1730〜1801）

宣長の実家は木綿商でしたが、読書に熱中して家業には興味がなく、父の死を契機に医師を志して京都に留学、荻生徂徠の儒学、契沖の国学を学びました。

宣長は自宅を「鈴屋（すずのや）」と名づけ、昼は一階で患者を診て、夜は二階で古典研究に没頭、求められれば講義も行いました。

本居宣長の鈴屋（著者撮影）
一階で医院を開業し、二階の物置部屋を改装して研究室にしていた。

松坂にある本居宣長記念館には、この「鈴屋」が移築、保存されています。

鈴は古代日本で祭祀に使われた道具で、宣長は鈴を愛しました。「鈴屋」には延べ500人の弟子が集まったのです。

こういった話は宣長の随筆『玉勝間《たまかつま》』に書かれています。

書物を通じて知り尊敬していた賀茂真淵先生が松坂に来た、と聞いた宣長は居ても立ってもいられず、真淵の宿を訪れて弟子入りを希望します。

二人が会ったのはこの一夜だけですが、以降、真淵は文通を通して宣長を指導しました。いわば通信教育です。

国学者としての宣長の仕事は、一つには『源氏物語』の研究でした。江戸時代の人々にはすでに読めなくなっていた古代日本語の仮名遣いの法則、係り結びの法則、漢字の音読みの法則などを次々に発見し、論文に発表していきます。

その集大成として宣長は、『源氏物語』の注釈書『**源氏物語玉《たま》の小櫛《おぐし》**』を出版し、**『源氏』に通底する「もののあはれ」が古典文学の本質であると論じました。**

「もののあはれ」とは、しみじみとした趣きや哀愁、他者への共感、弱者や敗者への憐憫《れんびん》、そしてすべては滅んでいくという無常観などです。

『源氏』と同時期に書かれた『枕草子』や、のちの『平家物語』『方丈記』にも「もののあはれ」が貫かれています。

◉「からごころ」に染まった日本人を嘆く

宣長のライフワークとなったのが、『**古事記**』の研究でした。

きっかけは、本屋で『古事記』の写本を手に入れたことです。しかしほとんど読むことができません。

『日本書紀』は完全な漢文で書かれていますが、『古事記』は漢文混じりの古代日本語で書かれています。

しかしこの時代、まだひらがなはありません。日本語の一音一音に同じ発音、あるいは同じ意味の漢字を当てはめた「万葉仮名《まんようがな》」を使っています。すべて漢字なので一見、漢文に見えますが、中国人はこれを読むことはできないのです。

これは、女神イザナミが、男神イザナギに呼びかけるシーンです。

「阿那《あな》、迩夜志《にやし》、愛袁登古袁《えをとこを》」

（意味：ああ、美しい、いい男よ）

宣長はこうやって一文字一文字、意味と読みを検討していき、実に34年の年月をかけて注釈書**『古事記伝』**を完成させせました。

この本の出版により、遠い昔に書かれた『古事記』を江戸の人々でも読めるようになったのです。

理論や理屈を使って説明することを「言挙げ（ことあげ）」といいます。

しかし共通の文化で結ばれた人々は、あえて言挙げしなくても以心伝心できます。言葉がなくてもわかり合えるハイコンテクスト社会は、まさに縄文的世界です。

「古代社会では、言挙げしなくても秩序が保たれていた」と宣長は考えました。

宣長が『古事記』に見た古代日本は、「天皇と人民が一体になった社会」でした。天皇が人民を支配するのではなく、「君民一体」であったといいます。

一方、易姓革命という名の王朝交代や異民族の侵攻が続いた大陸では、このような共同体は破壊されています。

暴力で権力の座に就いた者は、自分たちの正統性を言葉で説明しようとする。

つまり、**大陸では「言挙げ」が必要なのです。**

そこで生まれたのが儒学だと宣長はいいます。儒学とは要するに屁理屈《へりくつ》であり、本来は必要ないものだと。

たとえば、儒学の易姓革命論は、「今の君主が徳を失ったから、徳のある別の人間が天命を受けて新しい王朝を建てる」という理屈です。

しかし、その実態は「王位を奪い取る者、クーデターの首謀者が自己正当化のために使った偽善である」と宣長はバッサリ切り捨てています。

「人間は理性と肉体に分かれ、肉体は下劣だ」と論じる朱子学の二元論についても、「まったくの空想の産物、バカバカしい」と一笑に付しています。

こうした外来思想（からごころ）の屁理屈が飛鳥時代以降の日本人に染みついてしまい、おおらかな日本人本来の「やまとごころ」が歪められてしまった——。

宣長はこのように考えました。

「からごころ」を排除し、天皇と人民が一体だった本来の日本の姿、**すなわち「惟神《かんながら》の道」に戻るべきだ。**

すべては神々のご意思であり、それに従って自然に生きよ、ということです。

宣長が生きた江戸時代、エリートは皆、漢文を読んでいて、「からごころ」にどっぷり染まっていました。

宣長の理想とする社会とは程遠かったわけですが、宣長はそのような社会を変えようとしたのでしょうか。

いいえ、そうではありません。

「そうなってしまったのも神々のご意思」と受け入れたのです。

惟神の道では、暴力による体制転覆、社会改革や革命などは否定されます。人間が小賢しい知恵で今の社会を改革しようとするのは神々を軽んじることである。

宣長はそのように考えたのです。

これこそが、保守思想だと私は思います。

つまり、**長い時間をかけて紡いだものに最も価値があり、それを現代人の浅知恵で変えてはいけない、という考え方です。**

今の社会をどのように改善していく場合にも、まず過去の経験を歴史に学ぶことから始めます。

そして取捨選択して、時間をかけて少しずつ現状を変えていくというアプローチになります。

現状に不満があっても、それをドラスティックに変えようとしない。

急激で強引な変革は、更なる混乱と破壊を招きます。

現代人の浅知恵による「改革」や「革命」は、ろくな結果を招かなかったというのが、世界史の教訓です。

ところで保守思想と誤解、混同されやすいのが、「右翼思想」です。

「古くから残る価値あるものを現代にも生かす」のが保守思想であるのに対して、「古き良き時代に無理やり戻すために、現体制を破壊する」のが右翼思想です。

右翼思想には革命や暴力の肯定があり、この点では「現体制を破壊して、まったく新しい社会をつくり出す」という左翼思想、共産主義と同じなのです。右翼・左翼の歴史的起源については、小著『政治思想マトリックス』（ＰＨＰ研究所）をご参照ください。

本居宣長は江戸時代に生きた人としてはたいへんな長寿に恵まれ、71歳で他界。亡くなったのは、19世紀の最初の年、１８０１年でした。

死期を悟った宣長は、松坂郊外の山中を訪ねて山桜が咲く山頂を自身の墓所と定め、神道式の葬儀を行うよう弟子たちに遺言します。

「敷島《しきしま》の大和心《やまとごころ》を人問《と》はば　朝日に匂ふ山桜花《やまざくらばな》」

「やまとごころ」とは何かと問われれば、「朝日に匂う山桜花」と答えよう。山中で人知れず咲き、散っていく山桜。その美しさである、と。

◉江戸のレオナルド・ダ・ヴィンチ「平田篤胤」

宣長の著作を読んで心酔した一人の若者がいました。宣長はすでにこの世になく、その若者は夢の中で宣長に会い、入門を許されたとして、「宣長先生没後の門人」と称しました。平田篤胤《ひらたあつたね》です。

平田篤胤（1776〜1843）

篤胤は、秋田の久保田藩士の息子に生まれました。すでに東北の沿岸にはロシア船が姿を現していて、「北方からの脅威をどう防ぐか」が篤胤の関心事でした。学問を志した篤胤は20歳で脱藩し、江戸で肉体労働をする傍ら、まず蘭学を学びました。まずはオランダ語、次いでロシア語を学びます。

ロシアに関する情報収集にも熱心でした。そうした中で、宣長の本に出合います。ロシアから守るべき日本は、どのような日本なのか。守るべきは幕府なのか、藩なのか――。

宣長の本に触発されてたどり着いた答えは、

「『古事記』に描かれた美しい日本を守るべきである」

このあたりから篤胤は、国学へと傾倒していったのです。

宣長の古典研究が、『古事記』に特化して外来思想を排除する方向だったのに対し、篤胤の古典研究は『日本書紀』、祝詞《のりと》、古史古伝（神社に伝わる伝承）はもちろん、儒学の経典、仏教書、蘭学書、そして『旧約聖書』からコペルニクスの地動説まで（！）多岐にわたりました。

篤胤は、このような百科全書的な知識を参考にしながら、『古事記』『日本書紀』の内容を再構築し、『古史成文《こしせいぶん》』という本にまとめました。

ここまでくると国学者の域を完全に超えています。

あまりにブッ飛んでいる篤胤の研究は、『古事記』一筋で脇見を許さない宣長の門人たちから異端視されました。

その後、愛妻を病で亡くした篤胤は、亡き妻に逢いたい一心で霊界研究に足を踏み入れます。

『霊《たま》能《の》真《み》柱《はしら》』は、篤胤が本格的に霊界を論じた本、いわゆるスピリチュアル本です。

この本で篤胤は、**この天地万物をつくった神がいて、その名はアメノミナカヌシ（天之御中主）である**と書いています。

『古事記』の最初に登場し、すぐに隠れてしまった謎の神ですが、伊勢神道では「伊勢外宮のトヨウケ大神＝アメノミナカヌシ」と説明していました（P.１４８参照）。

そのあと、イザナギ、イザナミ、アマテラスが登場し、この天孫一族が地上世界を支配するのですが、これが今、我々が生きている現実世界すなわち「うつしよ」である、というわけです。

ところが篤胤は、目には見えないもう一つの世界があるといいます。これが霊界すなわち「かくりよ」であり、アマテラスに地上の国を譲ったオオクニヌシが支配する世界です。

では「かくりよ」はどこにあるのでしょうか。

篤胤は、「うつしよ」も「かくりよ」も、同じ世界にあるといいます。単に「見える世界」か「見えない世界」かの違い。亡くなった人の魂は、こちらからは見えないけれど、同じ世界に留まっている。

それが「かくりよ」だというわけです。

亡き妻がいる「かくりよ」への思いが募る篤胤は、ついに、霊界に行ったことがあるという謎の少年、「天狗小僧寅吉《てんぐこぞうとらきち》」と出合います。

江戸に住む少年・寅吉は幼少時より、なくし物を探し当てたり、近未来を予知する能力がありました。

上野寛永寺で遊んでいた時、薬を売る老婆に声をかけられ、その老婆の導きで天空を飛び、各地の聖山を訪れ、占いや呪術、医学の修行をしたと証言したのです。

現代なら「UFOに拉致された」、とでも解釈されるでしょうが、江戸時代の人々はこう噂しました。

「寅吉は、天狗にさらわれたのだ……」

興味を持った篤胤は、寅吉を養子に迎えて徹底的な聞き取り調査を行い、その証言を『仙境異聞《せんきょういぶん》』という本にまとめました。

篤胤のオカルト研究は、のちに柳田國男《やなぎたくにお》や折口信夫《おりくちしのぶ》が継承し、民俗学となりました。篤胤は民俗学の祖でもあったのです。

晩年は、インド古代史、中国古代史、暦学、ラテン語、神代《じんだい》文字の研究にも手を出し、万能ぶりを発揮します。こうしてみると、国学者という肩書は篤胤の一面にしかすぎないことがわかります。

30歳で開いた私塾の門弟は500人、著書が100冊。「布団で寝るのは5日に一度。それ以外は常に机に向かって書き、疲れると机で仮眠していた」とは門人の新庄道雄の言葉です。

篤胤が何者かを一言で表現するならば、万能の天才、もしくは日本版レオナルド・ダ・ヴィンチといっていいでしょう。

こんな異才を師に持った弟子たちは大変です。多方面へと際限なく展開する篤胤の研究についていける人はいないでしょうから。

ですから、弟子たちは篤胤の業績のそれぞれ一部だけを継承しました。

そのうち、神道部分を受け継いだのが「復古神道」です。

◉超ラディカル「復古神道」の誕生

復古神道は、幕府公認の神仏習合的な吉田神道を否定し、外来思想である仏教や儒教の要素を取り除こうという神道です。

幕末の社会不安の中で、平田国学に影響されたさまざまな運動が神道界で起こりました。その特徴は**「霊界」との交信、言葉や数字の神秘的解釈（ことだま・かずたま）、神道の一神教的な解釈、天皇崇拝、仏教排斥**などです。

これが薩摩藩（鹿児島）・長州藩（山口）による倒幕を正当化し、明治維新の原動力となり、また廃仏毀釈《はいぶつきしゃく》運動（後述）につながりました。

そもそも薩摩藩島津家と長州藩毛利家は幕府の臣下にすぎない大名であり、主君にあたる徳川将軍家に盾突くことなど許されないはずです。

薩長両藩が倒幕の狼煙《のろし》を上げるには、論理的な根拠が必要でした。

彼らが拠り所にしたのは、神話時代からつながる天皇の権威です。

「日本は古来より天皇が統治してきた。本来、日本の統治者は、将軍ではなく、天皇である。天皇の統治権を奪い取った徳川幕府は逆賊である。だから幕府を倒して、統治権を天皇にお返しする」

維新後は復古神道系の人々が、キリスト教に対抗すべく、「国家神道」の確立を明治政府に働きかけていきます。

その中心が、**神仏習合の禁止**でした。

それまで仏教と神道が融合して渾然一体《こんぜんいったい》となっていた状態から、仏教色を排除し、純粋な神道に戻そうというのです。

つまり、日本の神話から仏教や儒教などの余計な要素を排除して、純粋な神道に基づいた天皇の政治を取り戻そうとしたのが、復古神道だったのです。

明治元年、明治政府は神仏分離令《しんぶつぶんりれい》を発布し、これが日本各地で過激な廃仏毀釈《はいぶつきしゃく》運動へとつながっていきました。

「毀釈」とは、釈迦の教えを棄却するということです。神社内にある寺院や仏像が破壊されたり、「○○権現」「○○明神」といった仏教由来の名前が元の名に変更されたりと、神道から仏教的要素が強引に排除されていきました。

これにより神仏習合の名残の多くは根絶され、神社は神道の、寺院は仏教の施設になったのです。

廃仏毀釈運動は、日本の伝統文化の真髄である多様性の崩壊を意味し、「文化革命」ともいうべき運動でした。

こうして見ると、維新前後に政治権力がかなり強引に伝統宗教をつくり変えていったことがわかります。

明治の国家神道の誕生です。

国家神道とは、明治政府の下で伊勢神宮を頂点とした神社の神々の信仰・祭祀と天皇崇拝・皇室祭祀を結びつけて形成された、「近代の神道」なのです。

これについては第8章でもお話ししましょう。

このように平田国学は、確かに復古神道に大きな影響を与えました。

■5-1　国学のマトリックス

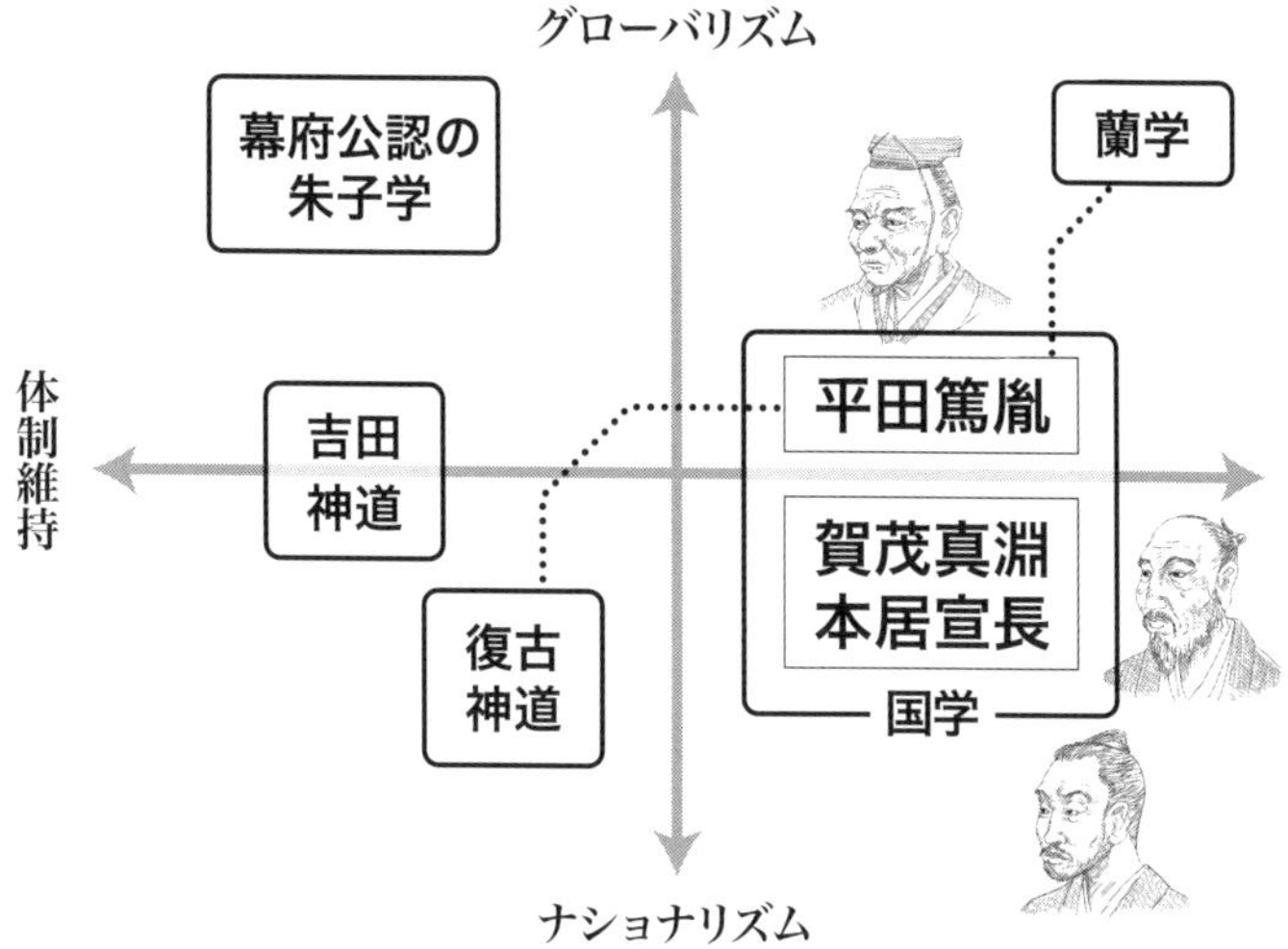

このため平田篤胤は、近代の超国家主義、ファシズムの思想的源流のように誤解され、危険な思想家のように思われています。

しかし平田篤胤の本質はコスモポリタン（世界市民主義者）であり、世界宗教の融合を考えていた節もあります。

彼が復古神道や国家神道を見たら、嘆いたことでしょう。

ここまで、外来思想に対抗する形で誕生した国学と、そこから派生した復古神道について見てきました。その全体をまとめたのが図5－1です。

幕末の倒幕運動の根底に復古神道があったのは間違いありませんが、実はそれよりも強く影響を及ぼしたのは朱子学の強い影響を受けた水戸学であると私は考えています。

ここから、神道と合体しながら過激さを増していく日本の朱子学について説明していきます。

◉孔子が日本に攻めてきたら……?

公式学問としての朱子学は、幕府の御用学者である林家が、江戸幕府の正当性を保証するために都合よく利用した〝なんちゃって朱子学〟でした。

それがなぜ倒幕運動と結びつくのか?

それに対して、朱子学に神道を融合させたのが、江戸時代前期に登場した朱子学者・**山崎闇斎《やまざきあんさい》**でした。

山崎闇斎（1618〜1682）

闇斎は臨済宗の僧侶から転向した朱子学者ですが、誰かを論破するのが大好きで、敵も多かったようです。こういう議論好きが朱子学には向いているのでしょう。

江戸初期に**吉川《よしかわ》惟足《これたり》という神官が、幕府公認の吉田神道に朱子学を加え、「神儒一致論」を説きました（吉川神道）**。吉川は、吉田神道の最高神とは、朱子学における宇宙の法則、「理」である、と説明したのです。

この吉川惟足に学んだ闇斎は、神道と朱子学の大義名分論とを融合させます。惟足はこれを喜び、**「垂加《すいか》神道」**と名づけました。

「垂加」とは、「神垂《じんすい》」＝神の降臨＋「冥加《みょうが》」＝神の加護という意味です。そして**大義名分論が貫かれたのは中国ではなく日本だ**、というのです。

大義名分論とは、「主君と臣下の区別をはっきりさせること」でしたね。これに従えば、臣下が主君に取って代わることは許されないわけです。

ところが、中国では暴力による王朝交代（簒奪《さんだつ》）が頻発し、それが「天命」という言葉で正当化されています。

ところが闇斎は、中国の易姓革命を「大義名分に反する」と否定し、「支那《しな》歴代王朝の建国者は、みな簒奪者なり」と切り捨てました。

一方、日本では万世一系の天皇統治が続いてきました。易姓革命のような簒奪を日本国で許してはならないし、天皇の地位を脅かす者は誰であろうと斬るべきだと闇斎はいいます。

たとえば、天皇になり代わろうとした蘇我氏も道鏡も斬るべきだったというわけです。

そして闇斎が弟子たちに問いかけた究極の質問――、もし孔子が日本に攻めてきたらどうするのか。孔子を斬るのか？

「君たちは儒学・朱子学を学び、孔子を師と仰いでいるが、もし孔子が日本に攻めてきたら、孔子のほうに寝返って天皇を見捨てるのか？」

戸惑った弟子たちが、「先生はどうされますか？」と問い返すと、闇斎はこう答えたのです。

「私は孔子を斬る。これこそ、主君である天皇に対する忠義なり」

こうして闇斎が神道と朱子学の大義名分論とを融合したことで、天皇の正統性を強調し、それを脅かす存在を排除しようとする過激な思想が生まれていきました。

◉水戸藩が抱えた「自己矛盾」

天皇を主君とする大義名分論に則《のっと》れば、こんな疑問も湧いてきます。

幕府とは一体何なのか。本来なら天皇がもつ日本国の統治権を、幕府が奪っているのではないか——。

こうして朱子学の大義名分論から幕府の正当性を疑問視する思想が台頭していきます。

これが水戸藩で広まり、倒幕の動きにつながっていくのです。

水戸藩は、将軍家を補佐する徳川御三家の一つ。江戸に最も近い水戸藩は参勤交代を免除され、水戸藩主は「副将軍」と呼ばれて江戸に常駐していました。

つまり、水戸藩は将軍家を、身をもってお守りする立場だったのです。

その水戸藩の二代藩主、「天下の副将軍」**徳川光圀が、亡命中国人・朱舜水の影響で朱子学に染まったこと**（P．202参照）**は自己矛盾であり、水戸藩の悲劇性はここに起因します。**

水戸光圀の命により、彰考館《しょうこうかん》で編纂が進められた『大日本史』は、まさに朱子学の「大義名分論」「正閏論」の観点から日本の歴史を再構築しようとした大事業でした。

ここに集まった学者たちが生み出したのが水戸学で、つまり**水戸学とは日本ナショナリズムが朱子学の大義名分論と融合したものなのです。**

『大日本史』は、南北朝の内乱における南朝（後醍醐天皇）の正統性を認め、室町幕府を逆賊扱いにしました。

「幕府よりも朝廷に正統性あり」とする歴史観は、当然江戸幕府から睨《にら》まれます。慌てた水戸藩は、

「水戸藩は副将軍、将軍家に盾突くことなど決してございません。南朝はすでになく、三種の神器を保持する北朝から征夷大将軍に任じられた将軍家の正統性は疑う余地がございません」と言い訳し、まだ編纂途中だった『大日本史』を将軍家に献上することで、一旦は事なきを得たのです。

このように政治批判を避け、『大日本史』の編纂に専念した時期を「前期水戸学」、積極的に藩政改革を推進し、やがて幕府批判に転じる時期を「後期水戸学」と呼んでいます。

◉先鋭化していく「後期水戸学」

後期水戸学になると、日本型儒学を説いた伊藤仁斎や荻生徂徠の影響を受けて、より日本の現実に即した学問へと変わっていきます。

光圀の没後、停滞していた『大日本史』の編纂を再開したのが**立原翠軒**《たちはらすいけん》でした。

ここから、後期水戸学となります。

立原家は学者の家系です。翠軒は荻生徂徠に始まる徂徠学派に学び、父の後をついで彰考館のリーダーになりました。

折しも浅間山が噴火し、関東と東北を中心に天明の大飢饉に見舞われました。その煽りを受けて、水戸藩は財政破綻します。

北に目を向けると、蝦夷地（北海道）に迫り来るロシアの脅威がありました。

翠軒は、荻生徂徠のように学者は知識を政治に生かすべきだという持論を持ち、藩主から財政再建を任されました。また、ロシアの蝦夷地侵略に対する海防の必要を、老中・松平定信に進言しています。

水戸藩は、常に高い国防意識をもって幕府に進言する立場だったのです。

このように政治化していった**後期水戸学は、藤田幽谷《ゆうこく》・藤田東湖《とうこ》父子、会沢正志斎《あいざわせいしさい》へと受け継がれていきます。**

ロシア使者ラスクマンが大黒屋光太夫《だいこくやこうだゆう》を連れて根室に来航し、イギリス軍艦フェートン号は長崎に侵入、幕府は異国船打払令を出すなど騒然としてきました。

このような動きは、江戸防衛を任務とする水戸藩にも深刻な影響を与えます。

こうした中、水戸藩九代藩主・**徳川斉昭**《なりあき》が29歳で藩主となりました(1829年)。

幕末の名君の一人で、のちに「烈公《れっこう》」と呼ばれ、十五代将軍・徳川慶喜《よしのぶ》の父親となる人物です。斉昭は、下級士族から有能な人材を登用し、教育機関として藩校・弘道館を開きました。弘道館は、いまも水戸に残っています。

また、国防のため寺院の鐘や仏像を接収して大砲をつくること、近代兵器を装備し、身分を超えた国民軍の編制、蝦夷地の開拓などを幕府に進言します。

この名君・斉昭の教育係だったのが、後期水戸学の巨人・**会沢正志斎**です。18歳で彰考館に入り、『大日本史』の編纂に参加しました。

この頃からロシア船に加え、アメリカやイギリスの捕鯨船が太平洋に出没し始めました。彼らはクジラ肉を食べません。鯨油《げいゆ》——クジラの皮下脂肪を取るために捕《ほ》鯨《げい》をしていたのです。

この頃に産業革命が進み、機械油や照明用の油として鯨油の需要がピークに達していたのです。

正志斎は、『千島異聞《ちしまいぶん》』でロシア史をまとめ、斉昭に海防の急務を説きました。また、水戸藩領にイギリス人捕鯨船員が漂着すると、聞き取り調査し、その結果を『諳夷問答《あんいもんどう》』として斉昭に提出しました。

正志斎が、みずからの思想を集大成したのが『新論』です。

「『西洋人は夷狄《いてき》だ。あれは軍艦ではなく、商船や漁船だ。日本の脅威にはならない』、などという発言は、ただ相手の出方をあてにしているのである。わが国にはどんな備えがあるか、防衛の準備は何かと問えば、何もわかっていない」

「西欧諸国は戦国状態だが、同じ神を信仰し、利益と見れば互いに連合する。西洋に問題があれば東洋は無事だが、西洋の問題が片づけば、東洋が危うくなる」

「ロシアの皇帝ペトルなる者、身をやつして船大工になり、オランダで造船術を学んだ。ロシアが大船を航行させ、航海術に富むのはこれ以来で、元禄年間のことという。夷狄さえこうして心を用いている。日本があきらめてはならない」

ロシア皇帝ピョートル1世（ペトル）が海運大国オランダに留学し、船大工として造船を学んだという情報が、おそらく長崎経由で水戸まで伝わっていたのです。

「神武天皇に始まり、崇神《すじん》天皇が広めた不朽の教えに従い、東照宮（家康）の大《たい》業《ぎょう》を継承し、**世界万国の苦難を救い、西夷の邪教を存在せしめず、日本の赤子《せきし》（人民）が永久に外国の欺瞞を受けることなきようにする**」

「西夷の邪教」を「グローバリズム」と置き換えれば、これはこのまま今の日本にも当てはまるでしょう。

憲法改正の機会があれば、その前文に採用してもよいほどの名文だと思います。

吉田松陰は東北の旅の途中、水戸を訪れて正志斎と面会し、議論しています。

「会沢を何度か訪れ、酒を交わして議論した。聞くべき議論は必ずメモを取った」
（吉田松陰『東北遊日記』）

藤田東湖《とうこ》は、斉昭の側近として藩政改革を行いました。

ところが、幕府に対してロシアの脅威と国防強化を訴えた斉昭は、うるさがられ

■5-2　国学と水戸学

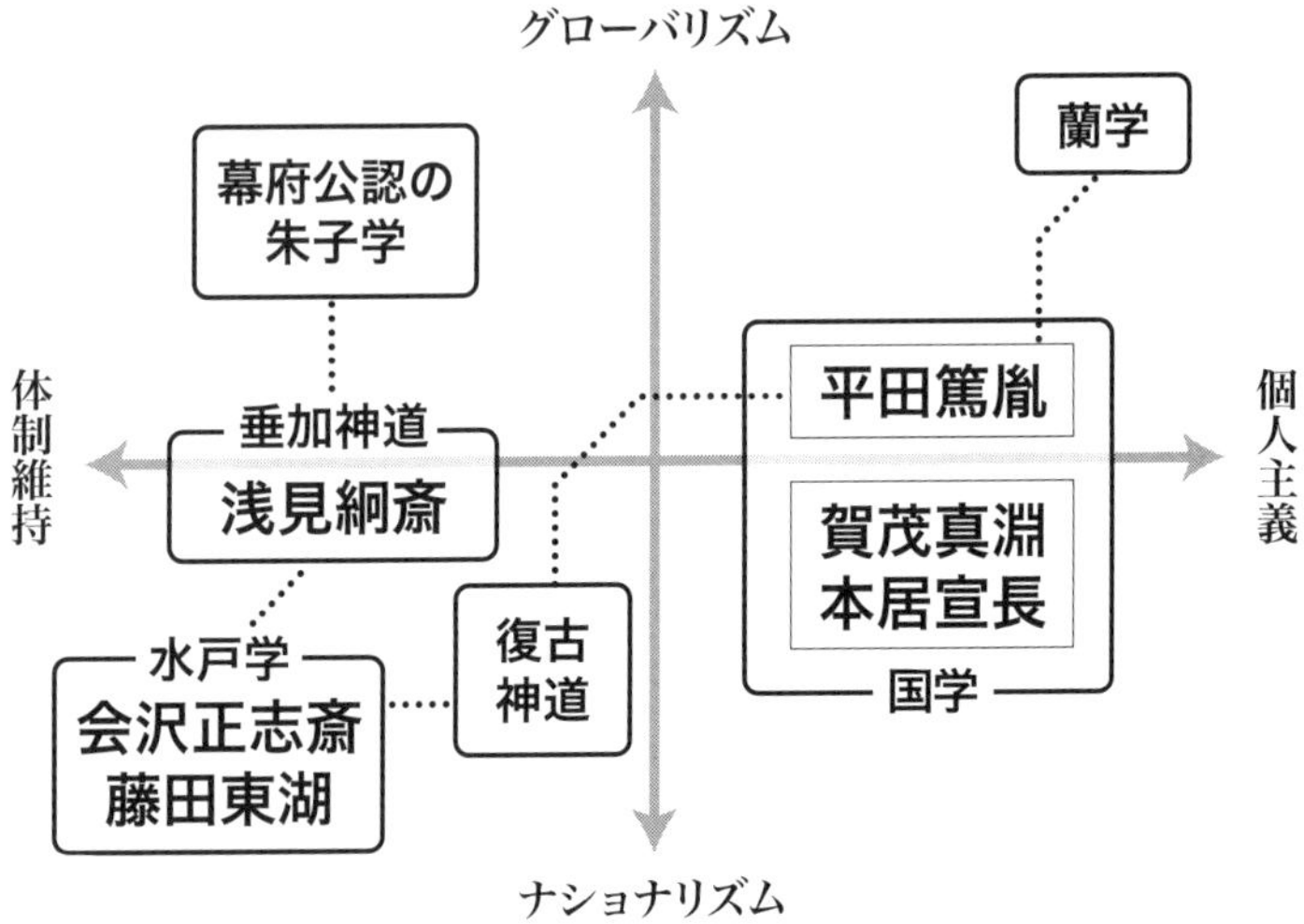

て軟禁されてしまい、東湖も一時、幽閉されます。

東湖が幽閉中に書いた詩が、『正気《せいき》の歌』でした。

モンゴルの侵攻で南宋が滅ぶ時に、南宋の忠臣・文天祥《ぶんてんしょう》が書いた詩を、日本史を舞台に再構成したものです。

「忠臣いずれもみな勇士。神州日本に君臨される天皇を仰ぐ。中臣鎌足、乙巳《いっし》の変で蘇我氏の専横を倒した。北条時宗、降服迫る元使を切り捨てた」

続けて楠正成、赤穂浪士……と尊王忠義の志士たちを列挙したあと、

「いまは幽囚の身だが、主君（斉昭）の冤罪《えんざい》を晴らし、死しては忠義の鬼と化し、

永遠に御門《みかど》の統治をお護りしようぞ！」

と結びます。このあたりから後期水戸学は、熱狂性を帯びてきます（図5－2）。

皮肉なことに、ペリー来航で幕府は開国へと舵を切り、斉昭の幽閉を解きました。東湖も釈放されたばかりか、幕府の海防御用係（国防担当）に抜擢されます。いよいよ大仕事だ、と張り切る東湖を、安政の大地震が襲いました。自宅が半壊し、閉じ込められた母を救いに戻った東湖は、余震で命を落としました。

◉なぜ、徳川慶喜はすんなり無血開城したのか？

正志斎のような冷徹さを失い、「尊王攘夷」を鼓舞した水戸学は、実に陰惨《いんさん》な最期を迎えることになります。

水戸藩には、副将軍として「幕府を守る」という建前と、朱子学の大義名分論に従い「陛下にお仕えする」という本音があり、両者がいつもぶつかっていました。

建前を大事にする上層部は、徳川家に対してひたすら恭順《きょうじゅん》を誓いました。

ところが、藩内の若手を中心に、

「いつまでそんなぬるいことをやっているんだ!」

と批判的な声が上がり、藩が真っ二つに割れていたのです。

ペリーの砲艦外交を受け、日米通商条約を結んだ幕府への憤りが爆発しました。**大老・井伊直弼《なおすけ》を斬ったのは水戸藩士でした(桜田門外の変)**。この時は薩摩・長州よりも、水戸の過激派のほうが手に負えない状態だったのです。

やがて水戸藩過激派は、幕府擁護の水戸藩上層部を「やってしまえ!」と言い出し、1864年、筑波山にこもって武装蜂起します。

これが**天狗党の乱**です。

天狗党は孝明天皇の支持を得られると信じ、軍勢と共に中山道《なかせんどう》を京都に向かって行きました。

しかし、水戸藩上層部から見ても、幕府から見ても明確な反逆行為です。こんなことを、許せるはずはありません。

天狗党は全国で討伐軍に追われます。途中で食料がなくなった彼らは、沿道の町や村を襲いました。

結局、天狗党は北陸の越前（福井県）に出たところを幕府諸藩の連合軍に迎え撃ちされて降伏し、極寒のニシン小屋に収容されました。天狗党は20名が病死や凍死、352名が斬首に処せられました。水戸に残った家族も皆殺しにされるという、何とも陰惨な結果に終わったのです。

これが、水戸学的な熱狂の結末です。

現実が見えない思想は、国を滅ぼします。

のちに昭和になり、この水戸学の過激思想が天皇主権論、あるいは陸軍の革新派の思想となって、対米開戦、大東亜戦争へと突入していきます。

1945年の日本の敗北の根っこにあったのは、朱子学的な水戸学でした。

十四代将軍家茂《いえもち》は子がないまま若くして亡くなったため、水戸藩の斉昭の息子・慶喜《よしのぶ》が将軍家に養子入りし、徳川家最後の十五代将軍となりました。

つまり慶喜は、水戸学の影響を大いに受けた将軍だったのです。

したがって、**慶喜にとって守るべきは、徳川家ではなく天皇だったのです。**

薩摩・長州では水戸藩とは逆に尊王攘夷派が政権を握り、明治天皇を擁立し、錦《にしき》の御旗《みはた》を掲げて江戸に攻め込んできました（戊辰《ぼしん》戦争）。この時、国内最大の軍事力を持っていたはずの十五代将軍慶喜は、江戸城に立てこもって抵抗しようとはせず、引退してしまいます。

江戸城の無血開城により、幕府はあっけなく崩壊しました。

慶喜の「あきらめの早さ」は幕末維新の謎ですが、彼が水戸学の教育を受けた人だったことを考えれば、「天皇に弓を引くわけにはいかなかった」のでしょう。

コラム5 「お伊勢参り」と「ええじゃないか」

室町時代以降、吉田神道が公認され、伊勢神宮は国家の保護を受けず、忘れられた存在でした。財政的にも困窮した伊勢神宮の下級神官（御師《おんし》）は、全国に派遣されて民衆にアマテラスの功徳を説き、伊勢参りを呼びかけました。

江戸時代には商品経済が発達し、旅行のゆとりができた民衆に**「お伊勢参り」**ブームが起こりました。巡礼の形を取った国内観光旅行であり、年間数十万人に達した参拝者の寄進や宿泊代が、伊勢神宮の財源となりました。

幕府は参拝者に通行手形を発行して便宜を図り、奉公人が店の主人に無断で伊勢参りに出かけても、神罰をおそれる主人は罰することができず、身分もしがらみもない自由な空間が生まれました。

ほぼ60年周期の「お蔭年《かげどし》」には「お札《ふだ》が天から降る」といわれ、数百万人規模まで膨れ上がり、**「お蔭参り」**とも呼ばれました。幕末の慶応3年（1867）年には世直しを求める民衆が**「ええじゃないか」**と歌い踊り、幕藩体制の崩壊を印象づけました。

国学が知識人の日本回帰運動だったのに対し、「お伊勢参り」は民衆レベルでの日本回帰運動だったともいえるでしょう。

第6章

「日本国民」の意識の芽生え
(幕末〜明治時代初期)

◉清国で軽視された『海国図志』の衝撃

ペリー来航に象徴される**西欧グローバリズムの脅威**は、飛鳥時代の白村江の戦い（中華グローバリズム）、鎌倉時代のモンゴル襲来と並ぶ、日本の独立喪失の危機で、**明治維新と、今日まで続く西欧化政策の最大の原動力となりました。**

さらには、2000年続いた中華グローバリズム体制＝冊封体制をも崩壊させ、中国を「屈辱の100年」と呼ばれる危機的状況に陥れました。

本章では、その流れを見ていきましょう。

西欧グローバリズムの脅威が東アジア世界に迫ったのはペリー来航の13年前。アヘン戦争（1840～42）が最初でした。

産業革命の成功であり余る商品の市場拡大を求めるイギリスと、朝貢貿易以外の自由貿易を認めない清国。両国の対立が、イギリス船が清国に持ち込んだアヘンの取り締まりをきっかけに、戦争に及んだのです。

大国・清は、「夷狄《いてき》」と見下していたイギリス海軍の蒸気艦隊に大敗し、南京条約によって、香港島の割譲と自由貿易への転換を認めさせられました。

アヘン戦争の第一報は、長崎出島のオランダ商館長が幕府に毎年提出する報告書「オランダ風説書」の中で伝えられました。

「中国でイギリス人に対する無理非道な行い（アヘンを清国が没収したこと）があったため、イギリスから中国に出兵し、さらにケープタウン（アフリカ）、および英領インドでも出兵の準備を進めている」――

清国が大敗したニュースも、長崎経由でもたらされました。

なぜ、清国はこれまで「夷狄」と見下してきた西洋諸国に負けてしまったのか？

魏源《ぎげん》が書いた『海国図志《かいこくずし》』という書物があります。中国側が初めて西洋諸国について研究したのがこの本です。

宣教師の地理書からの引用を集大成し、ヨーロッパ諸国の地理と技術を紹介しています。

しかしこの本は、朱子学全盛の清国ではほとんど注目されませんでした。

アヘン戦争は南中国の沿岸で戦われ、北京はまったく無傷でした。南京条約で失ったのも香港《ほんこん》という名もなき小島だけ。

北京政府の高官たちは、「夷狄の海賊が南方で暴れているだけ」程度の認識だったのです。

ところが、長崎経由で『海国図志』が幕末の日本に入ってくると、大騒ぎになりました。

イギリスを警戒した幕府がすぐさまこの本の翻訳を指示し、翻訳本が幕府中枢のみならず、倒幕を目指す志士たちにも広く読まれることになりました。

アヘン戦争の衝撃を最も深刻に受け止めたのは、やはり蘭学者でした。高野長英の警告が、現実のものとなったからです（P．235参照）。

佐久間象山も、その一人でした。

佐久間象山（1811〜1864）

信州（長野県）の松代《まつしろ》藩士で、江戸に出て昌平坂学問所で朱子学を学びます。

アヘン戦争が起こり、主君の松代藩主が老中兼海防担当に就任すると、象山はその顧問に抜擢《ばってき》されて海外事情を研究し、日本の海防に危機感を抱きます。

「清国で起こったことは、日本でも起こる。西洋諸国に負けないためには、西洋の軍事技術を学ぶしかない」と考え、朱子学を捨てて蘭学研究に転じました。

この時、象山34歳。A・B・Cからオランダ語の勉強を始めたのです。

猛烈な集中力で、2年でオランダ語を習得した象山は、軍事から医学、自然科学書まで読破しました。江戸で開いた象山の蘭学塾には、西洋兵術を学ぶため、吉田松陰や勝海舟、河井継之助、坂本龍馬など幕末の俊才たちが入門してきます。

外国勢力に対抗すべく国内を一つにまとめようと、朝廷と幕府とを連携させる

「公武合体」と開国を主張して、朝廷に働きかけるため京都に移った象山は、尊王攘夷派のテロリストに暗殺されてしまいます。

享年54歳でした。

◉日本の独立を守るグローバリスト

象山は生涯を通してグローバリストでした。

ただし、朱子学者だった前半生は「中華グローバリスト」、蘭学を学んだ後半生は「西洋グローバリスト」に転じたのです。

これまで、日本のグローバリストにとって、世界といえば「中華」でした。もちろん、蘭学はありましたが、西洋諸国が本格的な脅威となるまで、朱子学の影響を受けた東アジアでは、中華グローバリズムが主流だったのです。

朱子学の本家・清国は憧れと尊敬の対象でしたが、アヘン戦争によってそのメッキが剝がれてしまいました。

「清国をお手本にしていてはダメだ」と象山は気づいたのです。

象山は、松代藩主に提出した上申書にこう書いています。

「清国は、外国といえば軽視し、夷狄だとおとしめ、西洋諸国が実学・軍事産業に優れ、国力を増進し、兵力を盛んにし、航海術も清国よりもはるか巧みであることをまったく知らず、イギリスと戦争して大敗し、恥辱を世界にさらした」

辛辣《しんらつ》な清国批判です。これは、朱子学に対する絶縁状でもありました。

この象山を暗殺した攘夷派は、ウルトラナショナリストでした。その思想は、「外国の影響を排除せよ、外国人は一人も入れるな、入ってきた外国人は斬れ！」という非常にシンプルなものです。

彼らから見れば、象山は「中華かぶれ」から「西洋かぶれ」に変わったようなもので、「西洋かぶれの裏切り者は斬れ」という論理です。

象山はグローバリスト、攘夷派はナショナリストというより、前者をリアリスト（現実主義者）、後者をイデアリスト（理想主義者）というべきかもしれません。

「外国の脅威からどうやって国を守るか」を真剣に考えていた点で、両者共にナショナリスト、あるいは愛国者だったと思います。

問題はそのやり方であって、これまで通り刀を振りかざして外国人を排除しようとする攘夷派に対し、

「いやいや、それでは西洋諸国に勝てぬ。アヘン戦争を見よ。ペリー艦隊を見よ。攘夷もやるなら刀じゃなく、大砲でやるべきだ。だから西洋の軍事技術を学べ」

というのが象山たちグローバル・ナショナリストの考え方です。

つまり、「日本の独立を守る」という同じ目的のために、外国の一切を排除するのか、西洋型の近代化を受け入れるのか、その違いがあるだけでした。

◉近代化のやり方で対立した「憂国の士」

象山の思いは、その弟子たちに引き継がれていきました。象山の一番弟子ともいえるのが、長州藩（山口県）出身の**吉田《よしだ》松陰《しょういん》**です。

吉田松陰（1830～1859）

長州藩主は毛利家です。毛利家は、中国地方一帯を治める戦国大名でした。ところが関ヶ原の合戦で徳川家に敗北、領地を大幅に削られて、今の山口県に押し込められてしまいます。

幕府から見れば長州はいつ裏切るかわからぬ監視対象であり、毛利家から見ると徳川将軍家は「隙あらば倒したい」相手でした。

これが松陰の生まれ故郷の長州藩です。

長州藩士の次男に生まれた松陰は、幼くして山鹿《やまが》流兵学師範である吉田家の養子になりました。11歳にして長州藩主に講義したほどの秀才でした。

この間に、松陰の目を世界へと開かせる大事件が起こります。アヘン戦争です。

「山鹿流兵法では、勝てぬ」

松蔭は、江戸に出て佐久間象山の蘭学塾に入門します。

また、ロシアの動きを知るため東北旅行を行い、水戸では会沢正志斎と国防を議論しました（P．275参照）。

ペリー艦隊が浦賀に来航すると、松陰は師の象山と共に見にいきます。

改めて、旧式の兵学ではまったく歯が立たないことを思い知らされました。

この時、松陰にアメリカ密航を勧めたのが師の象山でした。

翌年、国書受け取りのため、ペリー艦隊は伊豆の下田に入港します。

上陸していた米国人水兵とすれ違いざま、松陰はペリー宛の手紙を手渡し、同郷の金子重之輔《しげのすけ》とともに夜中、小舟をこぎ出し、米艦に乗り込むことに成功します。

「アメリカを見せてくれ！」

ペリーはこの若者の勇気に感嘆しますが、海外渡航を禁じている幕府の法に反することは明白です。

日米条約交渉にも支障が出ると判断したペリーは、米兵に命じて2人を岸まで送り返します。二人は出頭し、松陰は長州・萩《はぎ》の野山獄《のやまごく》に収監されます。

ここでも松陰はめげず、囚人たち相手に『論語』の講義を行いました。

彼が獄中で書いた『幽囚録』には、将来の日本の進路が書かれていました。これについては、またあとで触れましょう。

やがて出獄した松陰は、叔父が開いた松下村塾をひきつぎ、教え始めました。

この間、幕府にも大きな動きがありました。大老・井伊直弼《いいなおすけ》が日米修好通商条約を結び、日本を開国したのです。

アヘン戦争のように外国を刺激して攻め込まれるよりも、いったんアメリカの言い分を受け入れて開国し、近代化を進めようというのは現実的な判断でした。

また、アメリカだけでも味方につけ、ロシアやイギリスに対抗しようという計算もありました。

ところがこの決断が攘夷運動に火をつけ、外国人襲撃事件が多発します。

井伊直弼は、攘夷運動はもちろん、幕府に対する批判を徹底的に弾圧しました。これを安政の大獄といいます。

意見を具申した水戸藩主・徳川斉昭さえ、幽閉されました。

松陰は討幕論に転じ、長州藩の攘夷派は、開国派の老中の暗殺を計画します。この暗殺計画が漏れて、松陰は再び逮捕されて江戸へ送られ、斬首刑に処せられました。享年29歳。

松陰は常に死を意識しており、辞世の句をいくつか残しました。

「かくすれば かくなるものと知りながら やむにやまれぬ 大和魂」

「身はたとひ　武蔵の野辺《のべ》に朽ちぬとも　留置《とどめおか》まし　大和魂」

攘夷運動を弾圧する井伊直弼と、倒幕に転じた吉田松陰。対立関係にあった二人ですが、両者が目指したゴールはそれほどかけ離れていたわけではありません。

西洋列強と肩を並べるには近代化が必要であり、そのためには西洋に学ぶ必要がある。この点では同じでしたが、違っていたのは、近代化の方法です（図6－1）。

幕府は、幕藩体制を保ったままでの近代化を望みました。

幕府の下に約300の藩が割拠する分権体制を維持したまま近代化しようとすれば、各藩の説得が必要で、10年以上はかかるでしょう。

その間はなるべく西洋列強を刺激したくない。これが井伊直弼ら幕府中枢の本音だったはずです。

「そんな生ぬるいやり方では国が持たない！」「幕府は弱腰だ！」

と反発したのが松陰ら倒幕派です。

彼らは幕藩体制をひっくり返し、日本をヨーロッパ諸国のような中央集権的な国

■6-1　幕末の思想マトリックス

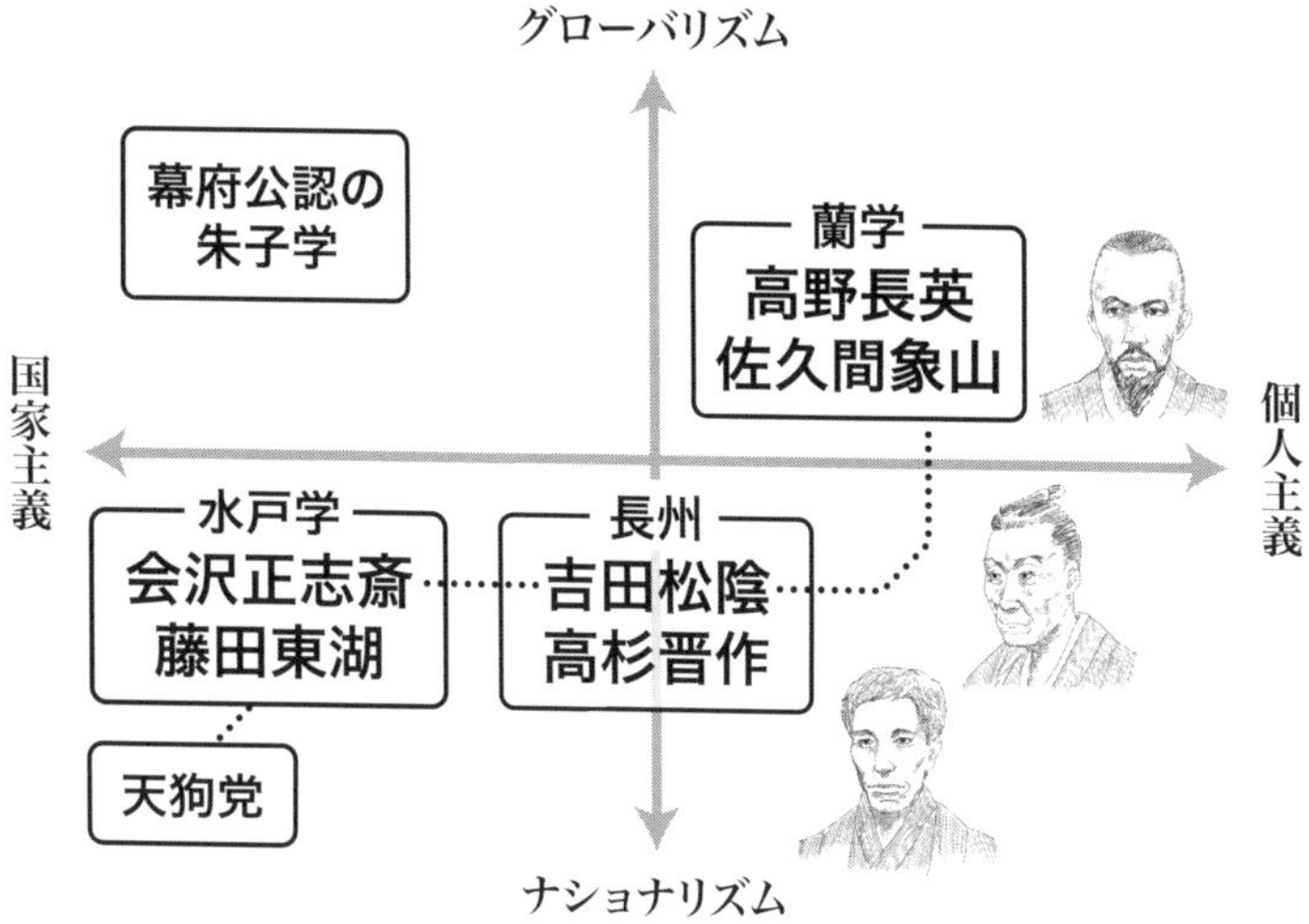

家につくり替え、近代化を急ごうとしました。松陰のプランについては後述します。

しかし、井伊直弼のやり方はまずかった。安政の大獄に象徴されるように、オープンな議論を許さない独善的な政治手法への不満や憤りが募っていったのです。

安政7年（1860年）3月、江戸城に向かっていた井伊直弼の行列が、桜田門外で攘夷派のテロリストに襲撃され、井伊大老はクビを取られました。

襲撃メンバーの大半は、水戸藩の脱藩浪士でした。

◉松下村塾の英才・高杉晋作のラディカルな改革

松陰の後継者と目されていたのが、同じく長州藩士の**高杉晋作**です。

高杉晋作（1839〜1867）

松下村塾の英才と呼ばれた晋作が、過激な攘夷思想に染まったのは、22歳の時。幕府の使節団に随行して訪れた上海の外国人居留区（租界《そかい》）で、驚くべき光景を目にしたからでした。

わがもの顔に振る舞う欧米人。欧米人が歩けば清国人は道を譲る。それはまるで、植民地のような清国の姿でした。

「これは清国だけの問題ではない。油断すれば日本も同じになる」

晋作は強い危機感を抱いたのです。

当時、最も過激だったのは、桜田門外の変を起こした水戸藩の攘夷派でした。

晋作は、水戸藩士に続け、とばかりに松下村塾の後輩だった伊藤博文《いとうひろぶみ》（俊輔《しゅんすけ》）らと共謀して、江戸のイギリス公使館の焼き討ち事件を起こしているのです。

長州藩内部でも攘夷派が主導権を握り、関門海峡を航行する外国貨物船を無差別に砲撃しました。

結果、被害にあった四カ国（英・仏・蘭・米）連合艦隊が襲来し、長州の下関砲台をわずか数時間で占領されてしまいました。これが**下関戦争**（1863）です。

ついこの間、イギリス公使館を焼き討ちした晋作が、長州藩の外交交渉役としてイギリス艦に乗り込みます。

長州藩の賠償金支払いと、関門海峡にある彦島の租借を求めるイギリス側に対し、晋作は傲然《ごうぜん》と言い放ちます。

「賠償金は幕府に要求せよ。彦島は渡さぬ。領土が欲しければ、イギリス軍を上陸させよ。地上戦で決着をつけよう！」

晋作のハッタリに気押され、陸軍兵力に乏しいイギリスは引き下がりました。

実は、薩摩藩でも同様のことが起こっています。横浜近くの生麦《なまむぎ》という場所で、薩摩の大名行列の前を乗馬したまま横切ったイギリス人を「無礼者！」と斬ったのです。

その報復のためにイギリス軍艦が鹿児島湾に現れ、鹿児島の町を砲撃して破壊しました（**薩英戦争**　１８６３年）。

薩摩側の砲撃でイギリス艦隊の司令官も戦死していますので一矢報いましたが、戦力の差は歴然でした。イギリスと戦った薩摩の攘夷派は、現実に目覚めたのです。

こうして同時期に覚醒した長州藩と薩摩藩は、土佐の坂本龍馬の仲介により**薩長同盟**を結び、倒幕へと突き進んでいきます。

下関戦争の頃から晋作は、倒幕と新政権樹立を主張し始めます。

「外国に妥協する幕府のやり方では、日本は外国に飲み込まれてしまう。手遅れになる前に幕府を倒して、新政権を樹立するしかない」

「幕府も藩も解体し、農民も商人も武器を取り、国民皆兵の軍を編制すべきだ」

秀吉の刀狩以来、兵農分離の原則のもと、国防は武士の仕事、とされてきました。

晋作はこれを大転換したのです。身分に関わらず志願者を集めて「奇兵隊《きへいたい》」を組織し、下関防衛の任にあたりました。これは日本初の国民軍でした。

幕府（十四代将軍家茂）は、反旗を翻《ひるがえ》した長州藩に対する長州征伐（四境戦争）を命じました。

幕府に降伏すべきだ、という穏健派が長州藩の中枢を占めるなか、晋作は奇兵隊などに呼びかけて、藩内クーデタ（功山寺決起）に成功します。

討幕派が主導権を握った長州藩は、奇兵隊などの奮戦と、長崎のグラバー商会を通じて仕入れたイギリスの最新武器の助けもあり、幕府軍に勝利します。

長州征伐の失敗によって幕府の権威が失墜し、薩摩藩などが長州藩へ寝返るきっかけとなりました。

このあと、幕藩体制は崩壊の一途をたどります。

長州征伐に勝利した晋作ですが、明治維新を見ることなく、結核で亡くなりました。師の松陰より若い27年という短い人生でした。

晋作、辞世の句。

「面白き　事もなき世を　面白く」

松陰も晋作も、あと30年生きていれば……。彼らが生きていれば、明治政府の中核メンバーとして、日本の近代化を主導する存在になったはずです。

◉松陰の頭の中で描いた「近代日本」

松陰が野山獄の獄中にいる時、頭の中にはすでに近代日本の国家計画がありました。松陰が獄中で書いた『幽囚録』は、アメリカ密航の動機をまとめた手記です。その中で、日本が進むべき道も示しているのです。

その内容を見てみましょう。

松陰はまず、日本が過去に経験した外国の脅威と、それにどう対応したのかを論じています。例に挙げたのは鎌倉時代のモンゴル襲来です。

「あの時も朝廷と幕府があったが、両者が一体となりモンゴルを撃退した」

したがって今回も、

「幕府と朝廷が対立するのではなく、日本として一つにまとまるべき」

と説いています。

そして現実を直視すること。西洋諸国が巨大な軍艦で世界中を侵略している現実を、まずは認めよと。

そのうえで日本は、西洋諸国の奴隷になるのか、西洋諸国と肩を並べる存在になるのか、二つに一つしかない。

「私は西洋と肩を並べたい」と松陰は言います。

「そのためには、敵である西洋の軍事技術を我々も学ばなければならない」と軍事の近代化の必要性を主張しました。

それから、領土の拡大です。松陰は、「国を保つには領土を失わないだけでなく、領土を増やして防波堤とする必要がある」と考えていました。

「まずはロシアに対して、蝦夷地が日本の領地であるとハッキリさせるべき」と書いています。

松陰が主張する将来の日本の領土は、ロシア領のカムチャツカやオホーツク、清国領の満洲、台湾、清の冊封国だった琉球（沖縄）、スペイン領のフィリピンまで広範囲に及びました。

そこまで押さえれば、ようやく日本の安全を守ることができる、と考えていたようです。

驚くことに、松陰が『幽囚録』で描いた未来予想図は、明治以降の日本が歩んだ道とピッタリ重なっています。

軍備増強と領土拡大によって帝国主義列強に連なっていく日本の将来が、獄中の松陰にはすでに見えていたのです。

松陰の獄中プランは、松下村塾に集まった教え子たち――山縣有朋《やまがたありとも》や伊藤博文らが実現しました。

つまり、明治維新のプランをつくったのは吉田松陰だったのです。

国家の独立は国防から始まる。

そう説いた松陰は、戦前は非常に高く評価されていました。

しかし、敗戦後は一転して「軍国主義の生みの親」と批判され、教科書の扱いも小さくなり、「もう教科書に載せるな」、という声さえあります。

「侵略は悪」という現代の価値観で過去を裁けば、松陰の思想は「危険思想」となるかもしれません。

しかし、幕末から明治という時代は、強国が弱小国を併合するのが当たり前の時代であり、アジア・アフリカ諸国の大半が、植民地や保護国に転落しました。

なぜ日本が独立を維持できたのか。

それを理解するには、吉田松陰という人の思想と、明治維新の意味を知っておくべきだと思います。

◉明治維新は、革命ではない

明治維新という政権交代、体制変革は、大きな内戦や犠牲を伴うことなく実現しました。これが世界史的に見ても非常にユニークなところです。

そもそも儒学における革命とは、「王朝交代」を意味しました。
つまり、君主Aの悪政に対し、家系の異なるBが君主Aを倒して王位に就くことを「革命」といいます。（P．129参照）
明治維新では、天皇（王朝）は交代せず、革命ではありません。
室町時代以降、数百年間も歴史の表舞台に登場せず、印象の薄かった天皇ですが、天皇を倒して新たな王朝を立てようと企《くわだ》てた者はいませんでした。

むしろ、政権争いから超然としていたことで、天皇の権威はより高まりました。

薩摩と長州による討幕軍は、いってしまえば〝烏合《うごう》の衆〟です。バラバラな軍隊を一つにまとめるシンボルが必要でした。

一方、京都には「これに乗じて朝廷に政権を取り戻したい」と考える岩倉具視《いわくらともみ》のような公家もいて、朝廷側が薩長の倒幕運動に便乗した側面もありました。

岩倉は朝廷と幕府が手を組む「公武合体」論者でしたが、幕府の衰退を見て討幕に転じ、14歳で即位したばかりの明治天皇の名前で、薩摩・長州に「討幕の密勅」を出させます。

十五代将軍慶喜は先手を打って恭順の意を示し、京都の二条城で朝廷への政権の返上を宣言しました。

これが「大政奉還」です。

薩長側は慶喜を許さず、自らが朝廷の正規軍であることを示す「錦《にしき》の御旗《みはた》」を掲げ、「賊軍《ぞくぐん》徳川を討て！」と進軍します。

水戸徳川家の出身で、水戸学の影響で尊王の思いが強かった将軍慶喜は、ここで戦いを止めてしまい、江戸城の無血開城が実現します。

こうして、朝廷軍と幕府軍の全面戦争は回避されました。

幕府軍の残党は東北・蝦夷地まで逃れて抵抗しますが、最終的には薩長に降伏しました。この戊辰《ぼしん》戦争の犠牲者は、両軍合わせても1万人程度。一般市民の虐殺も起こっていません。

これに対して、フランス革命では、百万人規模の犠牲者が出ています。

日本では、政権交代がスムーズに行われる。これは一重《ひとえ》に天皇の力なのです。

天皇は、平時にはほとんど存在感がないのですが、国家の危機にあたっては姿を現し、国民を一致団結させる不思議な力を発揮します。

これは、第二次大戦の敗戦時にも、東日本大震災の時にも見られた現象でした。

◉日本に、西洋個人主義を導入した福沢諭吉

身分制度を撤廃し、「日本国民はみな平等である」と踏み込んだことも、明治維新の偉大な側面です。

明治維新を主導したのは、ほとんどが下級武士たちでした。

維新に成功したあと、下級武士だけの新しい政府をつくることもできたのに、そうせずに、自ら武士としての特権を手放したのです。

これも、他の国では見られないことです。


日本ではじめて「人間の平等」を説いたのが**福沢諭吉**です。

〝一万円札の顔〟として長く親しまれてきた福沢の代表作が『学問のすゝめ』で、「天は人の上に人を造らず、人の下に人を造らず」と宣言し、朱子学的な身分制を全面否定しました。

福沢諭吉（1835〜1901）

福沢のもう一つのメッセージが、「一身の独立が国家の独立につながる」。

これは、一人ひとりが経済的にも思想的にも自立することで、個人の集合体としての国家も自立することができる、という考え方です。

「武家の出身であろうと、誰であろうと、自分で稼いで一人前」と経済の重要性を説いた『学問のすゝめ』は、日本人の新しい生き方を示す本として、300万部を超える大ベストセラーになりました。

福沢は大分・中津藩の下級武士の出身です。大坂に出て蘭学者・緒方洪庵《おがたこうあん》に学び、語学の才能を発揮します。

江戸に移って蘭学塾を開き、のちに慶応義塾と改めました。身分の別なく一般庶民にも開放し、政治学や経済学など西洋の最新の学問を教えました。

横浜開港地で外国人相手にオランダ語での会話を試してみたところまったく通じず、彼らが話しているのが英語だと知って愕然《がくぜん》とします。

ここから英語の特訓を始め、すぐに使いこなせるようになります。

1860年、幕府は日米修好通商条約の批准《ひじゅん》書交換のため使節団を派遣します。幕府の蒸気船・咸臨丸《かんりんまる》で太平洋を横断、カリフォルニアに上陸しました。

その2年後、幕府は西欧六カ国へ喜望峰経由で使節団を派遣しました。福沢は英語力を買われてこれらの使節団に同行し、初めて西洋文明を体験しました。

「門閥制度は親の仇」と身分制を毛嫌いしていた福沢は、個人の自由・平等など近代ヨーロッパ思想を称賛し、日本人に広めようとしました。

伝統社会を「遅れたもの、劣ったもの」と見なし、西洋グローバリズムを直輸入しようとしたのです。

フランス革命期からヨーロッパに広まっていたこのような考え方を**「啓蒙思想」**といいますが、福沢の前半生はまさに「啓蒙思想家」だったといえるでしょう。

ただし福沢は、「自由には責任が伴う」とし、権利ばかりを声高に主張する自由民権運動とは一線を画しています。


福沢は天皇についてどう語ったのでしょう？

『文明論之概略』という本があります。福沢が、西洋文明との比較で日本文明を論じた本です。

この中で福沢は、江戸時代までの「封建時代」を、日本文明を停滞させた暗黒時代と酷評する一方で、万世一系の天皇の存在が、日本文明の核となって西欧文明と対峙できる力を与えている、と評価しています。

しかし福沢の「天皇観」は、水戸学のようなウェットさが微塵もありません。「西欧に対応するには集権国家をつくる必要があり、その核として天皇は使える」というドライなもので、まさに啓蒙思想家といえるでしょう。

大日本帝国憲法を起草した伊藤博文《いとうひろぶみ》、井上毅《いのうえこわし》らは、天皇が象徴的な「しらす」存在であり、権力者として「うしはく」ものではない、と理解していました。しかし福沢は『古事記』を深く学んだ形跡もなく、天皇理解は極めて浅いものになっています。

◉福沢の「大アジア主義」の挫折と大転換

福沢は後半生になると、国家権力を説くリアリストへと変貌していきます。

その背景には、西洋列強によるアジア分割が進み、個人の自由平等よりも、国家の独立を優先せざるを得ないという国際情勢がありました。

最大の脅威は、ロシアの南下でした。

アロー戦争敗北で弱体化した清から、日本海沿岸の領土（沿海州）を奪ったロシアが満洲、朝鮮へと南下してきたら、次は日本の独立が危うくなる。

そうならないために、

「清国や朝鮮の近代化が必須であり、日本はこれを支援すべきだ」

と福沢は主張しました。

日本の独立は、日本単独で実現できるものではない。

アジア諸国が団結し、近代化を成し遂げて、西洋列強の侵略を食い止めることで初めて可能になる。

このような考え方を**「大アジア主義」**といいます。

つまり明治維新を、アジア諸国へ輸出しようというのです。

大アジア主義を唱え、実践した人には、**福岡出身の頭山満《とうやまみつる》や内田良平、熊本の宮崎滔天《とうてん》、岡山の犬養毅《いぬかいつよし》らがいます**。

頭山は最初、自由民権運動に身を投じ、20代で政治結社・玄洋社《げんようしゃ》を設立します。

朝鮮の学者で亡命中の金玉均《きんぎょくきん》と出合ったことから大アジア主義に転じ、中国の革命家・孫文や蔣介石、インドのビハリ・ボース、フィリピンのアギナルドなどを支援しました。

敗戦後は「右翼の巨頭」などとこき下ろされた頭山ですが、実態はまったく違います。

韓国併合や満洲国樹立は帝国主義政策だとして反対するなど、一貫してアジア諸《しょ》国民《こくみん》との連帯を貫いた人なのです。

実際、植民地化を免れた日本はアジアの希望であり、各国の留学生が東京へ集まってきました。福沢も、アジア人留学生を慶應義塾に盛んに受け入れ、学費や生活の面倒を見始めたのです。

留学生の一人に、金玉均がいました。

もともとは朱子学者でしたが、明治維新後の日本の発展に感銘を受け、朝鮮で初めて「日本に学べ！」と説いた人です。

福沢は金玉均らを親身になって支援し、朝鮮の近代化を後押ししました。

ところが、大アジア主義はすぐに頓挫《とんざ》します。朱子学に凝り固まった朝鮮王朝の旧守派（閔《びん》氏政権）が、金玉均ら「開化派」を弾圧したのです。

「夷狄の日本人に学ぶとは何ごとか！」というわけです。

開化派は朝鮮版維新を断行しようと挙兵しますが、朝鮮政府の要請を受けた清国が軍隊を派遣し、計画は頓挫しました（甲申《こうしん》政変　１８８４）。

開化派は一族もろとも粛清され、金玉均も上海で暗殺され、遺体は晒されました。

衝撃を受けた**福沢は、自分が発行する時事新報に「脱亜論」を発表します。**

日本はアジア諸国の中でいち早く西洋文明を取り入れた。しかし、

「不幸なことに近隣に国あり、一つを支那、一つを朝鮮という」

と福沢は綴っています。


両国は旧態依然とした儒学を封じ、近代化を拒否している。維新のような改革を断行できなければ、やがて両国は滅ぶ。

今後の日本は、隣国だからといって格別の礼儀には及ばず、彼らに対しては西欧諸国がやっているように接すればよい。


といった趣旨の文章の末尾に、福沢はこう書きました。

「悪友に親しむ者は、共に汚名を免れることはできない。我は心において、アジア

東方の悪友を謝絶するものなり」
「アジアと縁を切る」――福沢は、大アジア主義を捨てたのです。

弱肉強食の世界において日本が独立を維持するためには、日本も西欧諸国と同様に軍備を拡張し、植民地を持つこともやむなし、という考えに転じたのです。

これは40年前に吉田松陰が『幽囚録』で記した結論と同じです。

このあと、日清両国は朝鮮の主導権をめぐって緊張を高め、日清戦争に至ります。**福沢は日清戦争を、「(西洋）文明と（アジア）野蛮との戦争」と定義**し、日本勝利の報を聞いて、感涙にむせびます。

明治から大正にかけて、日本は「脱亜」の路線を突き進みました。

ふたたび朝鮮をめぐって日露戦争に勝ち、第一次世界大戦では連合国として勝ち、国際連盟の発足時には常任理事国の四カ国に名を連ねるなど、日本は常に「勝ち組」だったのは、「脱亜入欧」というリアリズムに徹したからです。

そのあと昭和になると、「やはり米英は敵だ、アジアが仲間だ！」と大東亜共栄圏を提唱するようになるのは、皮肉な話です。

◉自由民権運動と中江兆民

明治維新で身分制度や藩が廃止され、「四民平等」が実現しました。

しかし明治政府の中枢は薩摩藩と長州藩の出身者による独占、「藩閥政治」が続いていました。

また、海軍は旧薩摩軍、陸軍は旧長州軍が引き継いでいたので、政治も軍事も薩長の出身者が独占し、それ以外の藩の出身者は干された状態でした。

「西洋諸国では選挙というものがあって、議会政治をやっているらしい」という情報が伝わってくると、医学や軍事を学ぶだけではなく政治システムも学ぶべきじゃないか、と考える人たちも現れます。

彼らの中心は、維新で大きな役割を果たしながら、**薩長藩閥政府から排除された土佐藩の中江《なかえ》兆民《ちょうみん》、佐賀藩の大隈重信《おおくましげのぶ》ら**でした。

これが、自由民権運動の始まりです。

自由民権運動の指導者の一人が、**中江兆民**です。

土佐藩出身の中江は、藩の留学生として長崎と江戸でフランス語を学んだのち、明治政府の命によりフランスへ留学しました。

中江兆民（1847～1901）

ナポレオンが発布した民法典（ナポレオン法典）が欧州各国で模範とされたので、これを学んで日本民法の制定に生かすことがフランス留学の主な目的でした。

しかし兆民が注目したのは、フランス革命の原動力ともなった啓蒙思想家ジャン＝ジャック・ルソーの『社会契約論』で、これを日本語に翻訳します。

『社会契約論』の概念を一言で説明すると、最初の人間社会にはまず個人が存在し、個人間の紛争を調停するために国家を形成した、という考え方です。

つまり、「国家の前に個人がある」が前提です。

この理論は、「社会契約に違反し、個人の権利を侵害する政府は倒してもよい」

という理屈になり、フランス革命にお墨つきを与えました。

中江は、この社会契約論を日本政府に当てはめて、こう主張します。

「政府とは人民の代表である。**今の薩長政府は人民を代表していない！**」

このような政府批判を繰り返した中江は、〝危険人物〟と見なされて、東京から追放されてしまいました。

中江が書いた『三酔人経綸問答《さんすいじんけいりんもんどう》』は、３人の酔っ払いが議論するという形式の政治理論書です。

面白いのでここで紹介しましょう。

一人目の酔っ払いは、「洋学紳士」です。

「国家は自由・平等・博愛のためにある。民主主義が一番大事で、軍隊なんかいらない」と、徹底した民主化と非武装平和論を説いています。

二人目の酔っ払いは、「豪傑君」です。

■6-2　大アジア主義と啓蒙思想

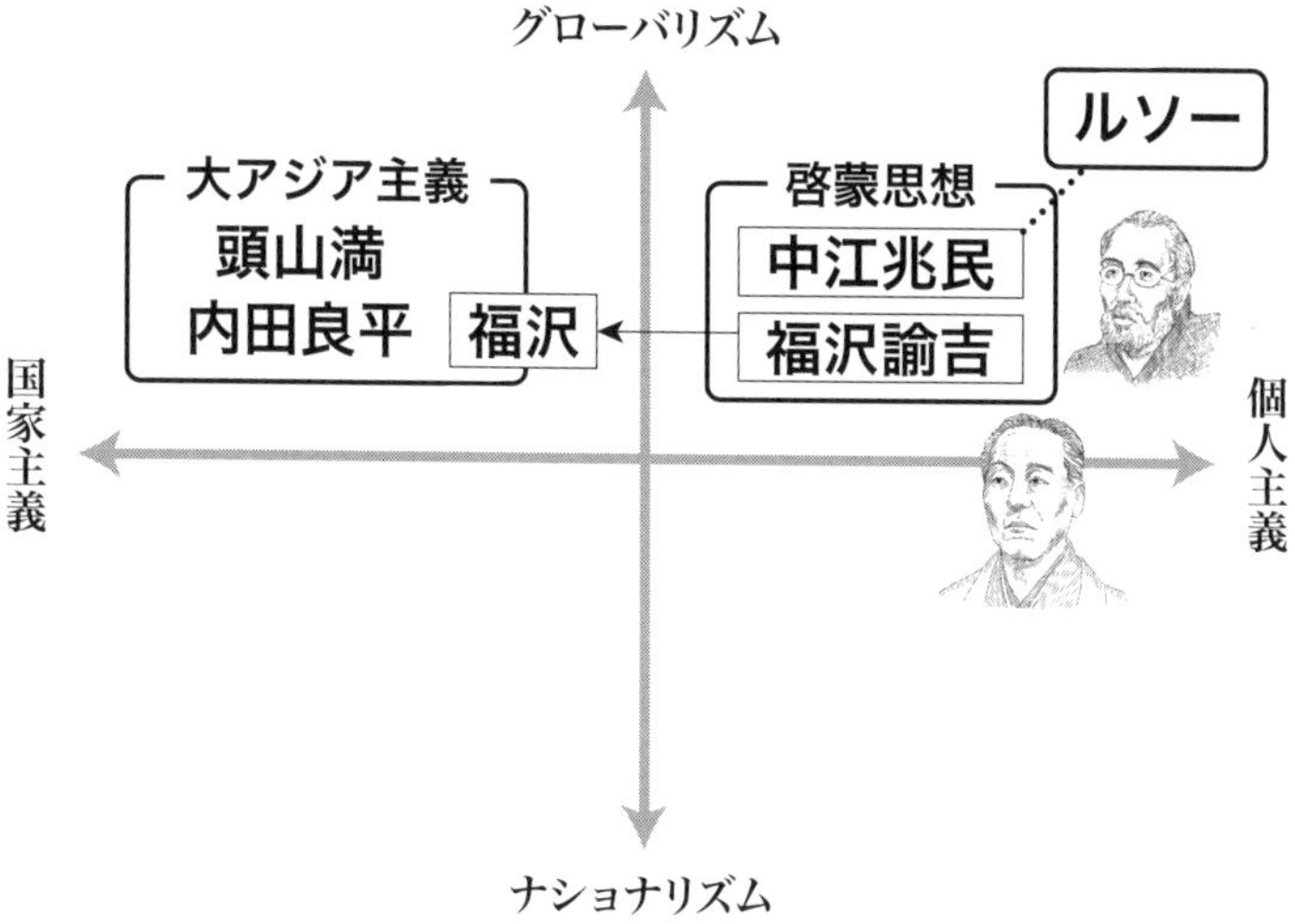

「軍備がなければ国家は成り立たない。強力な軍隊をつくって大陸に出兵するんだ！」と叫びます。

軍備拡張と領土拡大、国家権力の確立を主張する、国家主義のシンボルのような人です。

そして三人目の酔っ払いは、兆民自身と思われる「南海先生」です。

「確かに国防は必要です。軍隊もないと困りますよね。列強の脅威があるうちは強い政府も必要ですが、いずれ政府の力を制限していき、民権を強め、参政権を広げていったらどうだろう」

と現実路線を説きます。

対外的には平和外交と防衛力の強化、

国内的には立憲君主制を認めつつ、民主制の穏やかな移行を説くリアリストです。

中江は最初「洋学紳士」でした。しかし、西洋列強の脅威にさらされる中、戦争に負けて日本が植民地になってしまえば人権どころではありません。自由民権の理想を掲げつつも、「南海先生」の現実路線に主軸を移す様子がこの本から読み取れます（図6-2）。

●なぜ、ドイツの憲法をモデルにしたのか？

「議会を開け！」

という声が、兆民の出身地である土佐を中心に、全国各地に広がっていきました。これを受けて伊藤博文たち薩長藩閥政府も、憲法の発布と議会の開催——立憲政治への移行を約束します。

1889年、「大日本帝国憲法」が発布され、日本は立憲政治に移行しました。
翌年には第1回衆議院議員選挙が開かれました。中江は大阪4区で出馬し、当選。

中江の土佐グループを引き継いだのが、**板垣退助**《いたがきたいすけ》の自由党です。自由党はフランス式の自由主義、社会契約思想を主張する、当時のリベラル政党です。ライバルは、佐賀の**大隈重信**が設立した立憲改進党です。こちらは、イギリス式の穏やかな立憲君主政を理想とする保守政党でした。

大日本帝国憲法の立役者は、松下村塾出身の**伊藤博文**です。

伊藤博文（1841〜1909）

伊藤は高杉晋作の後輩で、イギリス公使館焼き討ち事件を起こした攘夷派でした。その伊藤たちを、なんとイギリスの貿易会社ジャーディン・マセソン商会が支援し、イギリス留学の便宜を図ったのです。

同社は清国へのアヘン貿易で巨利をなし、横浜に支店を開いていました。

過激な反英テロリストにイギリスの文明を見せ、懐柔しようということだったのでしょう。この作戦は見事に成功しました。

「長州ファイブ」と呼ばれる若者たちは、初めて見る西欧文明に目を見張り、あっさり攘夷を捨てました。

下関戦争の和平交渉の時、高杉の英語通訳をやったのが伊藤です。

維新後は、明治政府の岩倉遣欧使節団に加わり、不平等条約の改正を交渉しました。アメリカ、イギリス、フランスと各国を歴訪した伊藤が、「これは！」と思ったのがプロイセン（ドイツ）でした。

ドイツは300もの小国に分かれ、各国から侵略を受けてきました。

そのなかのプロイセン王国の指導者ビスマルクが統一してドイツ帝国を誕生させたのは、明治維新の3年後でした。

その状況は、300もの藩を統一しなければならない日本の状況と似ていたのです。

伊藤はドイツ（プロイセン）憲法をモデルとすることにします。

同じ立憲君主政でも、イギリスとドイツとでは大きな違いがありました。

イギリスでは、議会が首相を選出し、国王は形式的に任命するだけです。議会選挙で勝利した第一党の党首が首相に選ばれるのです。

もし、選挙で与党が負けて野党に転落すれば、首相は辞任に追い込まれます。今の日本はこのシステムですね。

ところがドイツ憲法では、皇帝が首相を任命し、議会は選べないのです。

つまり、選挙で与党が負けようが、首相は辞めなくていいのです。

ドイツの宰相（首相）ビスマルクは、この方法で長期政権を維持していました。

伊藤はここにも注目しました。自由民権運動が盛り上がって野党が第一党になっても、天皇の信任さえあれば、首相を続けられる……。

首相を選ぶのが皇帝（日本の場合は天皇）なら、その地位や権力を憲法でどう規定するかが問題になってきます。

◉「大日本帝国憲法」は天皇をどう規定したか？

そこで、日本の天皇の役割を古典に当たって調べた人がいます。憲法を起草した法律家の井上毅《いのうえこわし》です。

井上が、『古事記』『日本書紀』を調べてわかったのは、「天皇は本来、政治権力を持たない」ということでした。

天皇は「しらす」、蘇我氏や物部氏が「うしはく」と書かれています。

つまり、**天皇は象徴であり、実際に政治を行うのは豪族や貴族たち。**

これが、日本の国家の姿であることに井上は着目したのです。

井上は憲法草案の第1条に

「大日本帝国は万世一系の天皇の治（しら）す所なり」と書きました。

ところが、伊藤がこれを覆《くつがえ》します。「しらす」ではわかりにくいという理由で、「統治す」に変えてしまったのです。

それで、こうなりました。

「大日本帝国は万世一系の天皇これを統治す」

まるで、天皇が日本の統治権力（＝「うしはく」）を握っているようにも読めます。

これが、大正・昭和期に天皇主権論という解釈を生んでしまったのです。

伊藤も、「統治す」が誤解を招く表現だと認めており、帝国憲法の解説書である『憲法義解《ぎげ》』の中で、「しらす存在としての天皇」であることを明記しました。**天皇は内閣や軍の助言を受け、自ら決断しない存在**としたのです。

もう一つ、曲解されやすいのが、第3条の「天皇は神聖にして侵すべからず」です。文字通りに読むと、「天皇は神様のような存在であり、批判してはいけない」と解釈できますが、これも違います。

本来の意味は、**「立憲君主政においては、内閣が政治責任を負い、君主に責任は及ばない」**という意味です。

西欧の君主国の憲法には同様な規定があります。

つまり、帝国憲法における天皇は象徴的君主であり、この点は現行憲法（日本国憲法）と大差ありません。

学者やエリートたちは、『憲法義解』を読んで本来の意味を理解したでしょうが、一般国民はそうはいきません。

富国強兵を進める明治政府は、「日本国民」意識を醸成するため、素朴な天皇崇拝を学校で教えました。

このため多くの国民、そして軍人は、「天皇の統治権」「天皇は神聖不可侵」という帝国憲法の文言を、文字通りの意味に受け取ってしまいます。

明治期までは**財産制限選挙**のため、国会議員は地主や大商人などエリートが中心でした。

ところが大正時代に普通選挙が実施されると、一般庶民でも国会議員になれるようになりました。

憲法の本来の意味を理解しない人々が国会議員に選ばれ、「天皇主権」「天皇は神」といった誤った理解が広がっていきました。

その結果、「天皇機関説問題」が起こるのですが、それについては後述しましょう。

◉天皇は、国家の上にある？　国家の一部？

大日本帝国憲法の柱となっている考え方に、**「国家有機体説」**があります。
有機体とは、生命体の意味です。**国家はそれ自体が一つの生命体のようなものであり、国家を構成する君主や人民はそれぞれが全体の機能の一部を担っている、**という考え方です。

これは、ルソーの「社会契約論」への反論として、ドイツの憲法学者が提唱したもので、思想的にはヘーゲル哲学の影響を受けています。

「君主は人民の敵ではなく、人民とともに国家の一部である。国家の始まりから君主と人民がすでにあり、各々が役割を分担しているにすぎない」

生命体には頭（君主）と体（人民）があります。

「頭が体に命令するのはケシカラン！」

と頭を切断してしまったら、体も死んでしまいます。

フランス革命の暴走を予言したイギリス保守主義の思想家エドマンド・バークも

同じ意味のことを言っています。

「多くの国には君主制があり、それは何百年も続いている。長く続いたのには理由があり、うまく機能してきたからだ。それを社会契約説などという現代人の浅知恵で破壊してしまうのは愚かである」というわけです。

君主制を認める国家有機体説は、イギリス保守主義にも通じるのです。

この国家有機体説を日本に紹介したのが、金子堅太郎でした。

福岡藩出身の金子は、江戸で英語を学んだのち、アメリカのハーバード大学に留学して法律学を専攻します。

そこでバークの思想に出合い、『フランス革命の省察』を初めて日本語に翻訳しました。（保守思想の歴史については、小著『保守って何？』祥伝社を参照）

バークを紹介した金子堅太郎も、帝国憲法を起草したメンバーでした（図6－3）。

帝国憲法はドイツ憲法がベースですが、実は西洋各国憲法のいいとこ取りです。

イギリスからは、法の支配も採用しました。「君主の上に法がある」のが法の支

■6-3　明治期における日本の思想マトリックス

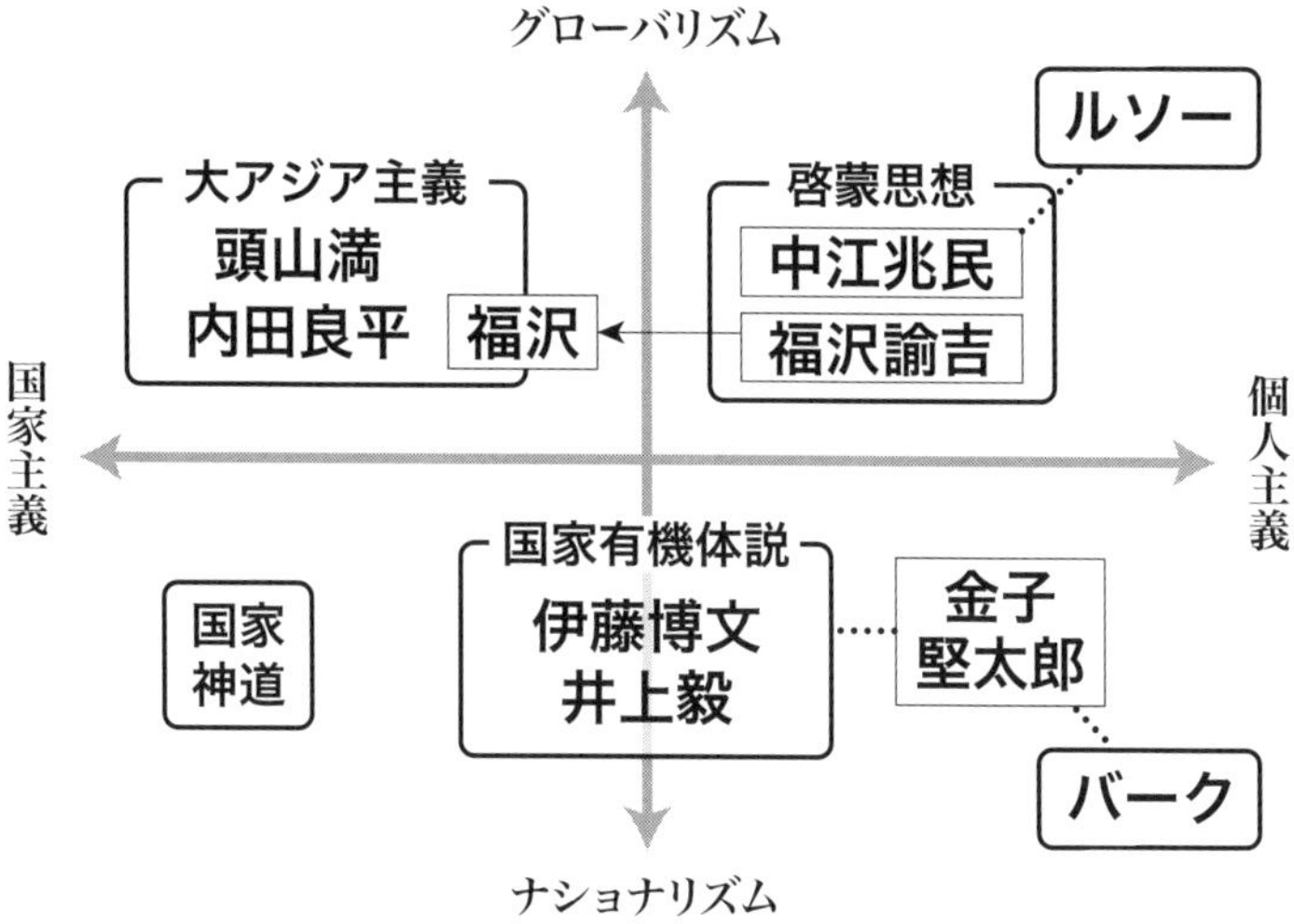

配です。君主にも法を守る義務があり、勝手に法を変えることはできません。

この法の支配も帝国憲法の土台になっています。

教育勅語にも、「この勅語は私（天皇）も守る」と書かれています。

つまり、天皇も人民も法の下では平等であることがすでに明記されているのです。

国家有機体説は、大正・昭和期の「天皇機関説」につながっていきました。これについては第8章でお話ししましょう。

◉近代日本人の道徳意識を生んだ「教育勅語」

大日本帝国憲法の翌年に発布されたのが、教育勅語です。教育における憲法みたいなものですね。これも井上毅が起草したものです。

教育勅語は、教育の基本方針を天皇が国民に語りかける形で述べたものです。教科書に掲載された教育勅語を子どもたちが暗唱し、事あるごとに先生が読み聞かせることで、日本人としての道徳意識が醸成されていきました。

教育勅語を現代語訳して簡単に紹介すると、次のような内容です。

「私（明治天皇）が思うに、わが祖先がこの日本という国を始められた。そしてわが臣民（天皇の臣下である人民のこと）はよく忠に励み、孝を尽くし、国中すべての者が心を一つにしてこの国をつくってきた」

君主と人民は一体である、という**国家有機体説**ですね。

「なんじ臣民は父母に孝行をし、兄弟姉妹は仲よくし、夫婦は愛し合い、友達同士はお互いに信頼関係を持ち、へりくだり、わがままをやめ、人びとに対して慈しみの感情を持ち、学問を修め、それぞれの業務を一生懸命学び知識を養い、人の役に立つ人間となり、進んで公共の利益のため、世のため人のために仕事を興し――」

儒学の道徳観をベースにしつつ、**朱子学的な男尊女卑を廃している**のが特徴です。

「皇室典範および憲法をはじめ、さまざまな法令を遵守し」

ここが**法治主義の原則**。

「万が一国家の大事、緊急事態が起こったら、勇気をふるって一身を捧げて国家のために尽くせ」

敗戦後、この部分が「軍国主義だ！」と叩かれ、『教育勅語』全体が危険文書のように扱われてきました。

本当にそうでしょうか？

戦争であれ、災害であれ、緊急事態に際して国家が国民に協力を求めることは、間違ったことでしょうか？

まして、いつ侵略されるかわからない帝国主義の時代において、国民が国家の防衛に背を向けていれば、その国は他国に蹂躙され、国民の権利どころではなくなるのです。だから、**ほとんどの国で徴兵制や緊急事態条項があった**のです。

「そして（アマテラスが天孫にお与えになった）神勅のままにずっとこの国を治めてきた皇室を助けよ。これは、ただ私（明治天皇）に対する忠義のみならず、君たち一般の臣民の祖先がずっとやってきたことである。それを受け継げ」

この部分は**国家神道**です。明治維新で吉田神道が否定され、アマテラスを最高神とする国家神道が成立しました。「神勅《しんちょく》」とは、アマテラスが天孫ニニギに地上の統治を委ねた「天壌《てんじょう》無窮《むきゅう》の神勅」のことで、出典は『日本書紀』です。

「ここに示した道は、わが祖先の残した教訓であって、そしてその天皇の子孫である我々皇族と人民がともに守り従うべきところである。
これは今から昔まで常に正しく、間違いがなく、わが国はもとより外国でも通用する正しい道であるから、私、明治天皇がなんじ臣民と一緒にこの道を守ってこの道を進むことを望む」

「天皇も人民と共にこれを守る」と、再び**法治主義の原則**を明記しています。

1945年の敗戦後、アメリカ占領軍によって教育勅語は廃止され、学校で教えることも禁止されました。

賛否両論あるでしょうが、教育勅語そのものをよく読み、時代背景をよく理解したうえで吟味し、活かせる部分は今後に活かしていければと、私は思います。

◉帝国憲法下では、誰が実際の権力を握っていたのか？

大日本帝国憲法では、天皇が首相や大臣を任命します。
その際、天皇は誰かに相談します。アドバイザー役を務めるのは、明治天皇を支えてきた薩摩や長州出身の側近たちでした。彼らのことを**「元老」**と呼びます。

元老はあくまで天皇の私的アドバイザーで、憲法上の規定はありません。

伊藤たち元老が、「陛下、次の首相はこの人物でいかがでしょう」と推薦し、「よし」と天皇が答えて首相が決定する。これが明治時代のやり方でした。

元老は維新の指導者ですから有能な者が多く、外国留学経験もあったので、その判断に大きな間違いはなく、日清・日露戦争に勝利できたのも彼らの力でした。

そうはいっても長期政権は腐敗します。仲間内で政権をたらい回しさせたいわけですから。また元老も徐々に高齢化し、判断力にかげりが生じます。

日露戦争に勝利し、外からの侵略の脅威が薄れると、人々の不満が鬱積します。

明治天皇が崩御し、大正という新しい時代に入ると、人々が日比谷公園に集まって、大騒ぎになりました。

護憲運動の始まりです。

「元老は引っ込め!」

「普通選挙を実施しろ!」

政府は譲歩し、大日本帝国憲法は改正しないまま、衆議院議員選挙で勝利した政党のトップを天皇が首相に任命する、というイギリス型のスタイルに変わりました。

この新しい政治システムを「憲政の常道」「大正デモクラシー」と呼びます。

つまり帝国憲法下でも、短い間でしたが民主主義が実現したのです。

自由党系の立憲政友会と、立憲改進党系の憲政会・民政党との二大政党制も機能しました。

日本は第二次世界大戦に敗れてから民主主義国になったのではなく、大正時代にすでに民主主義は実現していたのです。

第7章

格差と社会主義の萌芽

（大正～昭和初期）

◉目標を失った「日本人の喪失感」

大英帝国と呼ばれたイギリスの黄金時代は、ヴィクトリア女王の名前と結びついています。

イギリスは立憲君主政ですから君主は象徴ですが、「あの女王陛下と共に歩んだ時代」という気持ちをみんなが抱いたのです。

１９０１年に女王が崩御した時、多くのイギリス人が喪失感と不安を抱きました。

約10年後の１９１２年、明治天皇が崩御しました。

明治天皇――全国の小学校には明治天皇の写真（御真影《ごしんえい》）が下付され、誰もがあの厳父のような眼差しを、思い浮かべることができました。

また、明治天皇自身が全国に行幸《ぎょうこう》し、「君主は民と共にある」という理想を体現しました。

神話の時代は別にして、天皇が民の前にお姿を現すということは、前代未聞だったのです。

今でも全国各地に、明治天皇の行幸を記念する石碑が立っていると思います。日清・日露戦争の際には、天皇が直接戦地へ行くことはなかったものの、戦場の兵士の労苦を思い、毎日軍服を着用し、質素な生活を続けられました。

その明治天皇が、もういない——次の大正天皇は健康問題を抱え、国民の前に姿を現す機会は少なくなりました。

日本は日露戦争で勝利すると、イギリスは幕末に結んだ不平等条約、とくに関税自主権の回復に応じます。

こうして、日本の悲願である「一等国になる」「西欧列強と肩を並べる」という夢は、日露戦争のまさかの勝利で実現しました。

幕末の黒船来航によって開国を強いられた日本は、西洋列強にいつ攻め込まれるかもしれないという恐怖にずっと直面してきました。

だからこそ、自国の独立を守るために、西洋列強の仲間入りをしようと、軍備拡張、富国強兵に必死に取り組んできたのです。

そして、日露戦争に勝ったことで、その目標をようやく達成しました。

同時に、この成功は、近代日本が国家目標を失ったことも意味しました。

◉産業革命の成功と、格差社会の到来

日本における産業革命は、まず紡績・製糸などの軽工業から始まり、重工業はあとから発展しました。

日清戦争で得た賠償金は、八幡《やはた》製鉄所に代表される重化学工業への転換をもたらし、日本は国産の鋼鉄軍艦をつくれるようになりました。

産業革命が進むと、農村から大勢の若者が都会に出稼ぎに行くという現象が起こりました。

工業都市が急速に発達していった一方、昔ながらの共同体や村社会が壊れていき、バラバラな個人が都市に集まって住むという現代的な社会が誕生していきました。

都会に出たすべての若者が、いい職にありつけるわけではありません。

まだ労働基準法のような法律はなく、劣悪な職場環境と低賃金に人々は苦しんで

いました。

長時間労働や給料の不払いは当たり前で、基本的にどの職場もブラックでした。

こうして新興資本家と労働者との格差が広がっていきました。

「はたらけど　はたらけど猶《なお》わが生活《くらし》楽にならざり　ぢっと手を見る」（石川啄木《たくぼく》『一握《あく》の砂』）

このようなうっぷんが労働者の間に蓄積されていき、やがて「資本家は敵だ！」という思想が生まれていきます。

こうして日本社会に社会主義のタネが蒔《ま》かれ始めました。

国家目標を失って、ぽっかりと穴が開いた日本人の心に忍び込んでくるものがありました。

それが社会主義の思想だったのです。

◉日本における「社会主義運動」の始まり

第一次世界大戦は、遠くヨーロッパで起こった戦争であり、日英同盟を結んでいた日本は連合国側の一員として、アジア太平洋地域からドイツ軍を一掃しました。

また、ヨーロッパ向け軍需物資の輸出で日本経済は活況を呈し、まさにイケイケだったのです。

ところが、大戦景気に浮かれる日本人に、とんでもないニュースが飛び込んできました。

ロシアで革命が発生し、ロマノフ王朝の皇帝ニコライ2世が退位した！

レーニンが率いる革命政権が、史上初の社会主義政権を樹立し、土地と工場の国有化を断行した！

この結果、革命後のロシアには地主も資本家もいなくなり、みなが平等になったというのです。

「そうだ、レーニンは正しい」

「ロシア革命に続け！」

ヨーロッパで生まれた社会主義という思想を日本に持ち込み、

「君たちが抑圧されているのは資本家や地主のせいだ」「人民よ、立ち上がれ！」

と革命を煽《あお》る人たちが現れました。

貧富の差をなくし、平等な社会を目指そうとする思想を社会主義といいます。**産業革命による貧富の格差の拡大という土壌があり、そこにロシア革命の衝撃が加わったことで、日本でも社会主義運動のタネが蒔かれたのです。**

明治の元老が引退し、産業革命で都市部に労働者が集中し、のちに大正デモクラシーと呼ばれる大衆の政治運動が活発化しました。

選挙で政権が交代する二大政党制が確立し、有権者の確保に躍起となる二大政党（立憲政友会と憲政会）は、労働者に目を向けます。

１９２５年に**普通選挙法が成立**して男性の普通選挙が認められました。労働者や小作人でも衆議院議員に立候補できるようになったのです。

社会主義政党の台頭を恐れた政府は、同時に**治安維持法を制定し、暴力革命を煽る政党の活動を禁止しました。**

政治犯を取り締まる特高警察（特別高等警察）が全国に置かれ、社会主義者を監視下に置いたのです。

日本の社会主義運動の高揚と挫折を、**幸徳秋水**《こうとくしゅうすい》という人物を通じて見ていきましょう。

幸徳秋水（1871〜1911）

秋水は、坂本龍馬、中江兆民、板垣退助を輩出した土佐の酒造業者の子です。

「わしは新聞記者になって、自由民権運動をやるぜよ！」

と一念発起して上京し、中江兆民の弟子になります。

その紹介で、板垣退助の新聞『自由新聞』の記者となりました。

新聞というものが発刊されたのも明治時代からで、当時もっとも売れていたのが『萬朝報《よろずちょうほう》』です。

版元は、やはり土佐出身のジャーナリスト黒岩涙香《るいこう》でした。

『萬朝報』は、「〇〇議員は〇〇という妾《めかけ》を囲っている」などの噂話やスキャンダルを満載した、日本初の大衆ゴシップ紙です。

ゴシップ情報で民衆の心をつかみながら、同時に自由民権思想を広めていく。

秋水はこの『萬朝報』に引き抜かれ、スター記者への道を駆け上っていきます。

秋水が新聞記者としての実力を存分に発揮したのは1900年、立憲政友会が結成された時です。

中江兆民の遺志を継いだ板垣退助はリベラル政党・自由党を設立しました。

しかし、これを警戒した政敵の伊藤博文に懐柔され、伊藤と共に「立憲政友会」の結成に加わったのです。

つまり、野党の党首が政権与党に合流したわけです。

これは、民権派からすれば裏切り行為です。

秋水は『萬朝報』に「嗚呼《ああ》、自由党死すや」という有名な記事を書き、板垣と立憲政友会をこき下ろしました。

同年、北京で義和団事件が発生します。

中国人暴徒が各国大使館を襲撃して多数の死傷者を出し、日本を含む八カ国連合軍が共同出兵して制圧しました。

「報復」と称して西欧諸国の軍隊が略奪を行う中、日本軍は国際法を遵守して、その規律正しさが世界で賞賛されました。

明治政府は不平等条約改正のため、日本が国際法を守る「文明国」であることを各国に示す必要があったのです。

ところが、「日本兵の一部が、清国政府が保管していた銀塊を着服していた」というスキャンダル記事が『萬朝報』に載ります。

書いたのは幸徳秋水でした。

これは事実だったようで、北京派遣軍の陸軍中尉が引責辞任しています。

「陸軍に恥をかかせおって……」

この辺から幸徳は、陸軍のボスで長州閥の巨頭・山縣有朋に睨まれるようになっていきます。

これが、のちの悲劇の伏線です。

◉「帝国主義」とは何か？

1901年に幸徳は、主著『廿世紀之怪物帝国主義《にじっせいきのかいぶつていこくしゅぎ》』を出版しました。

帝国主義とは、19世紀後半、日本も含めた欧米列強が自国の利益のためにアジア・アフリカを侵略し、これらの地域を文字通り〝切り刻む〟に至った思想です。

帝国主義を論じた有名な本には、イギリスの経済学者ホブソンの『帝国主義論』（1902年）と、ロシアの革命家レーニンの『帝国主義論』（1917年）がありますが、幸徳はこれらに先立って帝国主義を論じていたのです。

アフリカで記者経験のあるホブソンは、帝国主義の本質をこう論じました。

「産業資本（メーカー）に代わり、金融資本（銀行）が力を持った段階である」

ロンドンを中心とする金融資本が、アジアやアフリカに直接投資して、現地生産を開始した。その現地資産を守るために軍隊を送り込み、分割に至ったのだと。

ホブソンの帝国主義論は、今も世界史教科書に載っている一般的な説明です。

一方、レーニンは「資本主義の最終段階が帝国主義である」と論じました。「最終段階を過ぎると資本主義は崩壊に向かう。だから共産主義革命を！」という理屈につながっていきます。

では、幸徳は帝国主義をどう捉えていたのでしょうか。

「ナショナリズムと、産業界の利権とが結びついて生まれた〝怪物〟である」

ホブソンやレーニンが経済分析へと特化したのに対し、秋水はナショナリズムの危険性に注目しているのです。

「国家への警戒感」を強めていった秋水は、無政府主義へと向かいました。

◉幸徳秋水、無政府主義への転換

幸徳は同じ1901年、日本初の社会主義政党である社会民主党を設立しますが、立憲政友会の伊藤博文内閣によってすぐに解散させられました。

日露関係が悪化すると日本国内では、「ロシアに勝てるのか？」「いや、もう戦うしかない」と大論争が起きていました。

また、ロシアの社会主義者と日本の社会主義者が連携し、「帝国主義者の起こす戦争に人民を巻き込むな！」という議論も生まれました。

初めは非戦派だった『萬朝報』が途中から参戦派に転じると、幸徳はこれを批判して『萬朝報』を退社。

一緒に辞めた堺利彦《さかいとしひこ》と、『平民新聞』を創刊しました。

幸徳が、ロシアの革命運動や共産主義に興味を持ち始めたのはこの頃からです。ついに**マルクスとエンゲルスの著書『共産党宣言』**を翻訳して発表します。暴力革命礼賛のこの本は、テロを煽る危険な書物として即日発禁となり、幸徳は逮捕されました。

しばらく後になりますが、ロシア革命後の1922年には日本共産党が結党されます。こちらも「天皇制打倒」「暴力革命」を掲げる非合法組織として警察にマークされ、治安維持法（1925年）によって活動を禁止されました（P．343参照）。

共産主義の本質は、暴力による資本主義体制の転覆と、労働者独裁政権の樹立です。強力な革命政府を樹立して、有無を言わせず資本家・地主から財産を没収し、これを人民の共有財産にして貧富の差をなくす、という思想です。

この時代、革命ロシア以外で共産主義が合法だった国はありません。

社会主義運動には、共産主義運動のほかに、**無政府主義（アナーキズム）**の流れがあります。

その中心人物は、ロシアの思想家**ミハイル・バクーニン**です。

「労働者独裁というが、共産党が新たな支配者になるだけではないか。革命の成功後は、あらゆる国家権力を解体し、人民を解放すべきだ」

とバクーニンは批判したのです。

これが無政府主義です。

国家の解体後は、農民組合や労働組合のようなコミュニティを社会の単位とし、徴税も治安維持も組合単位でやっていけばいい、という考え方です。

幸徳が無政府主義に転じたのは、獄中でロシアの無政府主義者クロポトキンの存在を知ったことがきっかけでした。

出獄後、アメリカに渡った秋水は、亡命ロシア人の無政府主義者と交流しました。当時アメリカには、帝政ロシアの弾圧を逃れた多くの社会主義者がいたのです。秋水が滞在中に、たまたまサンフランシスコ大地震が発生し、無政府状態に陥りました。瓦礫《がれき》の中で市民たちが助け合い、協力する姿を見て、

「これこそが理想社会だ！　国家なんかなくていいのだ！」

と幸徳は考えるようになっていきます。

日本では、立憲政友会の西園寺公望《さいおんじきんもち》内閣がリベラル路線に転じ、日本社会党の結党を許可しました。これに幸徳も加わります。

日本社会党は革命を起こさず、帝国憲法の枠内で合法的に社会主義を目指す政党です。その手段として、労働者も投票できる普通選挙法の制定を掲げました。

日本社会党の党内では、合法路線を貫く指導部と、ロシア革命のような実力行使を掲げる急進派との対立が深まります。

幸徳は、急進派に属しました。

そんな時に、赤旗事件《あかはた》（1908年）が起きました。

日本社会党員が、仲間の釈放を祝う宴会を開いていました。酒が入って悪ノリした10人ほどが、赤地に白で「無政府主義」と書いた旗を振り、革命歌を歌いながら街に繰り出したのです。

その結果、警戒中だった警察に全員検挙され、日本社会党は大打撃を受けました。「西園寺内閣が、社会主義者に甘いからこうなった」と野党が追求し、西園寺内閣は総辞職に追い込まれました。

幸徳は、故郷の高知に帰省中のため事件とは無関係でした。ところが、高知から戻り、日本社会党の再建に奔走《ほんそう》していた幸徳は、突然逮捕されたのです。

◉「大逆事件」で揺らいだ「北朝の正統性」

幸徳秋水の名を歴史に刻んだのが、1910年の大逆《たいぎゃく》事件です。「大逆」とは、天皇に対する反逆罪を意味し、刑罰は死刑のみでした。

先の赤旗事件で逮捕されたメンバーに、荒畑寒村《あらはたかんそん》と妻の管野《かんの》スガがいました。先に釈放されたスガの面倒を見るうちに、幸徳はスガと不倫関係になっていました。

内縁の妻スガと湯河原温泉に来ていたところ、二人は突然、逮捕されます。「明治天皇の暗殺を謀《はか》った容疑」です。

この計画は実在し、スガは関与していたようですが、幸徳はまったくの濡《ぬ》れ衣《ぎぬ》でした。

にもかかわらず、裁判の結果、12人の社会主義者が死刑判決を受け、秋水とスガもこの中に含まれました。

幸徳の絶大な影響力を警戒した警察が、何が何でも幸徳を逮捕し、活動家たちの一網打尽を図った結果でした。

この事件の裁判中に、幸徳がこんな発言をして大騒ぎになっています。

「あなた方は、私の罪が今の陛下に対する大逆罪だと言う。しかし**今の陛下は北朝のお生まれである。本来の皇統である南朝から皇位を奪ったのが北朝ではないか？**

これこそが大逆罪ではないのか？」

幸徳の義父は、実は国学者でした。幸徳もこの辺りの議論に通じていたのです。

これは天皇の正統性を揺るがす重大発言で、国中が大騒ぎになりました。

慌てた文部省が教科書表記を調べてみると、その多くが南北朝について「南朝と北朝の二つの王朝があった」と書いていたのです。

これは明らかに「万世一系」という水戸学的「正閏論」の建前に矛盾します。

慌てた文部省は「後醍醐天皇の南朝が正統である」と見解を発表しました。

では、北朝の流れをくむ今の天皇陛下の正統性はどう説明するのか。

「南朝最後の後亀山天皇が、三種の神器を北朝の後小松天皇に譲ったことで、天皇の正統性は北朝に戻った」のだから、「天皇陛下の正統性に問題なし」と結論づけたのでした。

この議論は、水戸光圀の『大日本史』をめぐっても論じられていました。

北朝の天皇から征夷大将軍に任命される徳川将軍家は、北朝の権威を否定できません。同様に、北朝出身の明治天皇の統治権を認める大日本帝国憲法下の明治政府は、北朝の権威を否定できません。

そこに、「南朝が正統」という水戸学的「正閏論」を持ち込むと混乱するので、「三種の神器」という魔法のアイテムで解決するのです。

明治の建国者たちが、欧米列強に対抗しうる国民国家の「核」が必要であるというドライな計算のもとに、天皇崇拝を国民教育で進めてきました、**その結果、「天皇への絶対忠誠」という水戸学イデオロギーが蘇りました。**この亡霊は、このあと昭和期になって手のつけられない怪物に成長していきます。

◉無政府主義者からリバタリアンへ

もう一人、明治・大正期を生きた破天荒な社会主義者を紹介しましょう。香川県出身の**大杉栄**《さかえ》です。

大杉栄（1885〜1923）

軍人の家庭に生まれ、上京して幸徳秋水の平民社に出入りし、日本社会党に参加します。

赤旗事件では逮捕され、2年半の懲役刑を受け、無政府主義に傾きました。

ここまでは、幸徳秋水とほぼ同じ道をたどっていきます。

また、語学の才能に恵まれた大杉は、東京外国語学校（東京外大の前身）を卒業し、ダーウィンの『種の起源』やファーブルの『昆虫記』を翻訳しています。

常識人だった秋水とは違い、大杉は徹底した自由主義者、個人主義者でした。

組織に所属するのは大嫌い。名古屋の陸軍幼年学校では、しょっちゅう暴力事件を起こし、「素行が悪い」という理由で退学処分になっています。

私生活では結婚制度を否定し、複数の女性と同時に関係を持ち、女性からの資金援助でヒモ同然の生活を送っていました。

不倫関係を憤った女性の一人から、刺されるという事件も起こしています。

大杉との間に5人の子どもをもうけた伊藤野枝《のえ》も、自由恋愛主義者でした。

女性解放運動のリーダーだった平塚雷鳥《らいてう》のもとで活動していましたが、野枝のいう女性解放とは、「女性も堂々と不倫していい」ということでした。

それを自ら実践した野枝は、夫がありながら大杉の愛人になり、大杉の妻や愛人たちと四角関係を繰り広げました。

大逆事件で幸徳が処刑されたあと、大杉は荒畑寒村らと文芸思想誌『近代思想』を創刊し、個人主義を基盤とした社会主義を提唱します。

大杉は社会主義者というよりも、リバタリアン（絶対的個人主義者）だったと思います。政治思想としては、「リバタリアニズム」といいます。

リバタリアンは、何者にも縛られない絶対的な個人の自由を追求します。

この思想はアメリカで生まれました（図7－1）。

■7-1　無政府主義とリバタリアンの違いとは？

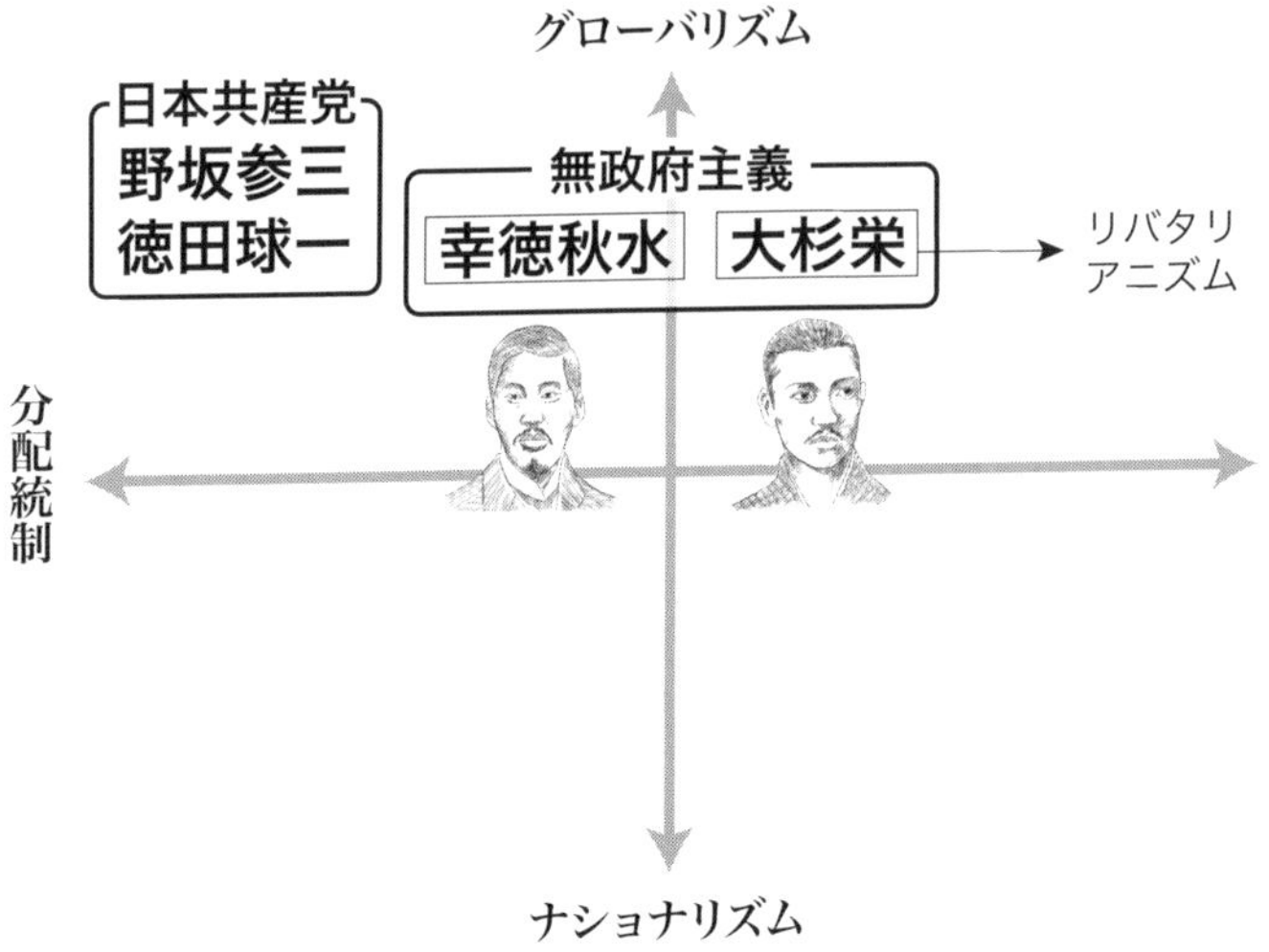

西部開拓農民がたった一人で、あるいは家族だけで荒野を切り開いていく。銃を持ち、自分の身は自分で守る。

あの精神です。

本来、自由主義を意味していた「リベラル」という言葉は、１９３０年代くらいから弱者保護、労働者保護という社会主義的な意味に変わっていきました（小著『政治思想マトリックス』ＰＨＰ研究所参照）。

これに反発し、

「政府なんか信用できない。個人の自由を守りぬく！」

という人たちが、「リベラル」という言葉を嫌い、「リバタリアン」を自称するようになったのは、１９７０年代くらいからです。

大杉の時代にこの言葉はまだなく、だから大杉は「アナキスト（無政府主義者）」を自称していましたが、彼は本質的にはリバタリアンだと思います。

「国家を信用しない」という意味では、確かに無政府主義に近いといえるかもしれませんが、実態はかなり違います。

無政府主義は、国家に代わるコミュニティをつくろうとします。農民組合や労働組合をつくり、そこで助け合っていきます。

これに対してリバタリアンは、何者にも縛られたくない、一人で生きていくという思想です。

それができるのは、才能に恵まれ、一人で何でもできる強い人でしょう。

つまり、リバタリアニズムは「強者の思想」ともいえるのです。

◉近代日本史上、最大級の闇「甘粕事件」

第一次世界大戦の軍需景気が終わり、不景気の時代がやってきます。これに追い打ちをかけたのが関東大震災で、京浜工業地帯が壊滅的な被害を受けました。混乱に乗じて政権打倒をもくろむ過激派グループが暗躍し、また韓国併合によって日本に流れ込んだ朝鮮人労働者の中にも社会主義が浸透していました。

警察の能力を超えていたため、暴動を警戒する市民は自警団を結成し、犯罪者や過激派グループと衝突しました。

政府は戒厳令を発し、軍に治安出動を命じました。

軍事警察のことを憲兵隊といい、通常は軍隊内部の警備が任務ですが、非常時にはこの憲兵隊が治安維持にあたりました。

その中で起きたのが、甘粕《あまかす》事件です。

東京憲兵隊の麴町《こうじまち》分隊長・甘粕正彦大尉は、無政府主義者に暴動の恐れありとして、大杉栄と内縁の妻の野枝、たまたま遊びに来ていた大杉の6歳の甥を憲兵隊司令部に連行、3人はそこで絞殺されました。

どんな非常時であろうとも、裁判抜きの容疑者殺害（しかも子供を含めて）は、憲兵隊の犯罪行為です。

軍は甘粕たちを逮捕して軍法会議にかけました。甘粕は「独断でやった」と証言し、判決も「憲兵隊の組織的関与はなかった」と結論づけました。

果たしてこの犯行が甘粕大尉の独断で行われたのか、上層部の意向を受けた組織的な犯行だったのか。真相は藪《やぶ》の中です。

懲役10年の判決を受けた甘粕は、「模範囚」として3年で保釈され、民間人として満洲に渡り、南満洲鉄道に勤務します。

満鉄時代の甘粕は、清朝最後の皇帝・溥儀《ふぎ》を満洲国の君主に擁立する秘密工作に従事しました。

こんなことを一民間人にできるはずもなく、甘粕は大杉の事件後も、軍の中枢とつながっており、「汚れ仕事」を担当していたと推測されます。

ちなみに、映画『ラストエンペラー』では、坂本龍一がこの甘粕正彦を怪演しています。

◉コミンテルン「日本革命指令」の大誤算

1917年、ロシア革命によって社会主義政権（ソヴィエト政権）が誕生しました。革命を成功させたソ連共産党は、「地主と資本家を打倒し、労働者を解放する」ための革命を世界中に広げようとしていました。

いわゆる世界革命です。

その司令塔として共産主義インターナショナル（通称コミンテルン）をモスクワに創設し、ドイツ、オーストリア、イタリア、フランス、イギリス、アメリカ、中国、日本などに共産党をつくりました。

日本共産党は野坂参三、徳田球一、佐野学、荒畑寒村らによって結党され、「コミンテルン日本支部」としてモスクワから司令を受け、活動していたのです。

「ロシア革命に続け。日本共産党は天皇制を打倒せよ！」

「天皇制・地主・独占資本（財閥）の打倒」を日本革命の目的と定めたコミンテルンの決定を「32年テーゼ」といい、日本共産党はこれに従いました。

この「天皇制」という言葉も、コミンテルンがつくったものです。

つまり天皇を、ブルボン朝やロマノフ朝などの絶対君主と同一視しているのです。

本書で繰り返し言及したとおり、日本の天皇は「しらす」存在であって、実際に天皇が政治権力を振るって人民を抑圧した歴史はありません。

このような歴史的文脈を無視して「天皇制打倒！」と叫ぶ日本共産党に、日本人は誰もついていかず、日本政府からはただのテロ組織とみなされました。

天皇中心の国家体制（国体）を破壊し、私有財産制を否定する運動を取り締まる治安維持法制定（1925年）により、日本共産党の活動は禁止されました。党員の大半は獄中にいたため、社会的な影響力は無に等しかったのです。

そもそも日本の社会主義者は、はじめから天皇の存在を否定していたわけではありませんでした。

幸徳秋水が天皇をどう捉えていたのか見てみましょう。

明治時代最初の公害事件である、足尾《あしお》銅山で鉱毒事件が起きました。栃木県の足尾銅山から工業廃水が垂れ流され、農家に甚大な被害を及ぼしたのです。

地元の政治家・田中正造《しょうぞう》が政府に救済を訴えても埒《らち》が明かず、1901年にはついに明治天皇へ直訴するに至ります。

田中に頼まれて直訴文を下書きしたのが、実は幸徳秋水でした。

直訴文で彼はこう書いています。

「陛下は、足尾鉱毒事件のような不正義についてご存じないのに違いありません。もし陛下がご存じであれば、決してこのようなことをお許しにならないでしょう」

「天皇を倒せ！」ではなく、むしろ天皇に人民の救済を期待しているわけです。

仁徳天皇以来、民の生活に想いを寄せるのが天皇の伝統でしたから。

幸徳秋水は決して反天皇ではなかった。

ここは重要なポイントです。

◉獄中の日本共産党幹部を転向させた「天皇の力」

昭和に入ると、日本共産党をゆるがす驚天動地の事件が起こりました。

いわゆる「佐野・鍋山転向声明」です。

佐野学と鍋山貞親《さだちか》は、日本共産党の結党に加わった古参幹部です。

治安維持法にもとづく一斉検挙で日本共産党はすでに組織活動を停止しており、佐野・鍋山も、先の見えない獄中生活を送っていました。

「このままでは、いつまで経っても革命が成就しない。なぜ、日本国民は立ち上がらないのか？　そもそも、コミンテルンの指令が間違っているのではないか？」

1933年、佐野が鍋山を説得し、獄中からの共同声明を発表しました。内容は以下のとおりです。

・コミンテルンの32年テーゼ（天皇制打倒指令）が日本革命を妨げてきた。
・**古来、独立を維持してきた日本国民の一体感は強固であり、階級闘争を持ち込むのは困難である。**
・**労農大衆が天皇制を支持している現実を受け入れ、「天皇制廃止」の主張を取り下げる。**

なお、天皇制と社会主義の関係については明確に説明できていません。

「天皇制ブルジョワ政府」と獄中で闘っているはずの日本共産党元幹部が出した、まさかの転向声明は、日本の社会主義運動を動揺させました。

もちろん日本政府はこれを歓迎し、転向声明は新聞にデカデカと載せられました。これを読んだ獄中の社会主義者が次々に転向し、政府に協力するようになったのです。

「佐野・鍋山転向声明」は、日本共産党に対する天皇の権威の「勝利」であり、釈放された転向組の多くは社会党再建に加わり、合法的な政治活動に転じました。

と同時に、この事件は、軍人や官僚など国家主義者の側が社会主義への抵抗をなくしていく契機ともなり、**日本社会の改造を目指す「革新官僚」「赤い軍人」が続々と登場することにもなったのです。**

同年に始まった満洲事変に際しても、転向組は「日本帝国主義に反対する」という使い古されたお題目を取り下げ、このように言い出しました。

「指導民族である日本人によって率いられ、朝鮮・台湾・満洲・中国本土を含んだ〝大国的社会主義〟を目指す」

これはのちの「大東亜共栄圏」の思想とほとんど同じなのです。

◉「二・二六事件」の理論的指導者・北一輝

日本での社会主義革命を成功させるために、天皇という存在との整合性を理論的に考えた天才がいます。**北一輝《きたいっき》**です。

北一輝（1883～1937）

北一輝は佐渡島《さどがしま》の造り酒屋の子に生まれました。家は裕福でしたが、右目の眼病を長く患い、ついには失明したため、義眼を入れています。

21歳で上京すると、幸徳らの平民社の運動を通じて、社会主義思想に触れます。早稲田大学の図書館で猛勉強を続け、日露戦争の前後あたりから、天皇をいただく**「国家社会主義」**という構想を発表し始めます。

こうして処女作『国体論及び純正社会主義』（１９０６年）を発刊しました。

「日本国民は家族であり、天皇は父親的な存在である。天皇のもとで社会主義国家を実現できる」――。

この本は帝国憲法を批判したため発禁処分となり、北は要注意人物として警察の監視対象となりました。

その後、北一輝は大アジア主義に目覚め、中国革命へとのめり込みます。

内田良平の黒龍会に所属し、その特派員として中国へ渡ったのです。

ここで清の支配を打倒し、中華民国を樹立した辛亥《しんがい》革命を目撃、好意的なルポルタージュを書きました（『支那革命外史』）。

日本も大正デモクラシーの時代に入りましたが、政党内閣を率いる大隈重信が、革命直後の中華民国に突きつけた「二十一箇条の要求」に対して北一輝は、隣国の混乱に乗じて利権を拡大しようとするものだ、として批判しています。

政党政治も選挙にカネがかかる。カネを握っている財閥や地主が、議員を買収できる。これでは人民のための政治は実現しない。それは陛下の御心《みこころ》だろうか――。

■7-2　日本の初期社会主義の全体図

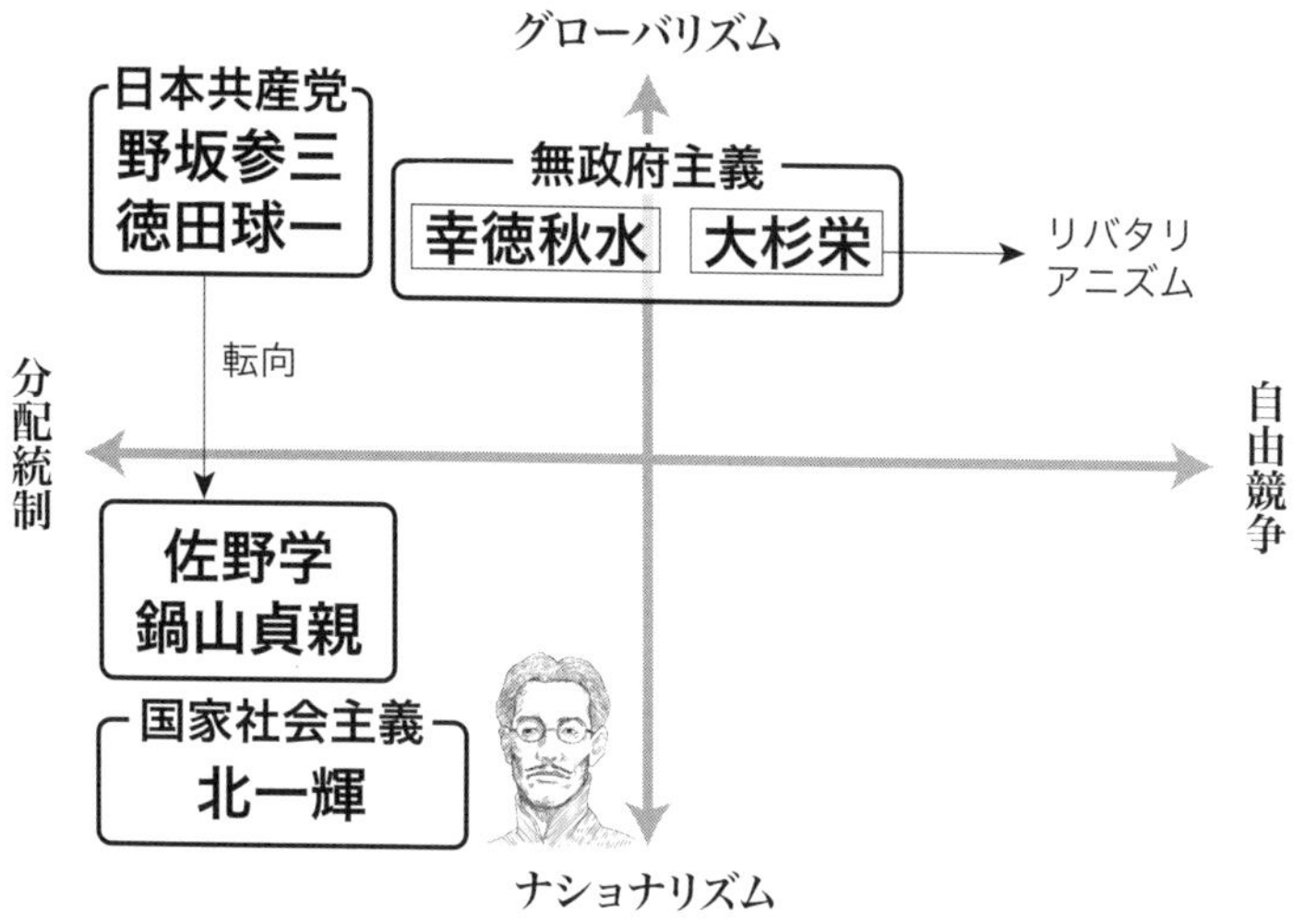

熟考に熟考を重ね、40日の断食を経て北一輝が出した結論を一冊にまとめたのが、『**日本改造法案大綱**』（1919年）でした。

その中で北は、軍事革命＝クーデタによる帝国憲法体制の打倒を主張します。

クーデタ成功の暁《あかつき》には、**私有財産の制限、財閥解体と資本の集中の禁止、天皇と国民を隔てる華族制度の撤廃**などを提案しました。

北は、天皇と社会主義の融合、天皇のもとでの平等社会の実現を目指したのです。

これはもはや保守思想ではなく、共産党とは違う形の「暴力革命思想」です。

孫文の革命成功の衝撃が、北に影響を与えたのは間違いありません。

この革命計画は、のちに**二・二六事件**（1936年）を首謀した陸軍の青年将校たちに大きな影響を与えました。

二・二六事件は、社会主義思想の青年将校たちが約1500人の兵を動員し、政府要人を殺害し、首相官邸や軍、警察などの重要施設の占拠を行った事件です。

北は事件に直接関与していませんが、北の信奉者たちが二・二六事件を起こすと、北は「事件の理論的指導者」として逮捕され、銃殺刑に処せられました。

二・二六事件は、戦前の日本思想のターニング・ポイントとも言えます。

二・二六事件のあらましと、それがもたらした日本社会の暗転については、次の第8章で見ていきましょう。

第8章

敗戦への道を進んだ日本型ファシズム

（昭和初期〜終戦）

◉軍部への社会主義の浸透

「戦前の日本」は民主主義のかけらもなく、天皇が絶対的な権力を握り、特高警察が全国民を監視する今の中国のような独裁国家だった——。

アメリカに負けてやっと民主主義になったのだ、という俗説があります。

前章までお読みになった方は、この説が事実に反することがおわかりでしょう。

天皇の地位は帝国憲法によって制限され、立憲君主としての権威にとどまりました。帝国議会が定期的に開かれ、衆議院議員は選挙で選ばれました。薩長藩閥政府を公然と批判する自由党など野党の活動も認められていました。

大正時代には男性普通選挙が実施され、立憲政友会と憲政会が選挙で政権を争う二大政党制が実現しました。

治安維持法は、暴力革命による政権転覆を図る団体に適用されるもので、戦後の日本における破壊活動防止法のようなものです。

政府批判をすれば必ず逮捕され、収容所に送られる独裁国家、全体主義国家とは、根本的に違うのです。

その一方で、帝国憲法を骨抜きにし、天皇を絶対君主として祭り上げ、その下で独裁的な政治を行おうとする勢力が、昭和になって台頭したのも事実です。

その時期は１９３０年代から１９４５年の敗戦までで、「昭和ファシズム」とも呼ばれます。この流れが加速したターニングポイントが１９３６年の二・二六事件でした。

陸軍将校らによる帝国憲法破壊のクーデタ事件で、これが成功していれば日本はナチス・ドイツや、ファシスト・イタリアのような独裁政権になるところでした。

クーデタはなぜ起こされ、なぜ挫折したのか？

まずは事件が起こった時代背景を見ておきましょう。

第一次世界大戦で戦場となったヨーロッパから遠く離れた日本とアメリカでは、軍需物資の輸出が急増し、新興財閥が肥大化していきました。

大戦が終結し、１９２０年代の半ばからヨーロッパ経済が復興してくると、欧州への輸出が頭打ちになり、日米は急激に不景気になっていきました。

まず日本では大戦後不況に関東大震災が追い討ちをかけて1927年に金融恐慌が発生します。

2年後の1929年、アメリカ・ニューヨークの株式市場の大暴落が世界恐慌を引き起こします。

それが日本に押し寄せてきて、昭和恐慌が発生しました。

農村から都市に出稼ぎに出ても、仕事にありつけなくなり、仕送りがなくなって疲弊した農村では、娘の身売りなど人身売買が横行しました。

資本主義国が軒並み不景気に陥る中、社会主義国・ソ連だけが独り勝ちしているように映りました。

共産党主導の計画経済では、私企業がモノをつくりすぎることはないので景気変動もなく、全人民が公務員ですから失業者もないのです。

実際には、穀倉地帯のウクライナで共産党が穀物の徴発を行い、数百万人の餓死者が出ていました。

シベリアでは、数千万人の政治犯が強制労働を強いられていました。

これらの情報は、ソ連共産党の情報統制により一切、表に出てこなかったので、外部の人々はソ連のプロパガンダを信じてしまったのです。

「ソ連のような社会主義国になれば、富の格差を是正できる」

アメリカでもヨーロッパでも、インテリ層が共産主義に憧れていたのです。これは日本でも同じでした。

貧しい農家出身の若者が、「タダでメシを食える場所」が軍隊でした。息子が徴兵に取られることは、貧しい農民にとってむしろ歓迎すべきことだったのです。このような農村出身の軍人たちが何を思ったか?

「いまの政治は腐りきっている。政党は財閥の手先。昭和維新《しょうわいしん》で天誅《てんちゅう》を下す!」

そんな彼らの心を捉えたのが、北一輝の説く社会主義思想でした。社会主義思想は、こうして軍の内部に深く、深く浸透していったのです。

◉初めて昭和天皇が「意思を示した」

社会主義実現の方法をめぐっては、陸軍内部に二つのグループがありました。「皇道派《こうどう》」と「統制派」です。

「皇道派」は天皇の親政のもとで万民平等な国家をつくるため、クーデタによる帝国憲法体制の打倒を図る急進派です。

北一輝の革命思想の影響を受けた青年将校たち（大佐〜少佐クラス）が中心でした。日本独自の社会主義を目指し、ソ連型社会主義を敵視する一方、中華民国との連携を訴えました。

「統制派」は、軍の統制を保ちながら帝国憲法の枠内で軍の発言力増大を目指す穏健派で、軍の上層部（大将〜少尉クラス）はだいたいこれでした。

政治家や財閥と妥協を図り、財閥の対外資産を守るため、中華民国に対する強行姿勢を唱える一方、ソ連とは妥協的で、むしろスターリン体制下の官僚統制国家をモデルにしていたようです。

陸軍上層部の統制派に対し、青年将校の皇道派が起こした下剋上が二・二六事件でした。

岡田啓介首相、高橋是清《これきよ》蔵相以下、主要閣僚を射殺し、マスメディアを制圧し、帝国議会を解散し、昭和天皇のもとで皇道派内閣を組織する——。

岡田首相は難を逃れましたが、80歳を超えていた高橋蔵相は自宅で銃弾を打ち込まれ、殺されました。このように政府要人を襲撃したのも、「君側《くんそく》の奸《かん》――天皇陛下の御心を歪めている側近を排除する」という理屈であり、反乱軍には昭和天皇に反逆する意思はありませんでした。

ところが、反乱軍によって側近多数を殺傷された昭和天皇は激怒し、「朕《ちん》（私は）、自ら近衛兵《このえへい》を率いて鎮圧する」とまで固い意思を示されたのです。

これを受けて統制派は、「陛下に歯向かうな！」と皇道派の武力鎮圧に乗り出し、投降を呼びかけて事態は収拾しました。

皇道派の指導者は逮捕され、命令に従った兵士たちは赦免されました。

この二・二六事件制圧の功績により、**逆に統制派が完全に陸軍を制圧**しました。この結果、中国との全面戦争、ソ連との中立条約、そして中国を支援する米英との対決、という路線が敷かれたのです。

二・二六事件の厄介なところは、クーデタを鎮圧した統制派も、合法的な手段での軍事政権樹立を目論む国家社会主義者たちだった、ということです。

つまり、**軍の実権をどちらが握ろうとも行き着く先は全体主義、**という悪夢のような時代になっていくのです。


二・二六事件は再び、「天皇」の権限をめぐる議論を呼び起こしました。

昭和天皇が自らの意思で政治的決断を下されたのは、この時がはじめてでした。

帝国憲法には、「天皇は内閣や軍の助言に従う」という規定があります。天皇が内閣や軍に対して、絶対君主のように命令を下してはならないのです。


また、皇太子時代にイギリスを訪れ、立憲君主制を直接ご覧になった昭和天皇は、「君主は政治に関与しないのが理想」と確信しており、一貫してその立場を守っていたのです。

また、昭和天皇は、親英米派や自由主義者の側近を数多く登用していました。その側近たちを暴力で排除されたのですから、激怒するのは、もっともです。


昭和天皇の示された強い意思は、逆に皇道派の青年将校たちを落胆させました。

君民一体となった国家改造を目指したのに、なぜ陛下は理解されないのか？「昭和天皇に裏切られた」と受け止めたのです。

青年将校のリーダー的存在だった**磯部浅一**《あさいち》に至っては、獄中日記の中で、昭和天皇を叱責しています。

「陛下の側近は、国民を圧迫する裏切り者で一杯です。お気づきあそばされませ。日本が大変なことになります。私は毎日、朝から晩まで陛下を獄中でお叱り申しております」

磯部は現実の昭和天皇を知らず、理解しようともせず、勝手な空想のなかで理想化した天皇と対話し、叱責しているのです。狂気としかいいようがありません。

北一輝は事件に直接関与していなかったものの、「青年将校らの理論的指導者」として特設軍法会議で有罪判決を受け、銃殺されました。

敗戦後、二・二六事件の青年将校を高く評価したのが作家の**三島由紀夫**でした。三島は青年将校の自死をテーマにした『憂国』という作品を残し、大学生を中心

■8-1　日本軍の思想全体図

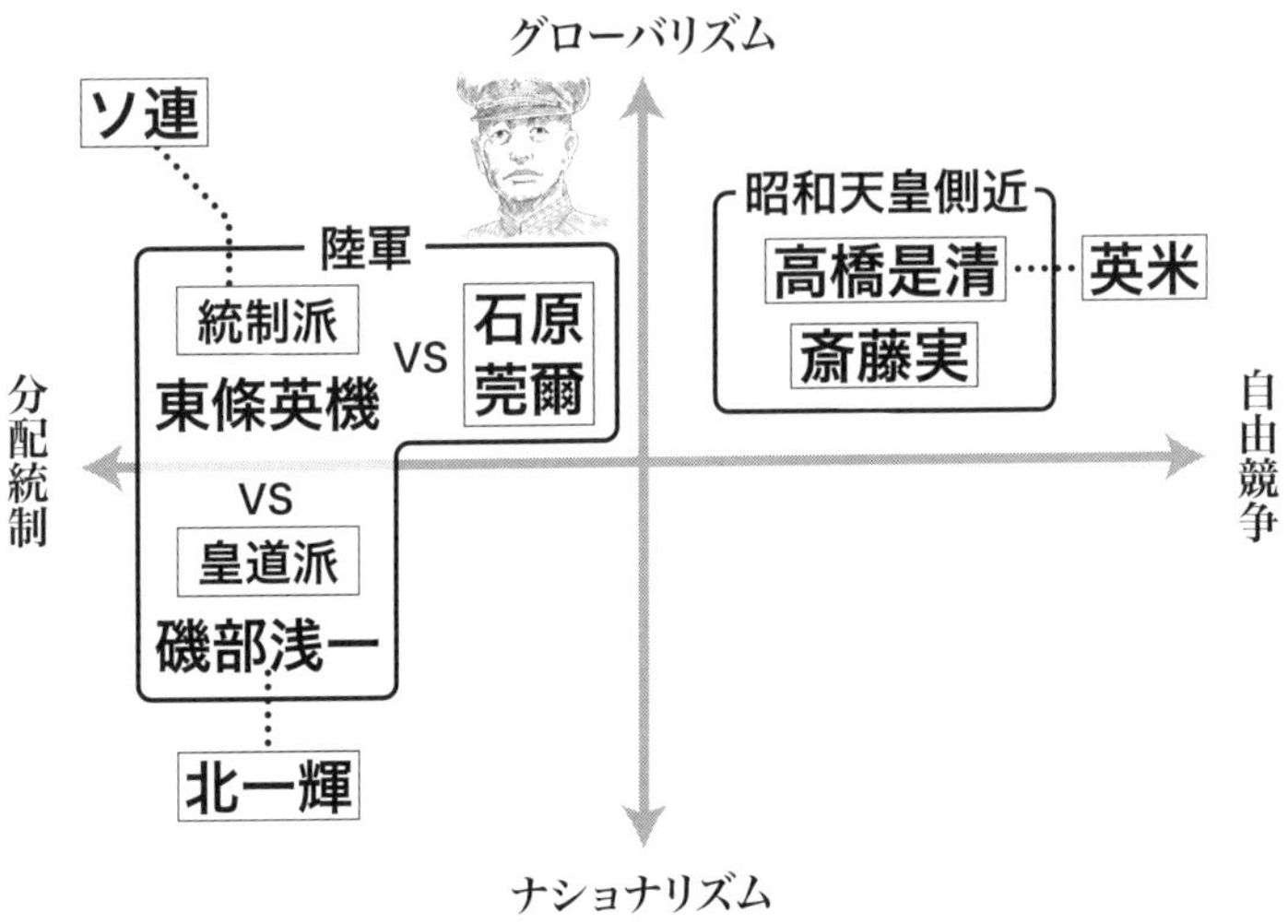

に有志を集めて「楯の会」という民兵組織をつくりました。

1970年、陸上自衛隊市ヶ谷駐屯地（現防衛省）で東部方面総監を拘束し、自衛隊員にクーデタを呼びかけます。

しかし応じる者はなく、三島は「楯の会」の森田必勝《まさかつ》とともに割腹自殺を遂げました。

三島の天皇観もきわめて観念的、理想主義的なもので、磯部と通じるものがありました。

彼らの行為は「美学」や「熱狂」に溢れていますが、現実社会を一歩一歩どう変えていくのか、という冷徹さが欠けているのです。

日本人の精神に間歇《かんけつ》的に現れるこの「美学」や「熱狂」が、やがて大日本帝国を亡国の淵にまで追い詰めることになります。

◉天皇の神格化は、いつから始まったのか？

二・二六事件の前の年、1935年には**「天皇機関説問題」**が起こりました。この問題を国会が大々的に取り上げ、間違った決議をしてしまったことが、磯部らの暴走につながった、という考え方もできます。

伊藤博文ら帝国憲法を起草した人々は、「天皇は国家の権威としての存在」、いわゆる「しらす」存在であると考えていました。

また、君主も人民も国家の一部であり、それぞれの役割を持つという「国家有機体説」の立場を採用しています。

この考え方を継承し、1910年代に「天皇機関説」を提唱したのが、東京帝国大学法学部教授の**美濃部達吉**《みのべたつきち》でした。

「天皇は国家の一機関であり、内閣やその他の機関から助言を受けて統治権を行使する」という天皇機関説は、東大法学部における主流派でした。

ところが、同じ東京帝国大学教授の**上杉慎吉《しんきち》**は、

「天皇機関説は、天皇に対し不敬だ」と批判し始めます。

上杉はドイツに留学し、憲法学を学びました。

ところが上杉は**ドイツ流の国家有機体説ではなく、むしろフランス流の君主主権論（絶対主義の理論）やイギリス流の社会契約説を学んできたようです。**

帰国した上杉は、「天皇主権論」を唱え始めたのです。

「主権は国家ではなく天皇にある」

「天皇は絶対的な主権者である」

「天皇は現人神《あらひとがみ》」

と主張し始めたのも上杉でした。

「美濃部の方が西欧的な考えで、上杉は復古主義」

というイメージがありますが、むしろ逆で、「上杉が西洋かぶれ」なのです。

そもそも**絶対権力を意味する「主権」という言葉は、16世紀のフランスの法学者**

ジャン・ボダンが使い始め、フランス絶対主義を正当化した言葉です。

美濃部の天皇観こそ、『古事記』以来の天皇のあり方をよく説明しているのです。

余談ですが、この時に上杉側に立って論陣を張っていた学生の一人が、岸信介でした。上杉は岸を後継者にするつもりでしたが、岸は固辞して革新官僚への道を進みます（P．415参照）。

天皇機関説と天皇主権論は、最初は東大内における学問的論争でした。

ところが、1935年に突如、天皇機関説が政治問題化したのです。

帝国憲法下の国会は、皇族・華族・国家功労者からなる貴族院と、国民が選ぶ衆議院の二院制でした。「天皇機関説は不敬」とする非難が、貴族院で突然始まりました。

この時点で、貴族院と軍の内部では天皇主権論がかなり浸透していたということでしょう。

貴族院議員だった美濃部は辞職を余儀なくされ、また、彼の書いた書物も発禁処

■8-2　1930年代の思想マトリックス

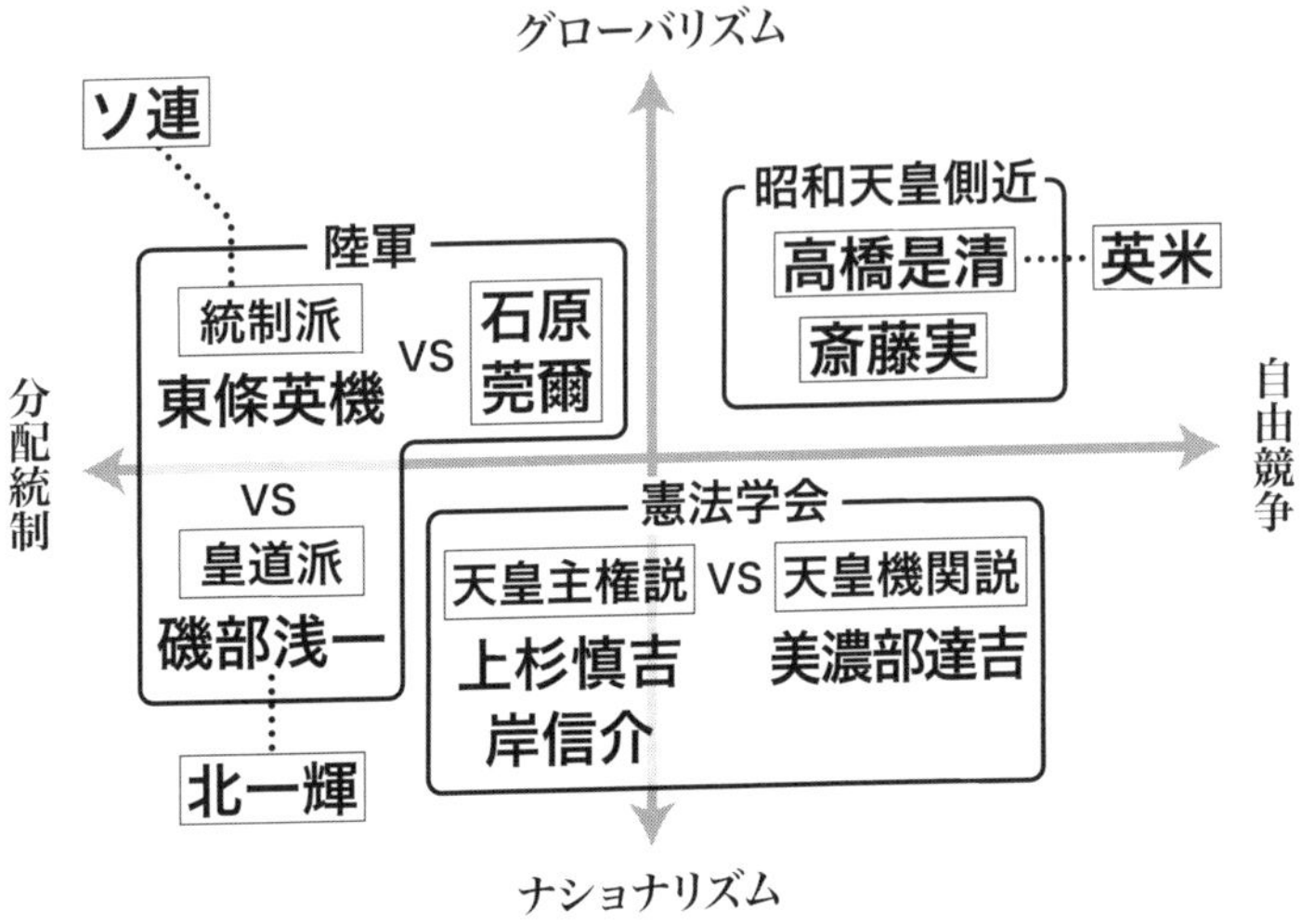

分になりました。

一連の騒動を受けて、時の岡田啓介内閣は**「国体明徴声明」**を発表します。「天皇が主権を持たず、これを行使する機関にすぎないと主張する**天皇機関説は、神聖なる我が国体に反する**」と機関説を断罪し、「主権は天皇にある」と宣言しました。

この時から天皇の存在が捻じ曲げられ、まるで西洋の絶対君主のような扱いを受けるようになったのです。

逆に日本共産党など左翼は、「だから天皇を打倒するのだ！」という論理になる。

極右の国家主義者と極左の共産主義者は、日本の歴史をきちんと勉強せず、西洋の概念を直輸入して正しいと思い込む点で、「似た者同士」なのです。

ところで、昭和天皇ご自身は、天皇機関説についてどう考えていたのでしょうか。

戦後明らかになった昭和天皇の発言を見てみましょう。

「天皇と国民が一体の国であれば、天皇機関説の是非などどうでもよいではないか。美濃部は決して忠義に反する者ではないと自分は思う」

「今日、美濃部ほどの人が日本にどれだけいるだろうか。ああいう学者を葬ることはすこぶる惜しいものだ」

昭和天皇のこのバランス感覚は、絶妙だと思います。

天皇崇拝と国家神道が結びつき、学校行事として昭和天皇の写真への礼拝が行われ、昭和天皇自身が国家的信仰の対象となっていったのは皮肉なことでした。

日本に併合された台湾や朝鮮でも神社参拝が強要され、現地民を強制的に日本人と同化させる皇民化政策が強行されていきました。

このようにして、1930年代の日本は国家社会主義的な独裁へと傾斜していき、国家神道がこれを支えていたのです。

◉日蓮宗から世界最終戦論へ——石原莞爾の思想

ここまで、無政府主義、共産主義、国家社会主義など社会主義思想による国家改造の動きを見てきました。

ここに、日蓮の教えに基づき日本社会を変えていこうとする動きが加わります。

なぜ、ここで唐突に日蓮宗が登場するのか？

鎌倉時代に日蓮は、他派を激しく攻撃し、唯一の教えである法華経に鎌倉幕府が帰依《きえ》しなければ、恐ろしい仏罰を受けるだろう、と予言しました（『立正安国論』）。

そしてその直後に起こったモンゴル襲来が、「日蓮の予言」の現実化と見なされたのでした（第3章の「多神教と一神教との『相互乗り入れ』」を参照）。

このことからもわかるように、日蓮宗は国防への関心が非常に高いのです。

明治以降、「日本の安全を守る」「欧米列強に負けるな！」と主張する仏教系の新興宗教がたくさん出てきましたが、その多くは日蓮宗の系統です。

この**日蓮の教えをもとに社会運動を展開したのが、田中智學《ちがく》です。もともと日蓮宗の僧侶でしたが、還俗して、国柱会《こくちゅうかい》（1914年）を結成した人物です。**

「全世界が法華経に帰依すれば、平和的な世界統一ができる」という〝法華経グローバリズム〟を提唱し、戦争反対や死刑廃止を訴えました。

ここでもまた、天皇が登場します。

田中智學も、古代日本に君民一体の理想国家を見出しました。天皇は日本の統一のみならず、「道徳的に世界統一のシンボルになる」と考えて、**「八紘一宇《はっこういちう》」**を唱えたのです。

八紘一宇は「世界を一つの家にする」という意味で、『日本書紀』に神武天皇の東征直後の言葉として記載があります。

「八紘一宇」は、のちに日本政府が大東亜戦争の目的を正当化するためのスローガンとしたため、敗戦後は「軍国主義色の強い言葉」と見なされ、誰も使わなくなりました。

しかし、八紘一宇の本来の意味はむしろ逆で、「平和主義による世界統一」だったのです。

この田中智學の思想を受け継いだ弟子に、満洲事変を起こした軍人の**石原莞爾**《いしわらかんじ》がいます。

満洲事変は石原の頭の中では「世界平和への第一歩」だったのです。

この**日本陸軍が産んだ稀代**《きだい》**の理論家、戦略家である石原莞爾の思想**を見ていきましょう。

石原莞爾（1889～1949）

石原は山形県鶴岡の出身です。東北諸藩は戊辰戦争で薩長連合軍と戦い、「賊軍」の汚名を着せられました。

薩長藩閥政府に人脈がない東北地方の出身者がのし上がる方法は、猛烈に勉強して官僚になるか、軍功をあげて将校になるか、の二者択一でした。

昭和期の軍人に東北出身者が多いのは、「賊軍」の汚名を返上しようと、そうした試練を乗り越えてきたからです。

石原莞爾は、子どもの頃から成績抜群でした。頭の回転が早すぎて、定期試験などは簡単にパスし、余った時間を歴史や思想の研究に費やしました。教官や同級生がみなバカに見えたのでしょう。素行が極めて悪く、陸軍士官学校でも上官を侮辱するなど問題行動を連発しました。

陸軍大学を2位の成績で卒業後、ドイツに留学し、ナポレオン戦争などヨーロッパの戦史を研究しました。田中智學の国柱会に入ったのはこの頃です。

日本は満洲問題に直面していました。日露戦争に勝利し、ロシアが満洲に持っていた遼東半島の権益（港湾や鉄道の租借権）を譲り受けたものの、その25年後には中国に返すことになっていました。

この遼東半島（関東州）の旅順に司令部を置くのが関東軍で、石原莞爾はこの関東軍の作戦参謀として満洲に派遣されたのです。

この辺から、**田中智學から学んだ世界統一の理念と、現実問題としての満洲防衛**とがリンクしていきます。

石原は、弱肉強食の帝国主義時代において、戦争はしばらく続くと予想しました。戦国時代を勝ち抜いた信長・秀吉・家康が日本を統一したように、いずれは勝ち残った国が世界を統一するだろうと考えたのです。

物質文明の西洋ではアメリカ合衆国、精神文明の東洋では日本が勝ち残るに違いない。この両国の間で世界最終戦争が起こり、勝者による世界統一が実現する。

単純に考えて、人口も経済力も勝るアメリカに日本が勝てるはずがない。

しかし、半世紀くらいかけて日本が満州を確保し、人口を増やし、産業を振興し、アメリカのような大国になれば、最終戦争に勝てる可能性がでてくる。

これらを総合すると、世界最終戦争は半世紀後の１９８０年頃になるだろう。

その頃には戦争は陸でも海でもなく航空戦になっているはずだから、戦闘機や爆撃機の量産体制をつくっておく。

また、国土の狭い日本列島は防衛には不向きである。

いざという時には、日本列島を手放してでも、満洲に立てこもって戦うのだ。

この最終戦争に日本が勝利し、アメリカの物質文明を滅ぼした先に、「八紘一宇」、真の世界平和が実現する。

のちに石原自身が、この遠大なプランをまとめたのが『**世界最終戦論**』です。

◉思想のない官僚が、戦争を泥沼化させる

1931年、満洲事変というクーデタに成功し、広大な満洲が事実上、日本の植民地になりました。

陸軍中枢も日本政府も「結果オーライ」とばかりにこれを追認しました。石原莞爾は一躍、ヒーローとなりますが、

「もう戦争は終わり。半世紀後の世界最終戦争までは余計な戦争を仕掛けて国力を消耗したくない」と、中国本土への戦線拡大には反対の立場を取りました。

ところが、二・二六事件で陸軍の主導権を握った統制派が、

「満洲がうまくいったのだから、中国本土も占領してしまえ」

となし崩し的に中国国内へ戦線を広げていきました。

統制派は、官僚や財閥とも妥協して陸軍が主導権を握る、という立場でした。

彼らには明確な思想も、将来を見すえたプランもありません。ただただ大陸における利権の拡大のために、ずるずると戦争を続けました。

この**統制派のリーダーが東條英機でした。**彼の父は岩手県盛岡の出身で、天才肌ではないが努力家の東條は、二浪してやっと陸大に入り、その後も寄り道をせず、軍の官僚としてゆっくりと出世街道を登っていきました。

すべてを見通す直感力に優れ、一人で決断して行動するタイプの石原は空海タイプ。組織を重んじ、決められたことを淡々とこなす東條は最澄タイプ。

両者は水と油であり、いずれ衝突は避けられません。

不幸だったのは関東軍参謀の石原の上司が、東條英機参謀長だったことです。

東條には思想も理想もありません。

「始めたことは続ける」「決まったことは変えない」

と前例踏襲《ぜんれいとうしゅう》にこだわる軍官僚です。

石原は上司の東條を侮蔑し、公然と反抗的な態度を取りました。

東條から見れば石原は、ただの反抗的な部下ですから、「無礼者」ということで左遷してしまいます。

その後、中国戦線を拡大した東條は出世を重ねて陸軍大臣から首相に選ばれ、「もう決まったことだから」と日米開戦を追認します。

一方、左遷されて退役した石原は、日米戦争に関与することはありませんでした。皮肉なことに、石原は東條に左遷されたために、戦後、連合国が日本の指導者を裁いた東京裁判でも、戦犯訴追を免れました。

酒田での出張法廷に証人として出廷した石原に、連合国の判事がたずねました。

「日本の戦争責任をどこまでさかのぼれるか？」

石原は、答えます。

「ペリーを連れてこい。日本は鎖国をしていて朝鮮も満洲も欲しくなかったのだ。日本に帝国主義を教えたのはアメリカだろう」

さらに、東條との関係について問われると、

「私には思想があるが、東條には思想がまったくない。対立しようがなかった」と返しました。

日本の軍人のほとんどは、東條のようなタイプでした。

つまり、決まったことをただやるだけで、思想がない。

日中戦争以降の戦争はすべて、こうした思想のない軍官僚によって引き起こされたものだったのです。

石原の予想より40年も早く日米戦争に突入し、完敗した日本。戦後のアメリカによる日本占領を石原はどう見ていたのか。

「私の予想は外れて、アメリカが勝ったが、世界統一が成されたのでこれでいいじゃないか」

なんと石原は、アメリカ占領下で制定された日本国憲法の平和主義を評価していました。日本は負けたけれども、結果的に世界が統一され、平和が訪れたのならそれでいいのだ、と。

すでに健康を害していた石原は、朝鮮戦争が始まる前年の１９４９年に60歳で他界しました。

もし彼があと10年生きていたら、東西冷戦という新たな「最終戦争」をどのように論評していたか、気になります。

◉真珠湾攻撃は、壮大な「攘夷」だった

日中全面戦争（支那事変）で日本軍は勝ち進み、中国の主要都市を占領します。

ところが、蔣介石《しょうかいせき》政権が南京を放棄して内陸の重慶に首都を移すと、イギリスとアメリカがそれぞれ英領ビルマ（ミャンマー）と仏領インドシナ（ベトナム）から武器を供与して助けたため、戦争は長期化しました。

この時はまだ、日本と英米は直接戦っていません。

ウクライナ戦争で、米英がウクライナに軍事援助を続けつつ、ロシアとの直接の戦争を避けているのと同じ状況です。


日本は、中国の支援ルートを絶つため、仏領インドシナに進駐しました。

激怒したアメリカは対日本経済制裁を発動し、石油の輸出をストップさせました。

石油の供給を絶たれた日本は、油田を奪うため、今度はオランダ領のスマトラ島を狙います。

オランダはヨーロッパでナチス・ドイツにすでに敗北しており、イギリスは苦戦

していました。オランダ領スマトラ島や英領シンガポールを叩くのは難しくありませんでした。

このままアメリカを相手にしなければ、勝利の可能性はあったかもしれません。

ところが、

「どうせやるならアメリカもやってしまえ！」

という空気が海軍内部で支配的になっていきます。

東條首相もこれを追認し、ハワイ真珠湾奇襲攻撃によって、対米戦争の火ぶたが切られました。

そこには思想も戦略もありません。

「これまでうまくいったから、やってしまえ」という調子で、泥沼の戦争へ突進していったのです。

驚くべきことに、真珠湾攻撃の臨時ニュースを聞いた日本国民は喝采しました。

右翼も左翼もありません。一様に、万歳を叫んだのです。

石原が言ったように、幕末のペリー来航以来、日本は欧米列強の恫喝を受け続け、必死になって欧米グローバリズムを受容してきました。

そして、薄氷を履《ふ》む思いで日露戦争に勝利し、国際連盟の4大国の一つとして認められました。

しかし、今度は世界恐慌に続く昭和恐慌で経済が破綻し、中国市場の確保のために戦線を拡大した結果、米英との全面対決を招き、経済制裁を受けたのです。

「もう、うんざりだ！　米英の言いなりにはならない」という鬱憤が日本国民の間に溜まって臨界状態になっていた時、帝国海軍が真珠湾を攻撃した。

これは「赤穂浪士の討ち入り」であり、「桜田門外の変」だった。

勝ち負けを超えて、とにかく一矢報いたかった。

真珠湾攻撃は、壮大な「攘夷」だったのです。

赤穂浪士は全員、切腹。水戸の攘夷派は天狗党事件で全滅しました。

そして大日本帝国も、同じ道をたどったのです。

◉昭和天皇、二度目の決断

日米戦争を、親英米派だった昭和天皇はどのように見ていたのでしょうか。

日米開戦の直前、昭和天皇は杉山元《はじめ》参謀総長を呼んで、

「どれくらいで勝てる見込みか？」とたずねています。

「陛下、５ヶ月ぐらいで片づきます」と答える陸将に対して、

「杉山、お前は支那事変が２ヶ月で終わるといったが、４年経っても終わらぬ」

「支那は奥地が広うございまして…」

「シナの奥地が広いと言うが、太平洋はもっと広いぞ」


昭和天皇は日米開戦に不満だったことがわかります。

しかし、軍と政府（東條内閣）が一致して開戦を決断したため、昭和天皇は立憲君主としてこれを追認しました。


半年後、ミッドウェイ海戦を契機に日本軍の敗退が始まりました。

石原のいう「アメリカの物質文明」が本領を発揮し、日本軍が沈めても、沈めても、新しい戦艦や空母を繰り出してくるのです。

サイパン島が陥落し、ついに日本本土が米軍機による空爆の対象になりました。

東條内閣は退陣しますが、後継内閣も戦争終結の決断ができず、ついに最後の年を迎えます。

1945年3月、米軍の東京大空襲で10万人が犠牲になりました。

ドイツ降伏後の7月、連合国はポツダム宣言で日本軍の無条件降伏を要求。

8月、広島と長崎に原爆を投下し、同時にソ連軍が満洲になだれ込んできました。

それでも本土決戦を主張する軍と、早期講和をはかりたい政府との意見調整ができず、鈴木貫太郎首相が「陛下のご決断を」と迫り、昭和天皇がポツダム宣言を受け入れる「ご聖断」を下したのです。


昭和天皇が自分の意思を表明するのは、二・二六事件に続き二度目でした。


昭和天皇がもっと早くに「ご聖断」を下していたら、と思うかもしれません。

あるいは、はじめから日米開戦は回避されていたかもしれません。

そうしなかったのは、伊藤博文がつくった帝国憲法を昭和天皇が守り通したからです。

天皇は、内閣と軍の助言を受けて意思決定するのが帝国憲法の規定です。

これを無視して天皇が独断で決めていたら、帝国憲法を破ることになります。


「ご聖断」は憲法違反ギリギリであり、そうしなければ今後も原子爆弾が次々に投下されて、数百万の国民が焼け死ぬことになり、国が滅ぶ。

それを避けるためには自分が決断するしかない、と昭和天皇は判断したのです。

天皇は「しらす」存在であり、平時においては政治に関与しません。

しかし、日本民族存亡の危機に際しては顕現《けんげん》し、民に寄り添う。

これが、成文憲法を超えた日本の慣習法であり、日本の歴史そのものなのです。

コラム8 西田幾多郎《きたろう》と京都学派

東京帝国大学が官僚養成学校として実務家、専門家を育てることに特化したのに対し、京都帝国大学は自由な雰囲気を持ち、学問の枠を超えて幅広い教養を求める学生が集まりました。

京大で哲学を教えた**西田幾多郎**は、同級生の鈴木大拙《だいせつ》の影響で坐禅を学び続けました。

そこで体得した仏教的な宇宙観を西洋哲学の用語で説明した『**善《ぜん》の研究**』がベストセラーになりました。これは現代版の神仏習合、いや「哲仏習合」というべきもので、西洋思想と悪戦苦闘してきた日本人哲学者が、東洋思想への回帰を訴えた労作でした。

この西田のもとに集まった弟子たちが**「京都学派」**を形成し、日本哲学界をリードしたのです。西欧哲学はもはや限界に達しており、東洋思想の研究がその打開策になる、と彼らは考えました。

この主張が、英米グローバリズムとの対決に転じた「大東亜共栄圏」思想と共鳴し、日米開戦後の1942年には文芸雑誌『文学界』に、座談会「近代の超克」が掲載されました。

敗戦後は一転して「戦争協力者」とGHQに睨まれ、京大から公職追放されてしまいます。

近代において、日本独自の思想体系をうち立てようとした京都学派は、江戸時代の国学に匹敵する存在になるはずでした。その崩壊とともに、敗戦後日本の知識人は、外国語文献を紹介する「ただの翻訳屋」へと退化していったのです。

第9章

「敗戦後日本人」の現在地

（敗戦〜現代）

◉「八月革命説」と戦後憲法学

戦時国際法（ハーグ陸戦法規第43条）は、占領者が占領地における現行法規を変更することを禁止しています。

アメリカ占領軍はこれを無視し、帝国憲法を改正せよと日本政府（幣原《しではら》喜重郎内閣）に迫りました。新憲法の草案は、GHQの憲法改正チームがわずか1週間で英文で作成したものでした。すでに武装解除され、全土を米軍に占領され、連合国を批判すれば公職追放されるという状況下で、提示された新憲法案に微調整を加えた「日本国憲法」が帝国議会で承認され、昭和天皇の名前で公布されたのです。

帝国憲法と日本国憲法はまったく別物で、帝国憲法が容認する憲法改正の範囲を明らかに超えており、国際法上も疑念がある。この矛盾を法的にどう説明するか？

この問題に答えを出したのが、東京帝大法学部教授・**宮沢俊義**の「**八月革命説**」でした。宮沢はこう説明します。

・ポツダム宣言は、日本に国民主権の原則を受け入れるよう要求した。

・日本政府がこれを受諾した1945年8月14日に、主権は天皇から日本国民に移った。

・主権の所在が移ったのだから、法的にはこれは「革命」である。

これは、アメリカ占領軍にとって都合のよい解釈でした。

「国民主権を規定した日本国憲法は、日本国民の自由意志で勝ち取ったもので、われわれ連合国が押し付けたものではない」

と言い逃れができるからです。

宮沢の師である美濃部達吉は、「主権者は国家そのものであり、天皇は国家機関にすぎない」という天皇機関説を唱えました（P．383参照）。

宮沢はそれをまた天皇主権説に戻し、

「敗戦を好機として日本国民は革命を起こし、天皇から主権を取り上げたのだ」というファンタジーを創造したのです。

この「八月革命」は宮沢のアタマの中で起こったのであり、現実ではありません。ところが、このファンタジーは、宮沢の弟子の芦部信喜《あしべのぶよし》に受け継がれました。芦部の書いた『憲法』という教科書は、敗戦後の東大憲法学のバイブルとなって司法試験に出題されるようになりました。**国民主権を金科玉条とする宮沢・芦部憲法学**は、憲法論議を神学化し、憲法改正の議論そのものをタブー化していくのです。

◉アメリカの従属国として始まった戦後日本

飛鳥時代には、唐の脅威に対して唐のシステム（律令制）を導入。

鎌倉時代には、モンゴル軍を撃退。

大航海時代には、鉄砲を導入して植民地化をまぬがれた。

帝国主義の時代には、西欧の軍事技術のみならず政治システムまで導入して独立を維持してきた日本。

まさに「神州《しんしゅう》不滅《ふめつ》」——神々に守られた日本は不滅である——。


その日本が、アメリカ軍によって全土を空爆され、原子爆弾を投下されました。

歴史上、初めて軍事占領され、独自外交も自主防衛も禁じられ、憲法から教育内容まで変えられてしまった6年間。

日本人の自信は粉々に砕かれ、その廃墟の上で私たちは生きてきました。


その後、アメリカはすぐにソ連との冷戦を開始。

今度は対ソ防衛の「防波堤」となった日本復興のために莫大な経済支援を行い、暴落する日本円を米ドルとリンクさせて信用を保証し、日本企業のためにアメリカ市場を開放しました。

この結果、20年足らずで日本は奇跡の高度経済成長を成し遂げます。

焼け野原だった都市には、高層ビルや高速道路が建設され、日本人は戦前よりも物質的には豊かになりました。

連合国による「東京裁判」で戦争指導者は裁かれ、治安維持法も憲兵も廃止され、女性参政権も認められ、日本共産党も合法化されました。

しかし、これらは超大国アメリカによって「与えられた自由」「与えられた豊かさ」でした。

マッカーサーが率いる連合国軍総司令部（ＧＨＱ）は大規模な検閲を行い、彼らが「軍国主義的」と見なす書物は焚書され、彼らが「軍国主義者」と見なす人々は政界、官界、学会、教育界から公職追放されました。

そしてその空席に入り込んだのは、尻尾を振って占領軍に協力した敗戦利得者《はいせんりとくしゃ》たちでした。

1952年にサンフランシスコ平和条約が発効され、日本が主権回復したあとも、この者たちが日本の支配層として居座り続けたのです。

◉自由民主党の起源

政界における敗戦利得者の象徴的人物が、**吉田茂**でした。

吉田茂の義父・吉田健三は、ジャーディン・マセソン商会（P.323参照）の横浜支店長を務めた有能な商社マンで、一貫して親英米派でした。

その影響で茂は外交官を志し、駐英大使などを歴任します。

1930年代、昭和恐慌下の日本で反英米感情が高まり、ドイツに傾斜していく中で、英米との細いパイプを維持したのが吉田茂でした（詳細は、小著『グローバリストの近現代史』ビジネス社　参照）。

当然、日米開戦にも猛反対し、東條内閣から睨まれ、特高警察に逮捕されたこともあります。

こういった経歴から、吉田はマッカーサーに高く評価され、GHQの命令を実行する首相として擁立されたのです。日米安保を結んだのも吉田でした。

主権回復に伴い、占領軍は撤収するはずでした。

しかし、平和条約と同時に結ばれた日米安全保障条約（日米安保）によって「在日米軍」と名前を変え、80年後の今も駐留を続けています。

日本国憲法第9条の「戦力不保持」と、日米安保に基づく在日米軍の存在とは、裏表の関係になっています。

アメリカは日本の自主防衛を禁ずる代わりに、「米軍が日本を防衛する」、という形にしたわけです。

自国の安全を自国の軍隊で守れず、外国軍隊の駐留を許している国を、国際法では「保護国」といいます。

戦後の日本は名目的には独立国ですが、実態はアメリカの保護国なのです。

これは、在韓米軍を受け入れている韓国も同じことです。

このような不甲斐《ふがい》ない状況に対して、米軍を撤退させて独立を取り戻そうという運動が当然、起こりました。

ＧＨＱ占領下で二大政党が復活します。

立憲政友会の流れを汲む吉田茂の自由党が対米協力路線を取ったのに対し、民政党の流れを汲む鳩山一郎の日本民主党が、対米自立、自主憲法制定を掲げます。

当然、鳩山はマッカーサーに睨まれ公職追放されますが、主権回復で復権し、吉田との政治的バトルを続けました。

ところが、日本軍撤退後の中国と北朝鮮が共産化し、１９５０年には北朝鮮軍が韓国に侵攻して朝鮮戦争が勃発します。

アメリカは占領政策の大転換を行い、日本の再武装を容認しました。日本との平和条約を急いだのもこれが理由です。

北朝鮮のバックにいたソ連共産党は、さかんに日本国内に工作を仕掛けました。その手先となったのが、日本社会党です。

１９３０年代、官界や軍内部に浸透していた「隠れ社会主義者」たちが、敗戦後は公然と活動するようになったのです。

米軍の戦略爆撃で工業地帯は瓦礫の山と化し、戦場から戻った復員兵には、低賃

■9-1　第二次世界大戦後の日本「政治思想マトリックス」

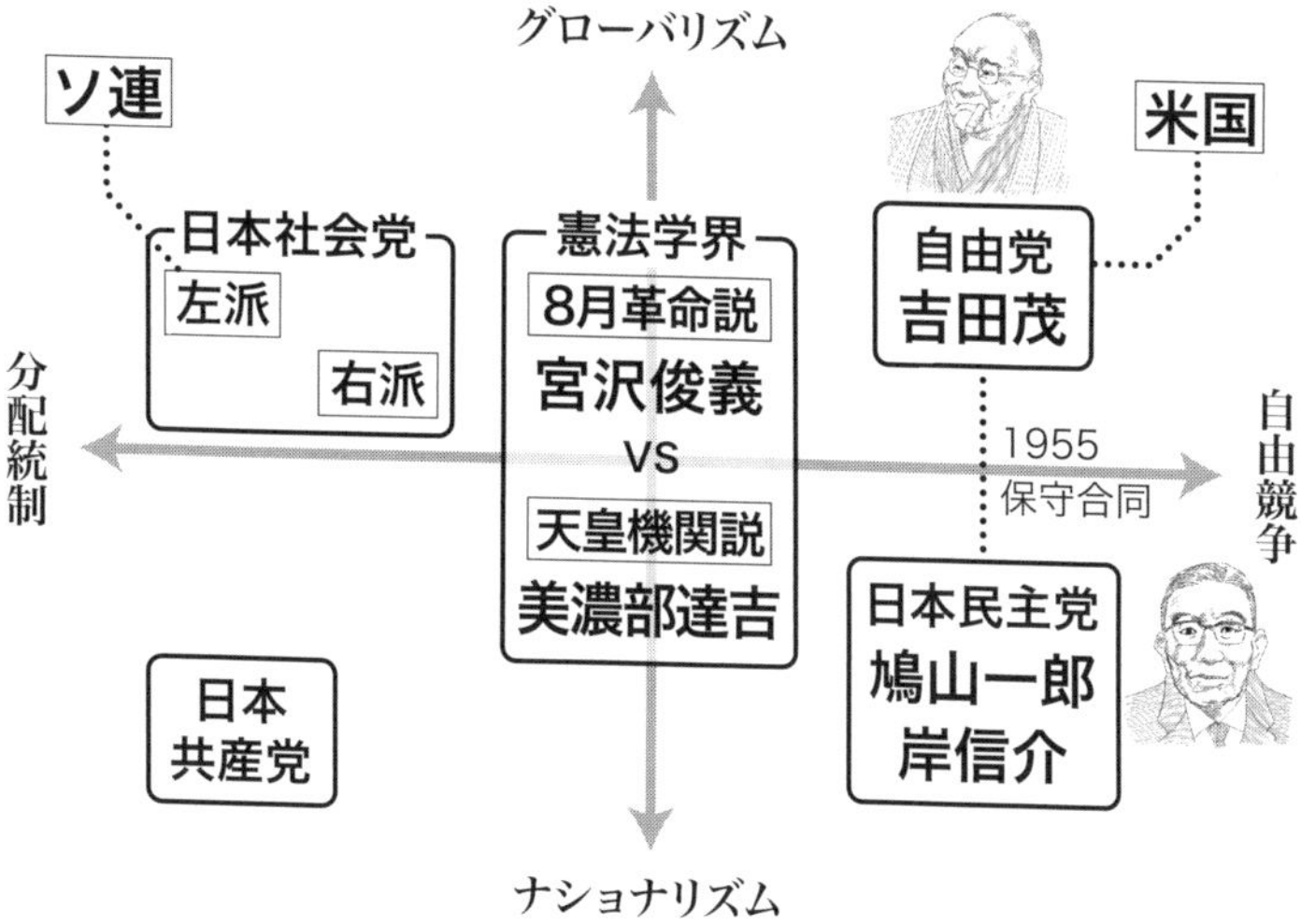

金労働しかありませんでした。

彼らは労働組合を組織し、それを政治利用したのが**日本社会党**です。

「君たちを低賃金でこき使い、貧しい生活を強いているのは、一握りの資本家どもだ。アメリカの手先である資本家と保守勢力が手を結び、日本を支配している。資本家どもの支配をひっくり返すために、日本社会党へ一票を！」

「日本を戦争にまきこむ日米安保と自衛隊を廃止し、非武装中立を！」

と宣伝したのです。貧困の中で、理想に燃える多くの若者や労働者がこの宣伝に乗せられ、日本社会党は巨大政党に成長していきました。

日本共産党も活動を再開しますが、相

変わらず「天皇制打倒」などとトンチンカンなことを訴えていたため、弱小政党に留まりました。

今もブラック企業はありますから、労働者が待遇の改善を求めるのは当然のことです。

ですが不幸なことに、この運動は日本の自主防衛を妨害し、自分たちの陣営に取り込もうとするソ連共産党と中国共産党に利用されることになったのです。

◉社会主義勢力 vs. 自民党

1955年、**ソ連共産党をバックとする日本社会党の台頭に対抗するため、親米派の吉田自由党と自主防衛派の鳩山日本民主党が手を組みます。この保守合同により誕生したのが自由民主党**で、衆議院で過半数を制しました。

この時から、与党が自民党、野党第一党が日本社会党という二大政党体制が始まりました。**いわゆる「55年体制」のスタートです。**

当時の国会内の勢力は、自民党2：日本社会党1の割合でした。

55年体制で自民党が長期政権を担ったにもかかわらず、憲法改正が実現しなかったのは、憲法改正に必要な3分の1の議席を押さえる日本社会党が反対し続けたからです。

自民党の初代総裁に就任したのは、対米自立派の**鳩山一郎**（任54〜56）でした。彼はアメリカを牽制するため**モスクワへ飛び、日ソ共同宣言を結んでソ連との国交を回復させました。**

これで、大戦末期のソ連対日参戦にはじまる日ソ間の戦争状態が終結し、シベリアに抑留された47万人以上の旧日本兵の帰国が実現しました。

同時にこれは、吉田の対米従属外交に対する抵抗でもあったのです。

◉「安保反対闘争」の真相

鳩山の意思を引き継いだのが**岸信介**《きしのぶすけ》（任57〜60）です。

山口県の県庁職員の家に生まれ、叔父は日独伊三国同盟を結んだ松岡洋右、弟の佐藤栄作、孫の安倍晋三も首相になっています。

岸は、東大法学部では天皇主権論の穂積八束《ほづみやつか》や上杉慎吉の門下生となり、天皇機関説攻撃の急先鋒を担いました。

しかし、農商務省に入ると社会主義の影響を受けて革新官僚となり、満洲国では五カ年計画を実施。

その有能さを東條英機関東軍参謀長に認められ、東條内閣では商工大臣に抜擢されました。

ところが、サイパン島陥落で敗色が濃厚になると東條首相の戦争継続に異を唱え、閣内不一致で内閣を総辞職させました。

敗戦後は戦争犯罪人としてＧＨＱに拘留され、東京裁判で有罪判決を受け、巣鴨刑務所で服役します。

この時、アメリカの諜報機関ＣＩＡと何らかの取引が成立したようです。

アメリカは、岸の有能さを認め、「反共の防波堤」として日本の防衛努力を期待する。代わりに岸は、日米安保体制を容認し、対米従属の象徴だった日米安保を、より対等なものになるよう交渉する――。

天皇主権論者→国家社会主義者→東條内閣の閣僚→反東條の政治家→戦争犯罪人→対米協力者……と目まぐるしく立場を変え、常に生き残ってきた岸信介は、のちに「昭和の妖怪」とまで呼ばれました。

こうして、首相の座を得た岸信介が取り組んだ最大の仕事が、日米安保条約の改定でした。

1951年に吉田が結んだ旧日米安保条約は、まるで不平等条約でした。

①**日本国内で起きた内乱を米軍が鎮圧できる（内政干渉）**
②**米軍の日本防衛義務が明記されていない**

などの問題があったのです。

岸はアメリカとの交渉で、日米関係をより対等な同盟関係にしようとしました。

ところが、この動きを「日米同盟の強化につながる」と警戒したソ連が、猛烈に反対し、そのソ連の意を受けた日本社会党が労働組合、学生たち数万人を動員して国会をとり囲んで大騒ぎを起こしたのです。

彼らは「安保反対！　安保反対！」と口々に叫び、その熱狂はまるで革命前夜のようで、死者も出ました（安保闘争）。

岸が結んだ新安保条約は、自民党が過半数を占める国会で承認されたものの、混乱を招いた責任を取って岸内閣は総辞職しました。

ただし、安保反対派が望んだ日本社会党政権の樹立には至りませんでした。

その直後の総選挙で、自民党が再び圧勝したからです。


結局のところ、安保闘争の実態は、国民の総意を表したものではなく、国会の周りに動員されたデモ隊が騒いでいただけだったのです。

デモの参加者の大半は、安保改定のポイントが何なのかすら、理解していなかったということです。


このような抗議活動は自然発生的に起こるものではなく、必ずと言っていいほど、「仕掛け人」がいます。

日本社会党を牛耳っていたのは、社会主義協会という組織でした。

その中心人物がマルクス主義経済学者の向坂逸郎《さきさかいつろう》で、『共産党宣言』を翻訳した筋金入りの共産主義者です。

ソ連共産党と仲違いした日本共産党を見限り、日本社会党の中枢に入り込んで、合法的手段によるソ連型社会主義を目指しました。

向坂らはソ連・東欧に何度も招待されて絶賛記事を書き、ソ連軍のチェコ侵攻やアフガニスタン侵攻も擁護しました。

自民党にはアメリカCIAの工作が入っていましたが、日本社会党にはソ連共産党のKGBの工作が入っています。

55年体制とは、アメリカの手先とソ連の手先とが、日本国内に構築した冷戦構造だったのです。

◉自民党を「アメリカ民主党化」してしまった宏池会

社会主義革命が起きるのは、貧困が根本原因です。貧困層の不平不満、富裕層への嫉妬心を「栄養」として、社会主義思想は深く根を張っていくのです。

1930年代の昭和恐慌の時代、敗戦後の1950年代がまさにそうでした。日本を再び社会主義の悪夢に陥らせないためには、「貧困の克服」が必要である。今の資本主義体制のまま経済を発展させ、富の分配をうまく行えば、人々は貧困から抜け出せるのではないか、と考えた一人の政治家がいました。

池田勇人《いけだはやと》です。

大蔵（現財務）官僚を経て政界入りした池田は、その実務能力が買われて吉田茂に抜擢された人物です。「経済通」として岸内閣の蔵相となり、岸内閣が退陣したあと、吉田派の支持を受けて首相となりました（任60～64）。

池田は、「所得倍増計画」をぶちあげました。

「4年後に東京オリンピックを開催し、10年間で日本人の所得を倍にします！」と公約したのです。

「デモばかりやっていても豊かにならない。バリバリ働こう！」と呼びかけ、政府はこれをバックアップする政策を次々に打ち出しました。

政府は「太平洋ベルト」を中心に道路・鉄道・住宅などに大規模な公共投資を行う一方で、国民皆保険制度、国民皆年金制度を実現して老後の心配をなくし、国民に消費を促したのです。

「所得倍増計画」は大成功を収めました。日本の国民総生産（GNP）の成長率は10％を超え、奇跡の高度経済成長を実現しました。

その成功を象徴するのが、１９６４年の東京オリンピックの成功であり、オリンピックに合わせて開通した新幹線や首都高速道路でした。

池田が予見したとおり、日本人の所得が倍になると、学生運動や社会主義運動はウソのように下火になっていきました。

池田政権下の高度経済成長が、日本の社会主義運動を衰退させるターニング・ポイントとなったのです。

池田の「所得倍増計画」は、基本的にニューディール型の政府主導による経済成長政策であり、「大きな政府」で所得を分配しようという政策です。

池田自民党は、アメリカ民主党的リベラル政党へと「左旋回」したことで労働者にも支持を拡大し、より過激な「左」の運動である労働運動、社会主義運動を抑え込むことに成功しました。

この大転換が、自民党長期安定政権を実現し、日本社会党を「万年野党」にしてしまったのです。

池田勇人を支えたグループは「**宏池会**《こうちかい》」と名乗り、自民党の「保守本流」と称して、大平正芳《おおひらまさよし》、宮澤喜一《みやざわきいち》らの首相を出しました。

宏池会は大蔵省など官僚出身者が多く、実務能力に優れる一方、岸信介が示したような国家プランを持ちませんでした。

とりわけ冷戦終結後の宮澤内閣以降は、憲法第9条体制を墨守《ぼくしゅ》し、単なる対米従属派、憲法改正に反対する守旧派に変化していったのは残念なことでした。

加藤紘一《こういち》、河野洋平、そして岸田文雄はその典型です。

一方、対米自立を掲げた岸信介の系譜は「**清和会**」と呼ばれ、やはり大蔵省出身のエリート官僚福田赳夫《ふくだたけお》が継承します。

しかし、福田が田中角栄との党内抗争に敗れると、清和会は党内野党のような存在となり、長く「鳴かず飛ばず」の状態が続いたのです。

◉自民党を〝親米〟から〝親中〟に大転換させた田中角栄

東京オリンピック開催（1964年）を花道に、池田は引退しました。癌《がん》が体を蝕んでいたのです。

後継した首相は、官房長官だった**佐藤栄作**（任64〜72）で、岸信介の実弟でした。佐藤家と岸家とは姻戚関係にあり、兄の信介は岸家に養子にいったのです。

佐藤内閣時代には大きな試練がありました。**中国の核開発**です。毛沢東は独自の社会主義を掲げてソ連と対立し、米ソ両大国に対抗すべく核実験に踏み切りました。ちょうど東京オリンピックの最中で、日本は中国の核兵器に脅かされるようになったのです。

再び日中が衝突し、中国が核による恫喝を行った場合、日米安保に基づいて米軍が核使用をちらつかせることで、中国が核使用をためらうという抑止力が働きます。その一方で、日本人には広島・長崎の生々しい記憶が残り、核兵器に対する拒絶反応が強い。

佐藤栄作はこのジレンマに悩みます。

また、敗戦後、米軍の施政下にあった沖縄の返還がせまり、在沖米軍が持ち込んでいる核兵器をどうするのか、という問題もありました。佐藤栄作は、

①**沖縄は日本に返還させ、在沖縄米軍は存続させる。**
②**日本は核をつくらず、持たず、持ち込ませない**（**非核三原則**）。

③日米間の事前協議により、米軍の沖縄への核持ち込みを認める（沖縄返還密約）。

佐藤栄作は、アメリカのニクソン政権との間で③の密約を結び、国民に発表しませんでした。

兄を退陣に追い込んだ安保闘争のような騒ぎが起こるのを恐れたのです。

その一方で国会では、②「非核三原則」という綺麗事を並べました。

佐藤首相は中国核武装の危険性を国民に訴え、「だから核抑止力が必要なのです」と堂々と主張すべきだったのに、批判を恐れてそうしなかった。

この頃から、「空想的平和主義」が日本を覆い尽くし、まともな防衛論議ができなくなったのです。

沖縄返還と非核三原則で、佐藤栄作はのちに「ノーベル平和賞」を受賞しました。その一方で、米軍の核持ち込みを黙認していた。「二枚舌」といわれても仕方ないでしょう。

池田・佐藤時代の高度経済成長は大きな成果を収めたものの、日本全体で見れば、その効果はまだ限定的でした。

豊かになったのは、石油や鉄鉱石の輸入に便利な太平洋ベルトだけで、反対側の日本海側は高度経済成長から取り残されていたのです。

その結果、国内で経済格差が拡大しました。この地域格差の解消を掲げて登場したのが、**田中角栄**首相（任72～74年）です。

田中の出身地である新潟は、世界有数の豪雪地帯です。

高度経済成長から取り残された日本海側のことを、当時は「裏日本」と呼んでいました。若者は高校を卒業すると太平洋側へ集団就職で出稼ぎに行く。

そんな時代だったのです。

新潟の貧しい農家に生まれた田中角栄は、小学校を卒業すると、夜間学校で学びながら働き、戦後は建設会社を立ち上げました。今でいう起業です。

そして地元・新潟を豊かにするため政治家を志し、政権政党の自民党に入党します。

今も昔も選挙にはカネがかかります。「土建屋のオヤジ」だった田中は、選挙資金を自前で調達できました。

高度経済成長時代、建設業界は非常に景気がよかったのです。お金に困っている政治家たちにお金を渡し、子分にしていきました。

こうして自民党では三つの派閥が争うようになりました（図9－2）。

・対米従属派の宏池会（池田勇人のグループ）
・佐藤栄作のグループ
・対米自立の清和会（岸信介のグループ）

田中角栄は最初、佐藤栄作のグループに入っていましたが、カネの力でこのグループを乗っ取りました（**田中派**の誕生）。

佐藤栄作が引退すると、札束が飛び交う自民党総裁選で田中が勝利し、首相に就任したのです。

◉「富の分配」が「金権政治」につながった

■9-2　巨大化する自民党内派閥

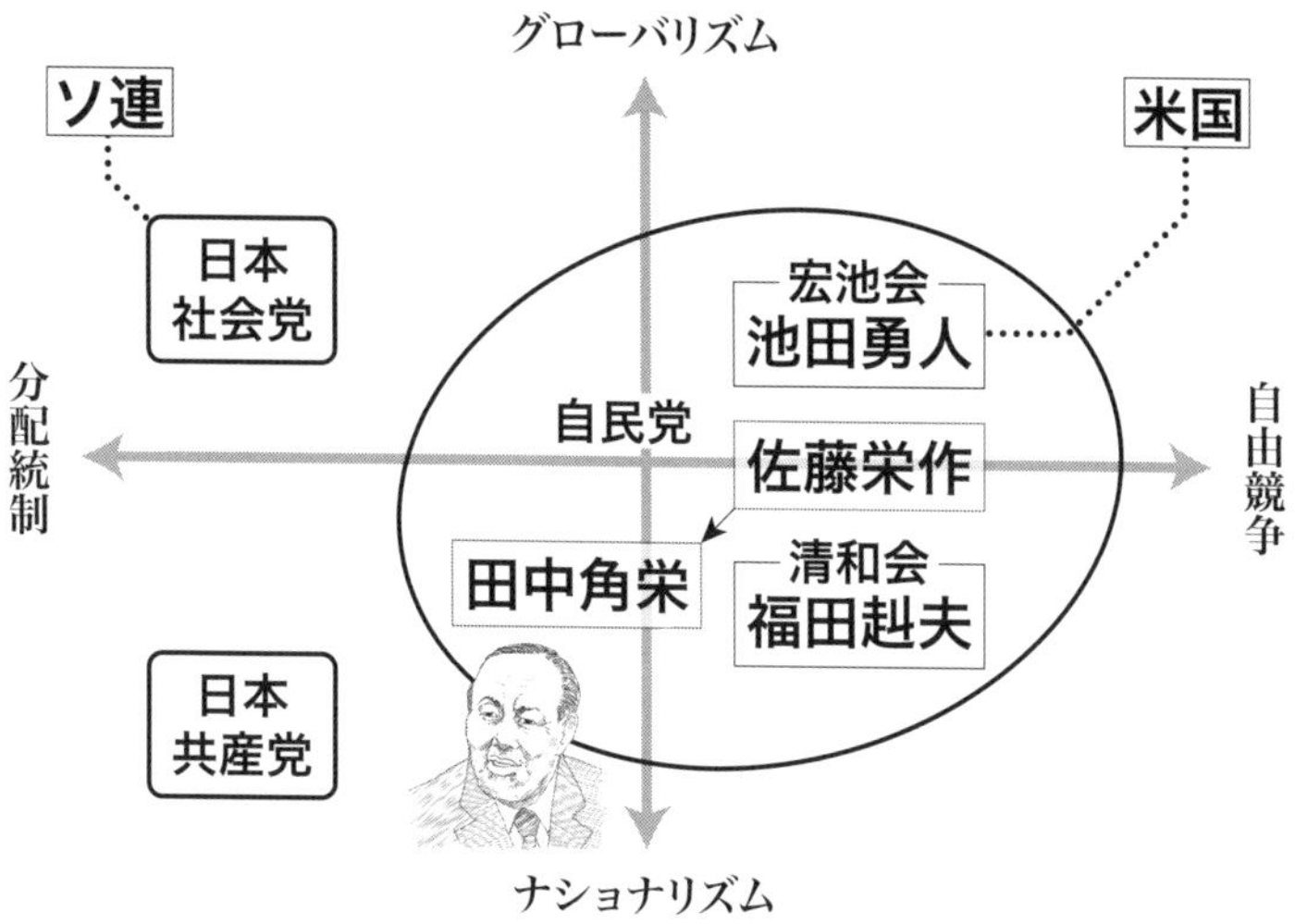

田中は自分のプランを『日本列島改造論』にまとめました。

一言でいえば、官僚主導の「大きな政府」による富の分配です。

豊かな太平洋ベルトから吸い上げた税金を地方に投資して、日本中を高速道路と新幹線でつなぎ、箱物と呼ばれる公共施設をつくる。

この意味で田中は、池田以来の「リベラル化した自民党」の後継者ともいえます。

ただし、池田勇人が「社会主義陣営に対峙する」という明確な政治理念を持っていたのに対し、**田中角栄は社会主義国・中国に急接近する、という真逆の政**

策を打ち出しました。

これについては後述します。

田中角栄がつくりあげた集票マシーンは、後継者の竹下派（経世会）が自民党内で権力を維持する装置としても機能します。

公共事業を地元に誘導して政治献金を受け取り、これを選挙資金として地元民から票を集める、という仕組みです。

のちに「金権政治」と批判されるこの仕組みを田中角栄がつくり、竹下登や小沢一郎が引き継いでいきました。

彼らは札束で党内野党の宏池会や清和会の議員を買収し、従えていったのです。

◉アメリカ頼みから脱却、「親中政策」への大転換

田中政権が誕生する直前に、アメリカのニクソン政権が重大な政策変更を行いました。

朝鮮戦争以来、対立していた米中関係を和解へと大転換させたのです。

泥沼化するベトナム戦争に手を焼いていたニクソンは、北ベトナムのバックにいたソ連と中国を仲たがいさせることで、ベトナム戦争から手を引こうと画策します。その直接交渉をするため、**1972年2月、ニクソン自身が北京の毛沢東を電撃訪問します。**

いわゆるニクソン訪中です。この時、日本側には何の相談もありませんでした。

これに憤慨したのが、田中角栄です。「アメリカが行くなら、自分も行く」。田中は同年9月、現職総理として初めて訪中し、アメリカより先に中国との国交を回復しました。親中路線への転換の背景には、安全保障も経済もすべてがアメリカ頼みの状態から抜け出したいという、田中の世界戦略がありました。

田中はまた、石油の輸入をアメリカの石油メジャー（国際石油資本）が支配する中東諸国に頼るだけでなく、インドネシアやソ連からも直接石油を買いつけることも考えました。

重要資源の安定供給を目指す外交を「資源外交」と呼びます。

自民党は基本的に親米政党ですが、田中が親中路線に舵を切ったことで、党内の対立を激化させることになりました。

何より、田中の急速な中国接近や、脱中東政策は、日本を保護国とみなしていたアメリカ政府を慌てさせます。

◉「田中角栄の劣化コピー」が、日本の政治を腐らせた

田中は首相退陣後の1976年、ロッキード事件で逮捕されます。

この事件は、全日空がアメリカの航空機メーカーのロッキード社から旅客機を購入する際、田中がロッキード社からワイロを受け取った罪に問われたものです。

この事件では、田中を失脚させたいアメリカ政府の意向が働いたという見方が有力です。

刑事被告人の立場になってからも、**田中はキングメーカーとして隠然たる力を持ち、他の派閥のトップを傀儡《かいらい》首相に擁立し、田中派議員を閣僚として送り込みました。**

80年代にアメリカのレーガン政権との蜜月を築いた**中曽根康弘**（任82～87）も、党内基盤が弱い弱小派閥のボスでしたが、田中派に担がれることで首相になること

■9-3　経世会の全盛期

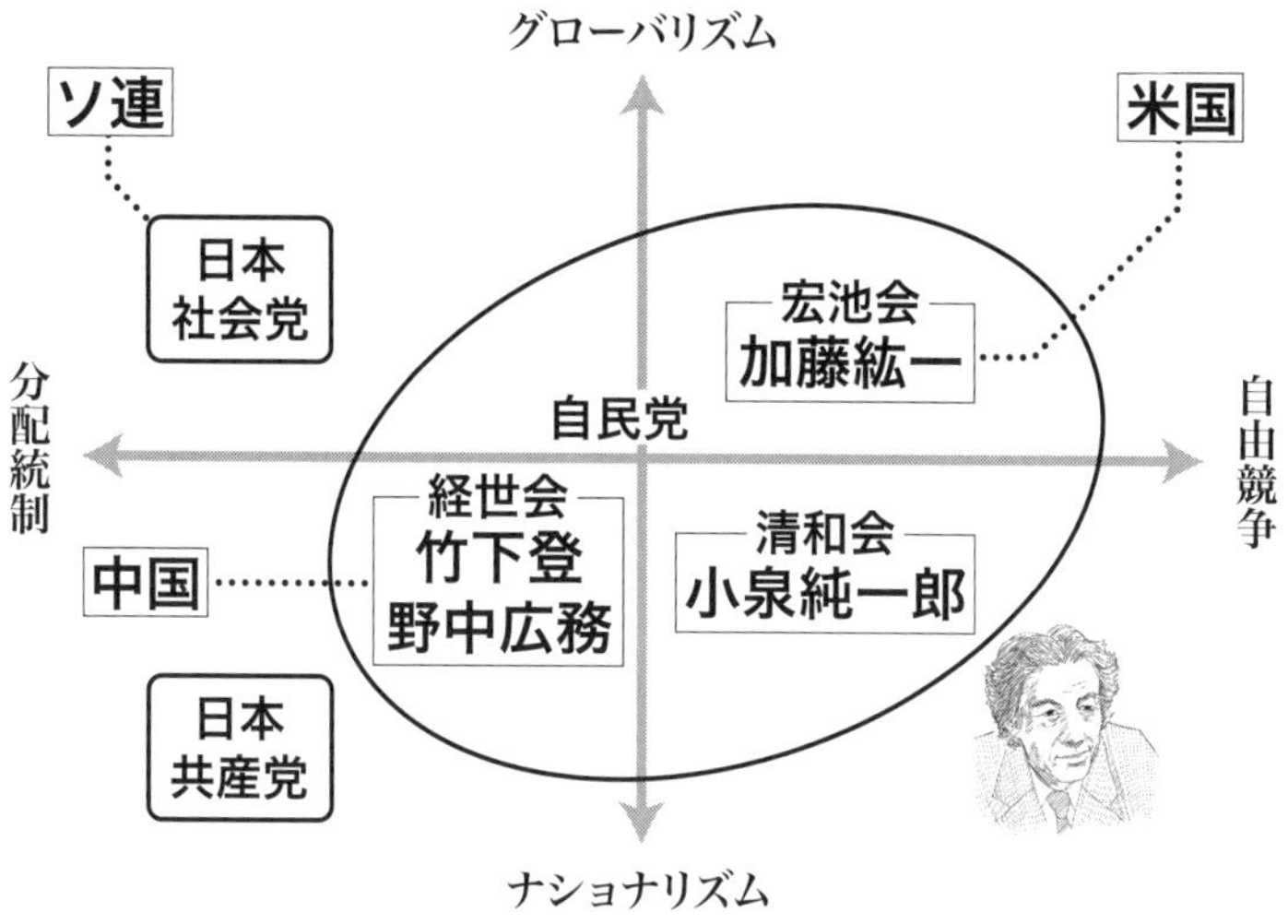

ができました。だから「田中曽根内閣」と揶揄《やゆ》されたのです。

「政治は数、数は力、力はカネ」——田中角栄自身の有名な言葉——です。

田中角栄の院政は、金庫番だった竹下登がクーデタを起こし、田中派の大多数を引き連れて経世会を結成したことで幕を閉じます。

最側近の裏切りに田中は激怒し、脳梗塞を発症。間もなく亡くなりました。

しかし、党内クーデタによる乗っ取りという竹下の政治手法は田中角栄から学んだもので、のちに小沢一郎が継承します。

竹下登（任87〜89年）の時代は、米ソ冷戦がアメリカの勝利に終わろうとする時期でした。

中国では毛沢東の死後、後継者の鄧小平《とうしょうへい》が改革開放に転じ、外資を誘致し始めた時代です。

発展途上の中国市場が手に入れれば、日本企業が中国市場で利益をあげ、日本の建設会社が中国の公共事業を受注して政治献金を期待できる――。

「日本は対中ＯＤＡとして円借款《えんしゃっかん》を供与します。その代わり、中国で実施される公共事業を日本企業に発注してくださいね」と。

つまり竹下は、田中角栄が国内で行っていたことを、中国を相手に巨大な規模で始めたのです。

中国を、いわば「巨大な裏日本」とみなしたのです。

こうして**自民党最大派閥の経世会は、中国共産党と蜜月関係**になっていきます。

その後、竹下はリクルート事件（リクルート社からの贈賄事件）が発覚し、竹下内閣は総辞職します。

その後も、キングメーカーとして実権を握り、宇野・海部・宮澤の三内閣を擁立しました。自分の言いなりになる政治家を次々と〝お飾り首相〟に仕立てていくところも、師匠の田中角栄そっくりです。

◉「小沢一郎」は、なぜ「反米」に転じたか

田中角栄に可愛がられ、竹下登の側近として出世街道を上ったのが、**小沢一郎**でした。

彼は主に選挙対策に辣腕《らつわん》を振るい、47歳の若さで海部俊樹《かいふとしき》内閣を支える党幹事長に就任しました。ちょうど冷戦終結とソ連崩壊という大事な時期に、日本の政治を仕切っていたのは小沢一郎でした。

1991年の湾岸戦争の時、日本に自衛隊派遣を要請するアメリカとの交渉の矢面に立ったのは、海部首相ではなく小沢でした。

小沢が「憲法第9条の縛りがあるため、自衛隊を派遣できない」と主張すると、「ならば、カネを出せ」とブッシュ・シニア政権は要求します。

日本は結局、多国籍軍に対して130億ドルもの資金協力を行いました。

日本は、「世界のATM」と呼ばれるようになります。

ここからは私の推測ですが、この時に対米交渉を担った経験が、小沢の政治思想を形づくったのではないかと思っています。

「アメリカは戦後、日本をずっと属国のように扱ってきた。これに甘んじていてはいけない。日本は真の独立を達成すべきだ」

と小沢は考えるようになり、反米路線へ傾いていったのでしょう。

ソ連が崩壊し、国際政治でアメリカに対抗しうる国は中国だけでした。「反米の政治家」に転じた小沢は、その中国に急接近していきます。

●天安門事件を黙認した「日本の罪」

国際政治のリアリズムに照らし合わせれば、小沢のやり方は間違ってはいません。しかし、タイミングが最悪でした。

1980年代、資本主義を取り入れた鄧小平の改革開放政策を見た西側諸国は、

「このまま対中投資が増えれば、中国に民主主義が芽生えて、やがて中国共産党政権もソ連のゴルバチョフ政権のように民主化を認めるのではないか」

という楽観論を共有していました。

この楽観論を打ち砕く事件が起きます。1989年6月の天安門事件です。中国共産党政権が、民主化を求める学生や市民の抗議活動を、文字通り戦車で踏みつぶしたのです。

西側諸国は中国共産党を非難し、対中投資を止めて、経済制裁に入りました。ところが、この経済制裁を骨抜きにしたのが、日本の宮澤喜一政権で、黒幕はもちろん小沢一郎です。

1989年1月、昭和天皇が崩御され、平成の明仁天皇が即位されたあと、史上初の天皇訪中を実現させたのです（1992年10月）。

天皇訪中をきっかけに、日本は西側各国に先駆けて、対中投資を再開しました。あわてたアメリカのクリントン大統領も訪中し、西側の国々もこれに追随したことで、中国共産党は免罪され、国際社会へと再び戻ってきました。

その先鞭をつけたのが、小沢の傀儡、宮澤政権だったのです。

中国の元外相・銭其琛《せんきしん》は、回顧録で次のように明かしています。

「西側の中で一番弱い部分は日本であった。日本の天皇の訪中が、西側の包囲網を突破する最初の突破口になった」――。

早々に経済制裁を解除し、天安門事件をなかったことにしてしまった宮澤（小沢）政権。この罪は極めて大きいと言わざるを得ません。

こうして日中が蜜月時代を迎える一方で、日米関係は次第に冷えていきました。

アメリカにとって日本の価値は「対ソ防波堤」でした。冷戦終結とともにソ連が消滅すると、アメリカはもはや日本を甘やかす必要がなくなったのです。

ブッシュ・シニア政権は対日貿易赤字の解消を目的に日米構造協議を開始し、日本に「構造改革」を要求するなどジャパン・バッシングが始まりました。

次のクリントン民主党政権も、対中投資に前のめりになっていた国際金融資本とズブズブの関係にあり、対中投資で儲けることしか頭になかったのです。

米中関係が蜜月となった時代においては、アメリカの従属国である日本の政界に、ひたすら中国にこびへつらう政治家しかいなくなったのも、ある意味で必然だったのかもしれません。

◉小沢一郎のクーデタで55年体制が崩壊！

天皇訪中の翌年の**1993年、自民党政権は崩壊し、自民党の長期政権（55年体制）は幕を閉じました。**

野党から出された宮澤内閣不信任案の採択で、小沢一郎のグループが賛成票を投じるというクーデタを起こしたのです。

これを機に小沢は自民党を離党し、反自民連立政権の樹立に動きます。

自民党の最大派閥、経世会の実力者だった小沢はなぜ、自民党を割ったのでしょうか。

小沢は、自著『日本改造計画』に自分の考え方をまとめていました。

彼の主張の一つが、「政権交代を可能にする二大政党制」への選挙制度改革でした。

「日本で金権腐敗政治がはびこるのは、政権交代がないからである。政権交代が起きないのは、中選挙区制に問題がある」──

衆議院選挙で採用されていた中選挙区制では、一つの選挙区から複数の議員を選出していました。

たとえば、当選人数が三人の選挙区の場合、そのうちの二人を自民党議員が占めることもあり得ます。

このことが、自民党の候補者同士の派閥抗争に火をつけました。

つまり、自民党で派閥政治がなくならなかったのは、中選挙区制が根本的な理由だというわけです。

「イギリス・アメリカのように、一つの選挙区から一人だけ選出する小選挙区制を採用すれば、派閥抗争をやる余裕はなくなり、自民党は一つにまとまる。派閥政治も、金権政治も解消できる」

小沢はこのように主張しました。

小沢が提起した選挙制度改革は、1996年、橋本龍太郎内閣の時の衆議院選挙から「小選挙区比例代表並立制」として実現しました。

自民党派閥政治の中で権力の座に上り詰めた小沢一郎が、「政治改革」をぶち上げたわけですから、国民は小沢に期待し、拍手喝采を送ったのです。

◉経世会VS.小沢一郎の不毛なバトル

小沢は、政治改革に消極的で旧態依然とした自民党を見限り、宮澤内閣不信任を成立させます。

直後の衆議院選挙で自民党を過半数割れに追い込み、下野させました。

しかし、「反自民」だけを旗印に集まった野党8党派による連立政権は寄合所帯《よりあいじょたい》であり、「船頭多くして船、山に登る」状態でした。

小沢は、自ら首相として立つべきでした。ところが彼は、元熊本県知事の細川護熙《ほそかわもりひろ》、ついで一緒に自民党を離党した羽田孜《はたつとむ》を傀儡首相として擁立したのです。

裏で実権を握ろうとするのは、小沢が師と仰ぐ田中角栄、竹下登から受け継いだ、経世会の体質なのでしょう。

小沢が抜けた後の自民党では、経世会の野中広務《のなかひろむ》がキングメーカーとして君臨しました。

「反小沢」の怨念に凝り固まった野中自民党は、なりふり構わず日本社会党、新党さきがけと手を組み、「自社さ連立政権」が誕生します。細川・羽田連立政権は1年あまりで瓦解し、小沢新党も野党に転落します。

このあと90年代の日本の政治史は、親中派の経世会・野中自民党と、もう一つの親中派である小沢新党（のちの民主党）とのバトルが延々と続くという、絶望的な状況が続いたのです。

こうして、国民の政治不信が頂点に達した時、彗星のように現れた「変な政治家」がいました。**小泉純一郎**です。

◉なぜ、「自民党をぶっ壊す」必要があったのか？

経世会の全盛期には、公共事業によるインフラ整備が加速して、農村に至るまで日本は豊かになりました。全国どこに行っても道路は舗装されていて、鉄道が通っている。こういう国は、世界では稀です。

■9-4　小泉vs経世会

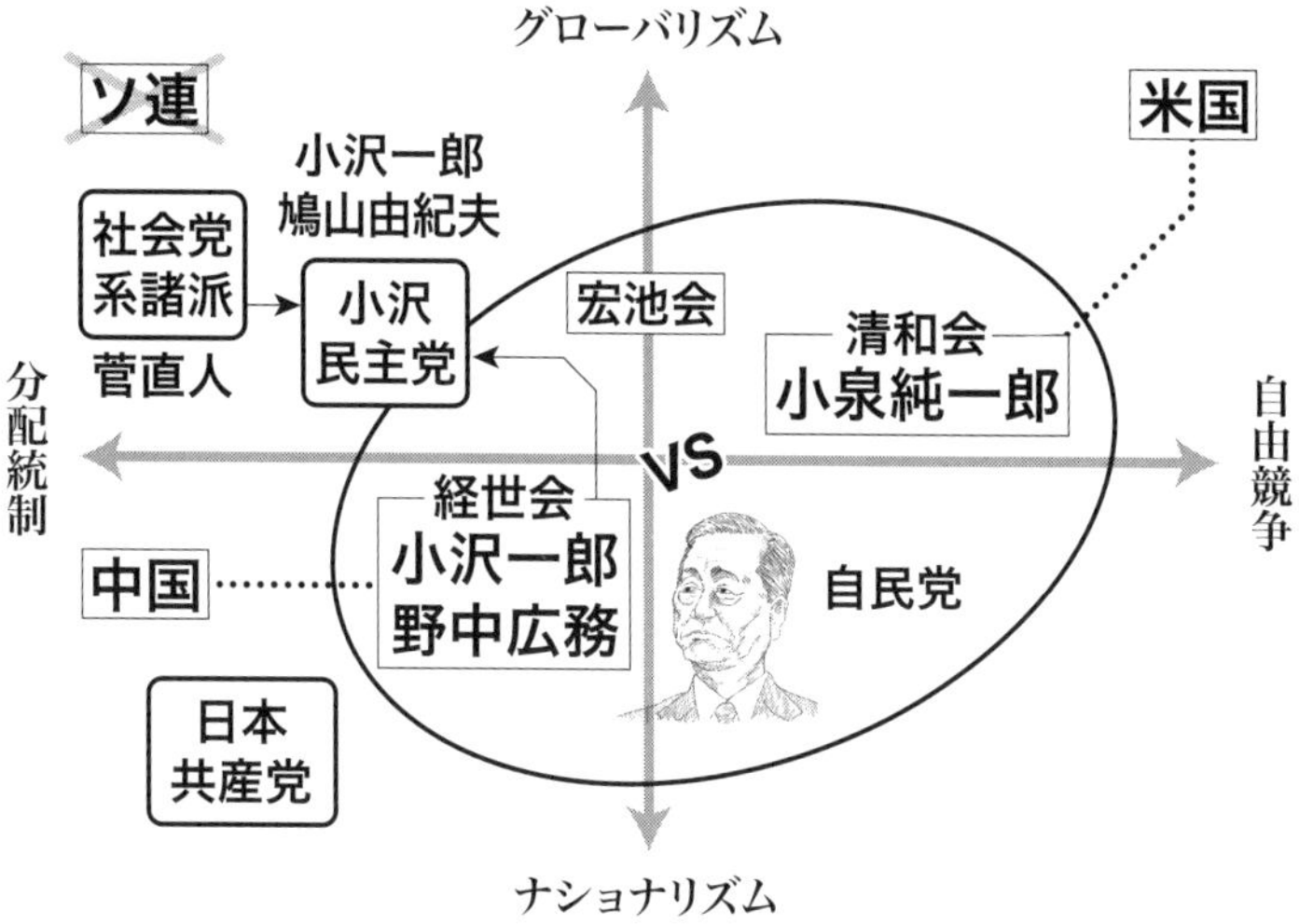

一方で、利用者がほとんどいない道路や鉄道もたくさん建設されることになりました。こうした税金の無駄遣いは、政府の財布を預かる大蔵省（現財務省）にとっては由々しき問題でした。

大蔵省官僚たちは、国家の借金を減らし、財政を黒字化したい。採算が取れず赤字経営になるような鉄道や道路をつくられては困るのです。

この頃から、バラマキ経世会vs緊縮派大蔵官僚のバトルが激しくなっていきました。

経世会の息の根を止めたい大蔵省の主流派は、自民党内で長く冷飯を食わされてきた清和会の小泉純一郎に接近します。

大蔵官僚が勉強会でささやきます。

「小泉先生、これ以上ムダな道路をつくると財政破綻してしまいます！」

「経世会政治はダメです。小泉先生が立てば、国民は支持します」

小泉はこれにのったのです。

「自民党をぶっ壊す！」

「聖域なき構造改革！」

と熱弁をふるう小泉は、国民の圧倒的な支持を受けて、２００1年の自民党総裁選を制しました。

小泉内閣発足後の世論調査では、実に87％という内閣支持率を記録しました（読売新聞調べ）。これは細川連立政権の72％を抜き、空前の高支持率となりました。

◉郵政民営化で見え隠れする「官僚の権力闘争」

小泉内閣（任01〜06）は**道路公団の民営化を皮切りに、石油公団、住宅金融公庫、交通営団など特殊法人の民営化を断行**し、「小さな政府」を目指す改革を断行していきました。

外堀を埋めた小泉は、いよいよ**「改革の本丸」と位置づける「郵政民営化」**に切り込んでいきます。

国営事業だった郵便局は全国津々浦々に支店を持ち、郵便事業のほか郵便貯金（ゆうちょ）、簡易保険（かんぽ）など銀行・保険業務も行っていました。郵便貯金に集まる資金が政府に貸し出され、公共事業の資金にもなっていました。

財務省からすれば、「自分たちが行う徴税以外に国民のお金を吸い上げるシステムがあるのはけしからん」というわけで、「郵政省を解体しろ」と鼻息を荒げます。郵政民営化の裏には、官僚組織同士の権力闘争があったというわけです。

郵政省のもう一つの仕事に、郵便物の配達があります。

全国に張り巡らされた郵便局のネットワークこそが、自民党議員の既得権益を生んできた。だから、郵政民営化を断行すべきである。

これが小泉の持論でした。

早くから郵政民営化を主張していた小泉は、永田町では「変人」と呼ばれていました。

郵便局のネットワークができたのは明治時代です。

地方の山奥でも郵便物を届けるため、全国津々浦々に郵便局を設置する必要がありましたが、予算が足りません。

そこで政府は、地方の有力者や地主、豪商などを郵便局長に任命して、「あなたのお屋敷の一部を郵便局として使わせてくださいね」と場所の提供を頼んだのです。

このような郵便局を「特定郵便局」と呼びます。

この特定郵便局こそ、自民党の支持基盤になっており、彼らに公共事業を約束する代わりに、地元の票の取りまとめを任せてきたのが経世会だったのです。

「民営化で特定郵便局制度に打撃を与えれば、経世会支配を崩せる」

これが小泉の狙いでした。

◉新自由主義が要求する「聖域なき構造改革」

郵政民営化には、アメリカの強い意向も働いていました。

アメリカでも世界恐慌以来、公共事業によって景気回復を目指すケインズ主義の考え方が主流でした。

加えて、ベトナム戦争の軍事費や、民主党政権による福祉予算のバラマキで財政が悪化していったのです。

そこで、

「無駄な公共事業をやめよ。国家による規制をなくし、市場原理に任せるべきだ」

という**新自由主義**が提唱されました。

シカゴ学派の経済学者、**ミルトン・フリードマン**が打ち立てた理論で、アメリカではレーガン政権がこれを採用します。

この頃、アメリカに留学していたのが、経済学者の**竹中平蔵**です。留学先のハーバード大学で新自由主義を学び、慶應大学で教え始めます。

この竹中が小泉内閣の経済政策のアドバイザー(経済財政諮問会議のメンバー)として、首相官邸に出入りするようになります。

経済が苦手な小泉は、経済に関しては竹中に丸投げしました。

竹中は小泉内閣で経済財政政策担当大臣や郵政民営化担当大臣などに就任し、「聖域なき構造改革」を断行していきます。

アメリカの保険業界は「規制を撤廃して、日本市場を開放しろ」と強く要求していました。彼らは日本で保険商品の販売が伸び悩んでいることが不満でした。

「なぜ、日本人はわが社の保険商品を買わないのか。それは、郵便局があるからだ」

「閉鎖的な日本市場を開放するため、生命保険業務も郵便局から切り離して、民営化するべきだ」

郵政民営化には、アメリカの財界の意向も強く働いていたのです。

池田勇人の「所得倍増計画」でアメリカ民主党的なリベラル化していた自民党は、小泉・竹中改革によってアメリカ共和党的な保守政党に引き戻されました。

◉小泉劇場――「抵抗勢力をぶっ壊す！」

経世会の議員を中心に、「小泉首相の独裁は許されない！　郵政民営化反対！」と叫ぶ議員が大勢いました。

これらの自民党議員を、小泉は「抵抗勢力」と切り捨て、今度の衆議院選挙では自民党の公認を与えず、その議員の選挙区に自民党公認の別の候補を「刺客《しかく》」として送り込むなど、徹底的に潰しにかかりました。

この「小泉劇場」に国民は熱狂し、小泉自民党は圧勝します。参議院で否決された法案は「小泉チルドレン」が議席を得た衆議院で再可決され、郵政省は日本郵政として民営化されました。

「ゆうちょ」と「かんぽ」も日本郵政から切り離され、民間会社として生まれ変わりました。郵便局では、アメリカの保険商品も、堂々と売られるようになりました。

経世会のドン、野中広務は、小泉のことを「ヒトラー」と呼んで罵《のの》しりました。しかし、今や小泉は国民のアイドルであり、国民世論を敵に回したらどうにもなりません。

小泉人気に反比例して野中は影響力を失い、ついに政界を引退します。

経世会の支配はこれで終わりました。

◉グローバリズムという名の「対米追従外交」

1990年代以降の世界は、「グローバリズムの時代」ということができます。

「グローブ（地球）が一体化した時代」という意味です。

資本主義諸国は新自由主義を採用し、関税が限りなく引き下げられていき、EU（欧州連合）やNAFTA（北米自由貿易協定）など地域ごとに経済統合が進みました。

中国共産党は市場経済を導入し、最後までこれに抵抗していたソ連は崩壊し、ソ連から独立したロシア連邦のエリツィン政権が、市場経済へと転換しました。

日本でも、中曽根内閣の国鉄民営化あたりから始まっていた新自由主義への転換が、小泉内閣で一気に進みました。

外国の銀行や証券会社、保険会社が日本市場への参入を求め、その障害になった郵便局は民営化されました。

国境線をなくせば、国内企業も世界の強豪企業を相手に競争せざるを得ません。巨大な多国籍企業が勝ち残り、中小零細企業は潰れていきます。

つまりグローバリズムとは、国際金融資本や多国籍企業が儲かる仕組みなのです。

こうした動きが世界中で起こった背景には、彼らの巨大な資金力が政治家を動かしていることが読み取れます。

独裁国家の指導者を買収するのは簡単ですし、民主国家であれば、選挙資金を献金することによって、政治を動かすことができます。

アメリカのウォール街、イギリスのシティの巨大銀行、日本では経団連を構成する多国籍企業。彼らが求めるのはヒト・モノ・カネの国境を越えた移動の自由です。

この仕組みがわかれば、「反共保守政党」だったはずの自民党政権が、

・なぜ中国に擦り寄るのか？
・なぜ移民受け入れに熱心なのか？
・なぜ外国から石油やガスを買い続け、独自資源の開発に及び腰なのか？
・なぜ外国製のワクチンを大量購入するのか？

すべては「あっ、なるほど……」と理解されるでしょう。

◉「祖父の代から親米派」、小泉の対米追従外交

小泉純一郎の祖父・又次郎は、神奈川県・横須賀港の労働者を仕切る「小泉組」の親分で、背中には大きな刺青《いれずみ》があり、のちに逓信《ていしん》大臣になると「刺青大臣」と呼

ばれました。

戦前は日本海軍の仕事を請け負い、敗戦後は横須賀を母港とした米軍と仕事を始めました。

つまり、小泉家が親米派なのは、祖父の代からです。

小泉内閣の時代（01～06年）は、アメリカでは共和党のブッシュ・ジュニア政権時代に重なります。

冷戦終結に伴う軍縮で冷や飯を食わされていた軍需産業が、「もっと仕事（戦争）を！」という思惑で担いだのが、ブッシュ・ジュニアでした。

8年ぶりに共和党政権が返り咲き、軍需産業が「戦争だ！　戦争だ！」と勢いづきました。

しかし、ソ連はすでに崩壊し、中国もアメリカからの投資を歓迎していました。

いったい、どこと戦争をするのか？

この時、9・11同時多発テロが起こったのです。

アメリカ経済の中心ニューヨークの世界貿易センターと、首都ワシントンの国防総省ビルが何者かに攻撃され、多くの犠牲者を出して倒壊しました。

ブッシュ・ジュニア政権は、イスラム過激派集団アルカイダを敵と認定し、これと関わったとしてアフガンとイラクを攻撃しました。

国連安保理決議の同意なしに始まった戦争に、西側同盟国の間でも米国非難の声が上がっていました。

そのような状況で、一貫してアメリカ側に立ったのがイギリスのブレア首相と、日本の小泉首相です。

「憲法第9条の制約で日本は海外派兵ができません。その代わり、戦争終結後の復興協力はできます」と国連平和維持活動（PKO）への自衛隊派遣を約束し、実際にイラク南部の都市サマーワの復興支援のため、陸上自衛隊が派遣されました。

開戦時に、ブッシュ・ジュニア政権のパウエル国務長官が国連で演説しました。「CIAの情報によれば、イラクのサダム・フセイン政権が核兵器など大量破壊兵器を製造し、アルカイダとつながっているという証拠がある」——

しかし、その証拠はついに見つからず、パウエル国務長官はのちに自分の国連演説を「人生の汚点」と後悔することになりました。

イギリス議会は、「ブレア政権のイラク戦争参加は間違っていた」とはっきり結論づけました。ところが日本では、小泉の対米追従外交は不問にされたままです。

日本の国会議員は、いったい何をやっているのでしょうか。

◉ピュアなナショナリスト「第一次安倍政権」の失敗

小泉が後継者に指名した**安倍晋三**は、対米自立派の清和会のプリンスで、ナショナリストです。

母方の祖父があの日米安保改定の岸信介で、祖父がやり残した仕事をやるんだと理想に燃えて猛進しました。

第一次安倍内閣（任06〜07年）は教育基本法を改正して「愛国心」を盛り込み、防衛庁の防衛省への昇格、憲法改正の手続きを定めた国民投票法を制定するなど、「安倍カラー」を明確に打ち出しました。

この結果、中国はもちろん、アメリカも安倍を「ウルトラ・ナショナリスト（超国家主義者）」と警戒するようになります。

さらには、公務員制度改革にも手をつけたため、「大きな政府」を好む官僚機構からも目の敵にされた安倍は、少年時代から抱える潰瘍性大腸炎《かいようせいだいちょうえん》の悪化もあって、わずか1年で辞任します。

自民党内には未だに親中派が跋扈《ばっこ》しており、中国への経済進出で利益を得てきた財界がこれを支えているのです。議院内閣制の日本では、首相がいくら頑張っても国会が動かなければどうにもなりません。

小泉内閣官房長官の福田康夫（任07〜08）が後継首相となって中国に再接近し、北京五輪の開会式に出席しました。

次の麻生太郎（任08〜09）は安倍路線に戻そうとしましたが、運悪くリーマン・ショックの余波で日本経済が低迷し、衆院選で自民党は大敗、在野に下ります。

労組の出身者が経営陣となっていたマスメディアが、

「政権交代！」

「一度はやらせてみよう民主党！」

と煽り立てた結果、２００９年に民主党の鳩山由紀夫政権が成立しました。

鳩山・菅《かん》・野田と3年続いた民主党政権は、元経世会の小沢派と、日本社会党のなれの果てが、「反自民」「反米」で談合した烏合の衆でした。

日米関係を徹底的に破壊して中国にすり寄った結果、アメリカからは見放され、中国・ロシア・韓国からは軽く見られ、これまで築いてきた日本の国際的地位は音を立てて崩れていきました。

国内では「コンクリートから人へ」「事業仕分け」などとパフォーマンスに走り、公共事業を削り、緊縮財政に走る一方で、消費税増税を決定しました。

追い討ちをかけるように、東日本大震災と福島第一原発事故が起こり、多くの日本人に「悪夢の3年間」として記憶されているのがこの民主党政権時代です。

2012年の総選挙で民主党政権は退陣し、安倍晋三の自民党政権が復活しました。財務大臣兼副総理として入閣した麻生太郎は言いました。

「自民党の価値を再認識させてくれたのが、民主党政権最大の功績だ」

◉敵を取り込み、何もできなくなった「第二次安倍政権」

第二次安倍内閣（任12〜20年）の最大の功績は、民主党政権がぐちゃぐちゃにした日米関係を修復したことです。

追い風になったのは、2016年のアメリカ大統領選挙で、「反グローバリズム」を掲げるドナルド・トランプが当選したことでした。

本質的にナショナリストである安倍首相とトランプ大統領はウマが合うのです。「アベはトランプの外交アドバイザー」といわれるほどの個人的信頼関係を築くことができました。

もう一つは、アベノミクスと呼ばれる金融緩和（円の増刷）により、デフレ脱却への筋道をつけたことです。

民主党政権時代に8000円台で低迷していた日経平均株価は安倍政権の発足でグングン上昇し、2万円の大台に乗りました。

投資家は、安倍政権で日本経済は成長する、と見通していたのです。

第一次政権が短命に終わった教訓から、第二次政権では安倍は親中派にも歩み寄り、経世会出身の二階俊博を自民党幹事長という要職に据えました。

小泉と違って安倍は敵をつくらず、二階俊博のような思想の違う人も味方に取り

■9-5　安倍晋三時代の自民党

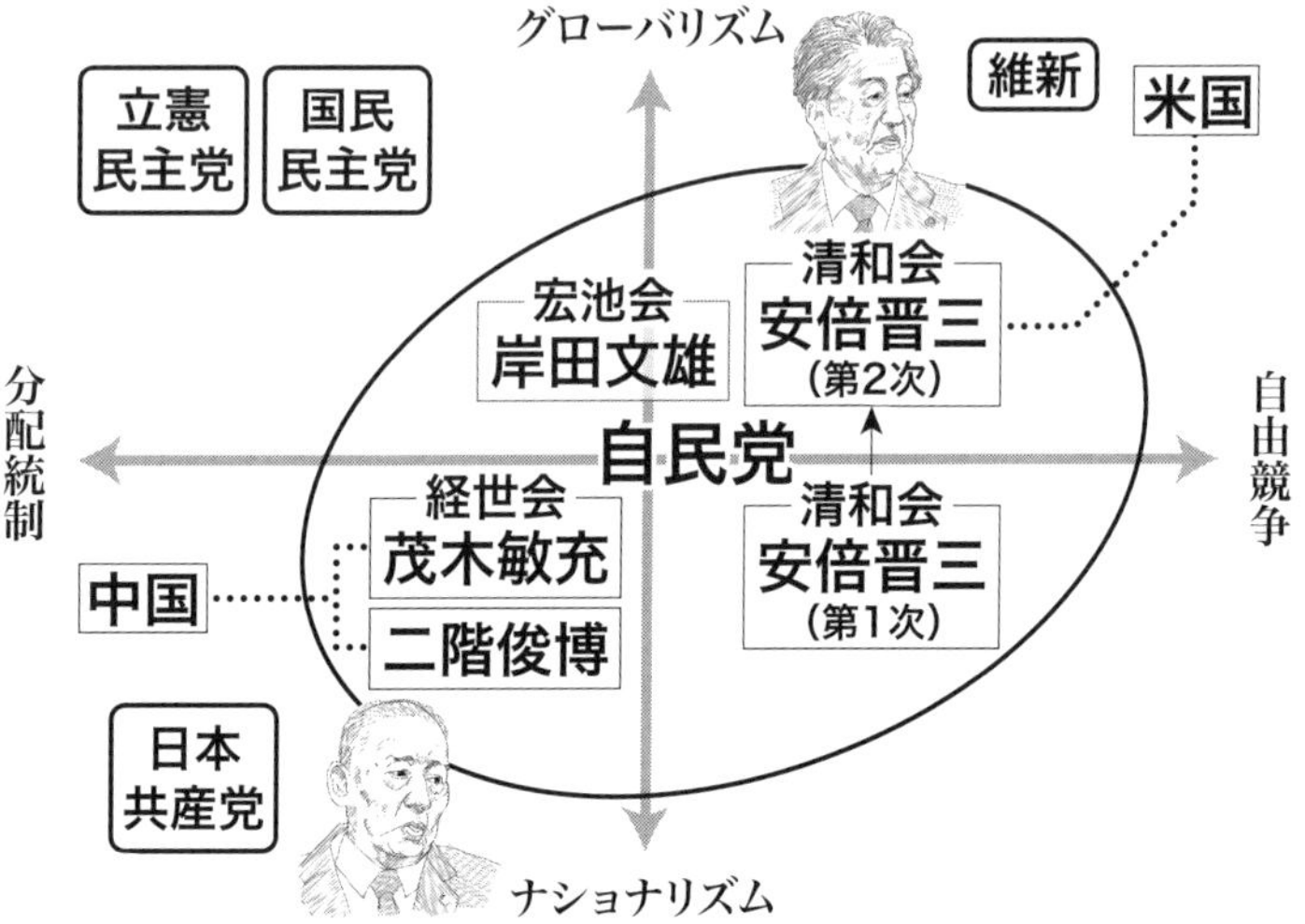

込むことで、第二次政権基盤は盤石なものとなり、史上最長の内閣となりました。

その一方で、いろんな人の意見を聞かなくてはならなくなり、安倍首相自身が何をやりたいのか、わからなくなってしまいました。

財界とグローバリストの意向を受けて外国人労働者を受け入れ、財務官僚を敵に回さないために消費増税を実施する。

さらには、中国が猛反対する憲法改正には手をつけられず、新型コロナ対策で心身をすり減らし、再び体調悪化で退陣することになったのです。

同年のアメリカ大統領選はコロナ禍を理由に郵便投票が推奨された結果、いくつかの州で不自然な票の集計が行われ、ほとんど選挙活動をしなかった民主党候補のジョー・バイデンの当選が発表されました。

トランプは「票が盗まれた」と声明を発し、慣例となっていた新大統領の就任式をボイコットしました。

こうして、「安倍・トランプ時代」は奇妙な形で終わり、**民主党グローバリスト政権による日本管理**が再び始まったのです

◉「安倍晋三暗殺事件」の衝撃

退陣後、健康を回復した安倍晋三の人気は衰えず、選挙応援では引っ張りダコとなっていました。

安倍清和会は自民党最大派閥として、かつての田中派のようなポジションを得たのです。

無派閥の菅義偉《すがよしひで》（任20〜21年）と、宏池会の岸田文雄（任21年〜）という影の薄い二人の首相は、いずれも党内基盤が弱く、安倍清和会の支持のおかげで自民党総

裁戦に勝つことができました。

ゆくゆくは第三次安倍政権も、という噂もありました。

その時は、やり残した憲法改正の実現と、ロシアのウクライナ侵攻（2022年2月～）における仲介役も期待されました。

西側の指導者で最もプーチンの懐に入り込めたのが、安倍晋三でしたから。

2022年7月、参院選の応援演説のため奈良市に入った安倍晋三元首相の体を銃弾が貫きました。

安倍氏の背後で手製の散弾銃を発砲した若い男が、容疑者として逮捕されましたが、警察発表には矛盾が多く、事件の真相は闇の中です。

安倍晋三暗殺事件は、日本の方向性を大きく変えてしまいました。

それは選挙で演説中に暴力で言論を封じるという、民主国家として恥ずべき非道である、というだけにとどまりません。

もともと安倍晋三の傀儡だった岸田文雄首相は、確固とした政治理念を持たず、決断力にも欠け、周囲がお膳立てしたことを追認するだけの官僚型人物です。

誰であろうが、相手の言うことを聞くタイプなので側近としては有能かもしれませんが、決してトップに立ってはいけない人物なのです。

日本を属国として管理し続けたいバイデン民主党政権と、誰かの命令に従いたい岸田宏池会政権。こうして日米関係は、完全に後戻りしてしまいました。

バイデン政権は、ロシアとウクライナとの紛争に介入してウクライナ側を支援し、トランプ時代の良好だった米露関係を破壊し、ロシアのウクライナ侵攻を誘発しました。

岸田文雄は、バイデンに言われるままにウクライナ支援を表明。バイデンに言われるがままに防衛費を2倍にし、米国製誘導ミサイルをまとめ買いし、ＬＧＢＴ理解増進法を成立させ、韓国との貿易紛争でも妥協しています。

対米従属という点では小泉純一郎に似ていますが、小泉は「経世会と戦う」という明確な目的を持ってブッシュ・ジュニアと財務省を味方につけました。

それに対し、岸田文雄は何をしたいのかよくわからないまま、ただ従属しているように見えます。

日本の歴史を学び、われわれの祖先が独立をかけて闘ってきたあゆみを国家の指導者が知っていれば、このような無様な姿にならないはずです。

敗戦後日本の政界では、マトリックスの「右上」(親米グローバリズム)と「左上」(親中全体主義)への強い求心力が常に働いてきました。古来、日本人が守ってきた自由と寛容の精神を守るには、「右下」でどっしり構えるリーダーが、日本には必要なのです。

おわりに――

「愚者は経験に学び、賢者は歴史に学ぶ」――ビスマルクの言葉です。

正確には、「愚者は自分の経験からしか学ばない。私はむしろ他者の経験から学びたい」となります。

「歴史」とは、「他者の経験」、それぞれの民族の記憶、先人たちの経験の集合知、と考えればよいでしょう。

敗戦後の歪んだ教育の結果、日本人の大半は祖先を忘れ、過去を恥じ、民族としての誇りを失い、自らを見失い、経済的な損得や肉体的な快楽だけにしか価値を見出せず、いまも道に迷ったままです。そのような国民が選挙で選んだ政権が、あのようなものになるのは、必然とも言えます。

日本再建にはまだまだ時間がかかるでしょう。私が生きているうちには無理かも知れません。それでも一人一人が覚醒し、一歩一歩、歩んでいけば山頂にたどりつくし、一個一個、石を積めば石垣が完成するのです。

＊　＊　＊　＊　＊

本書は、2020年刊行の小著『政治思想マトリックス』の続編です。

政治思想を分類する上で、「右か／左か」という一次元的な図式に限界を感じ、縦軸と横軸の二次元的な図式――マトリックスを使って説明してみたものです。

このアイデアは、アメリカのリバタリアン党の創設者デヴィッド・ノーランが考案した「ノーラン・チャート」にヒントを得て、これに手を加えたものです。

近代政治思想の分析については、これで一定の有効性が確かめられましたので、今度は原始古代から遡って日本のさまざまな思想の分類に応用できないか、と思い立ち、この『日本思想史マトリックス』を書きました。この無謀な試みがどこまで成功したかは、読者の判断に委ねたいと思います。

なお、タイトルを『日本政治思想史』にしなかったのは、古代中世までは政治思想と宗教思想とは不可分だからです。したがって本書の前半の内容は、その大半が宗教思想についての解説となっています。

9章の戦後日本政治史は、前著『政治思想マトリックス』の終章を簡略化し、さらに加筆したもので、ポスト安倍政権についても言及しました。

戦後の言論界は、親米保守（読売・産経）vs.反米リベラル（朝日・毎日・共同）という冷戦構造の縮図であり、思想的には荒涼たる風景が広がりました。そうした中で、独自の視点を持った思想家たち――小林秀雄、江藤淳、山本七平、西部邁《にしべすすむ》……も存在しました。この方たちについては、小著『保守って何？』（祥伝社）の最終章で言及しておりますので、ご興味のある方は、ぜひお読みください。

本書最大のテーマは、「〝日本人意識〟がいかに形成されたか」という問いです。日本を襲った4度の試練――唐帝国、モンゴル帝国、幕末の帝国主義列強、そしてアメリカ合衆国――が、大きな影響を与えていることが確かめられるでしょう。

本書はあくまで一般読者向けの思想史入門書です。細かな注釈はつけず、引用部分はあくまで意訳です。また読み物としておもしろさを重視し、それぞれの思想を印象付けるため、宗教家や思想家の人物像から書き起こし、挿絵もつけました。

興味を持たれた思想家については、どうぞご自身でお調べになってください。それぞれの思想家の主な著作も、現代文で読むこともできます。中央公論新社の『日本の名著』シリーズは、図書館に行けば必ずあるでしょう。

江戸期に形成され、尊王討幕運動につながったナショナリズムの形成については、山本七平氏の名著『現人神《あらひとがみ》の創作者たち』(ちくま文庫・上下巻)から学ぶことが多く、読者にもお勧めします。

それぞれの専門家の目から見て、ここは事実に反するという点がございましたら、mogiseka.com までご意見をお寄せください。修正が必要な場合は、増刷時に対応いたします。

2023年8月、78年目の敗戦の日を迎えて

茂木 誠

〈著者略歴〉
茂木 誠（もぎ・まこと）
駿台予備学校世界史科講師
東京都出身。駿台予備学校、ネット配信のN予備校で大学入試世界史を担当。東大・一橋大など国公立系の講座を主に担当。世界史の受験参考書のほかに、一般向けの著書として、『世界史とつなげて学べ　超日本史』（KADOKAWA）、『世界史で学べ!地政学』（祥伝社黄金文庫）、『世界の今を読み解く「政治思想マトリックス」』（PHP研究所）、『世界史講師が語る 教科書が教えてくれない「保守」って何？』（祥伝社）、『教科書に書けないグローバリストの近現代史』（共著／ビジネス社）、『ジオ・ヒストリア』（笠間書院）、『日本とユダヤの古代史&世界史』（共著／ワニブックス）、ほか多数。YouTube「もぎせかチャンネル」でも配信中。

装丁：鈴木大輔（ソウルデザイン）
本文デザイン・図版：齋藤　稔（ジーラム）　齋藤維吹
編集協力：前田はるみ
本文イラスト：芦刈 将　図1－2イラスト：持田大輔

「日本人とは何か」がわかる
日本思想史マトリックス

2023年9月18日　第1版第1刷発行
2024年8月19日　第1版第5刷発行

著者　茂木　誠
発行者　永田貴之
発行所　株式会社PHP研究所
東京本部　〒135-8137　江東区豊洲5-6-52
ビジネス・教養出版部　☎03-3520-9619（編集）
普及部　☎03-3520-9630（販売）
京都本部　〒601-8411　京都市南区西九条北ノ内町11
PHP INTERFACE　https://www.php.co.jp/

組版　有限会社エヴリ・シンク
印刷所
製本所　TOPPANクロレ株式会社

ISBN978-4-569-85529-5

PHPの本

ニュースの「疑問」が、ひと目でわかる座標軸

世界の今を読み解く「政治思想マトリックス」

茂木　誠　著

対立する世界の構図が見るだけでわかる！　駿台予備校カリスマ講師の「学校では教えてくれない」現代史の読み解き方。

PHPの本

学校では教えてくれない地政学の授業

茂木　誠　著

ＩＳの台頭、中国の海洋進出、米露の対立も地政学で読み解ける。超人気講師がラジオで語った講義を書籍化。世界の動きが見えてくる！

PHP文庫

日本人が知るべき東アジアの地政学

茂木 誠 著

米中覇権争いが激化する中、日本は近隣諸国とどう付き合えばよいのか。大人気予備校講師が地政学の視点から東アジアの未来を読み解く。

ＰＨＰの本

人生が楽しくなる　西洋音楽史入門

山崎　圭一　著

歴史を知ると、クラシック音楽が何倍にも楽しめる——ヨーロッパを中心とした歴史と、音楽の歴史の両方を並行して理解できる入門書！

PHPの本

教養としての「世界史」の読み方

本村凌二 著

歴史は「人類の経験」の集大成。現代を読み解くヒントは、世界史の中にある。グローバル時代に必須の「教養世界史」の読み方を解説。

PHPの本

〈新訳〉ガリア戦記

ユリウス・カエサル　著／中倉玄喜　訳

カエサル自身の手で書かれ、その簡潔にして格調高い文体から文学的にも評価の高い不朽の名著が、いま新訳と懇切な解説で甦る！